SAGESSE D'ISIS

Initiation

Charlotte Nordin

SAGESSE D'ISIS
INITIATION

Principe du féminin sacré

Guidance depuis l'Éternité

En application de l'art. L.137-2.-I. du code de la propriété intellectuelle, toute reproduction et/ou divulgation de parties de l'œuvre dépassant le volume prévu par la loi est expressément interdite.

Texte rédigé et canalisé par
© Charlotte Nordin
2024

Relecture : Anne-Charlotte Sangam
Graphisme et illustrations de Sylvain Leguy

Édition : BoD · Books on Demand, 31 avenue Saint-Rémy, 57600 Forbach, bod@bod.fr
Impression : Libri Plureos GmbH, Friedensallee 273, 22763 Hamburg (Allemagne)

ISBN : 978-2-3225-5418-8
Dépôt légal : Décembre 2024

SOMMAIRE

Présentation de l'autrice — 9

Introduction et présentation de la déesse Isis — 12

Quels sont les piliers autour desquels nous construisons nos vies ? — 14

Sommes-nous totalement responsables de notre karma ? — 17

Comment pouvons-nous nous relier à notre Soi Supérieur ? — 26

Quels rituels pouvons-nous intégrer pour purifier et clarifier notre être et notre champ vibratoire ? — 30

De quelle manière les femmes et les hommes sont-ils différents ? — 36

Que se passe-t-il lorsqu'un bébé choisit de ne pas rester dans l'utérus de sa mère ? Quelles peuvent en être les causes ? Comment pouvons-nous percevoir la perte dans la sphère physique d'un être cher ? — 42

Quels sont les principes du Féminin Sacré ? — 47

Comment identifier le but dans la vie d'une personne ? À quel point peut-il être précis ou vague ? — 53

Qu'en est-il de l'accomplissement de l'être ? Comment définir l'épanouissement et comment l'atteindre ? — 59

Comment une femme trouve-t-elle le meilleur équilibre pour elle ? Quelle est la vie la plus épanouie qui soit pour elle selon ses rythmes et cycles ? — 65

Qu'en est-il des schémas relationnels ? — 70
    Les relations qui touchent à leurs fins — 75

Comment pouvons-nous nourrir nos âmes ? Comment pouvons-nous nourrir nos esprits et nos corps énergétiques ? — 80

Comment pouvons-nous agir au mieux en tant que prêtresse et prêtre d'Isis ? — 87

Quels sont les points communs entre la prêtrise de Marie-Madeleine et la prêtrise d'Isis ? — 90

Quels sont les symboles géométriques et autres signes qui te sont associés ?	96
Peux-tu les décrire et nous dire comment les utiliser ?	96
La Terre – le cube	98
L'Eau – l'icosaèdre	99
Le feu – le tétraèdre	100
L'air – l'octaèdre	101
L'Éther – le dodécaèdre	102
Polarisation des éléments	103
Vesica Piscis	105
Le tétraèdre	110
L'Ânkh	112
Demi-sphères tenues par les pôles	113
L'hexagone	114
La demi-sphère	115
Comment savons-nous si nous sommes au bon endroit et au bon moment dans nos vies ? Que nous suivons en quelque sorte le chemin de notre plus haut potentiel ?	116
Pourquoi sommes-nous si impatients et estimons-nous que nous ne sommes pas assez et que nous n'évoluons pas assez vite ?	119
Quel est l'archétype masculin vers lequel nos frères les hommes peuvent se tourner pour s'aligner à leur masculin sacré ? Comment pouvons-nous en tant que femmes les aider ? Comment peuvent-ils à leur tour aider les femmes ?	122
Quel est le rôle de l'eau et des autres éléments dans la vision isiaque ?	127
Eau	127
Air	129
Feu	129
Terre	132
Comment éveiller en nous et harmoniser notre colonne de chakras ?	135
Comment procéder ?	145
Nos chakras et nos corps d'énergies sont-ils les seuls moyens pour accéder à notre paix intérieure et à notre évolution ?	151

Quel est le but de l'évolution de l'espèce humaine ? Pourquoi faisons-nous tout cela ?	157
Sous quelles formes te manifestes-tu à nous ? Couleur, symboles, animaux, etc. ?	161
À quoi ressemblent les soins énergétiques que tu prodigues et enseignes ?	163
Quelle est la place de l'enseignement dans la prêtrise d'Isis ? Quels rôles devons-nous jouer ?	168
Comment pouvons-nous recevoir des messages de ta part ? Comment se relier à toi et te canaliser ?	171
Comment nous conseilles-tu de nous alimenter ?	173
Comment nous occuper de nous ? Quels soins internes et externes privilégier ?	176
À quoi ressemble un protocole d'amour de soi / de self love / d'auto amour ? Et pourquoi le pratiquer ? Pourquoi avons-nous besoin de nous aimer ?	183
Que dire de l'évolution du monde dans lequel nous vivons ?	187

ISIS NOUS RENSEIGNE — 193

Shekinah — 195

Horus — 200

Ra — 204

Séraphins / Uraeus / dragons de Source — 207

Sekhem — 208

ANNEXES — 213

RÉCAPITULATIF DE QUELQUES LOIS UNIVERSELLES — 215
- La loi du reflet — 215
- La loi de la vérité — 216
- La loi de la grâce — 216
- La loi de l'amour — 217
- Loi de la compassion — 217

La loi de la tempérance — 219
La loi de la création — 219
La loi de la vibration — 220

LES CORPS ÉNERGÉTIQUES — 221
Les corps inférieurs — 224
Le corps génétique — 225
Le corps physique — 227
Le corps Ka — 228
Le corps émotionnel — 230
Le corps mental — 231
Le corps de l'Âme — 232
Les corps supérieurs — 235
Le corps de service angélique — 235
Le corps Christique — 236
Le corps galactique — 237
Le corps universel — 238
Le corps de votre Soi Source — 239

Prière d'Isis — 241

PRÉSENTATION DE L'AUTRICE

Isis s'est présentée à moi sous de multiples façons. Ne l'ayant pas reconnue de suite en tant que guide, alliée, amie, telle que celle qui orientait déjà chacun de mes pas, elle dut insister un certain temps avant que je ne la distingue. Elle m'a préparée pendant de nombreuses années jusqu'à ce que je sois prête à la recevoir. Elle m'a initiée quelque temps encore, puis m'a fait savoir que nous allions écrire un livre ensemble. Elle allait parler à travers moi.

Thérapeute et artiste en communion avec le divin, j'œuvrais activement dans les coulisses auprès de différents maîtres ascensionnés, anges et êtres de lumière, au service de la Terre, de l'évolution planétaire et cosmique.

Vénus est une planète qui m'a guidée tout au long de cette incarnation et d'autres. Depuis aussi longtemps que la Terre existe, elle l'a assistée et a soutenu son évolution à travers les airs et les âges d'évolution et d'involution, que l'on pourrait aussi nommer âges d'or et âges sombres. Mes incarnations sur Terre sont nombreuses, j'y suis au service et y assiste notre Terre et notre humanité dans toutes ses dimensions. Au jour où je vous écris, les souvenirs les plus lointains auxquels j'ai pu accéder datent d'une époque où nous n'étions pas encore matière, où aussi bien la Terre que les hommes étaient sous forme nébuleuse, tout juste sortis de l'utérus cosmique.

Mon rôle, tout comme celui de beaucoup d'entre nous, est de ramener inlassablement l'humanité à sa fréquence d'amour lui permettant de se réunifier. Nous travaillons en alliance. Ensemble, nous sommes aujourd'hui appelés à faire vivre l'amour, à le manifester afin que chacun puisse s'y relier, revenir à sa source, à son origine, à la Source Une.

Nous sommes toujours plus nombreux à nous éveiller à notre nature véritable, et à comprendre que nous sommes là depuis la nuit des temps. Ainsi, Isis est venue me voir pour me rappeler à elle, à notre fusion de jadis, à notre éternelle Union que je veux aujourd'hui célébrer en transmettant ses messages, ses paroles de sagesse.

Dans ce livre, elle nous explique comment vivre mieux, comment comprendre qui nous sommes pour devenir un véritable Être Humain avec tout notre potentiel, à travers toutes nos dimensions. Elle nous enseigne comment retrouver nos lettres de noblesse en tant qu'humanité souvent malmenée. Elle nous permet de nous découvrir véritablement sous toutes les facettes de notre être. Quoi de plus inspirant ?

Elle nous donne le guide pratique, les enseignements, les clés pour y arriver.

Les terminologies utilisées dans ce livre sont héritées de toutes les traditions que l'humanité a traversées. Elles n'émanent pas que de l'Égypte antique, car le spectre d'Isis s'élève à bien plus grand que cela. Son champ d'action est plus vaste que notre système solaire et se propage dans de multiples dimensions. Ne soyez pas étonné lorsque vous lirez des formules issues du sanskrit ou que nous mentionnons les chakras[1]. Nous utilisons aussi bien les appellations « âme », « *Shekinah* » qu'« Esprit Saint ». Ces préceptes vont bien au-delà des religions ou des philosophies qui ont elles-mêmes puisé dans telle ou telle nomenclature.

---

1   Dans le Yoga, sept centres occultes de vie et de conscience situés dans la colonne vertébrale et le cerveau animent les corps physique et astral de l'homme. Ces centres sont appelés chakras (« roues »), car l'énergie concentrée dans chacun d'eux est comme un centre d'où rayonnent des rayons de lumière et d'énergie vivifiantes. Par ordre croissant, ces chakras sont *muladhara* (le coccygien, à la base de la colonne vertébrale) ; *svadhisthana* (le sacré, à deux pouces au-dessus du *muladhara*), *manipura* (le lombaire, à l'opposé du nombril) ; *anahata* (le dorsale, opposé au cœur) ; *vishuddha* (le cervical, à la base du cou) ; *ajna* (traditionnellement situé entre les sourcils ; en réalité, directement relié par polarité à la moelle) ; et *sahasrara* (dans la partie supérieure du cerveau). Les sept centres sont des sorties ou « trappes » divinement planifiées par lesquelles l'âme est descendue dans le corps et par lesquelles elle doit remonter par un processus de méditation. Par sept étapes, l'âme s'échappe dans la Conscience Cosmique. Dans son passage conscient vers le haut à travers les sept centres cérébro-spinaux ouverts ou « éveillés », l'âme parcourt l'autoroute vers l'Infini, le véritable chemin par lequel l'âme doit retracer son cours pour se réunir à Dieu. Les traités de yoga considèrent généralement que les six centres inférieurs sont des chakras, le *sahasrara* étant appelé séparément le septième centre. Cependant, les sept centres sont souvent appelés lotus, dont les pétales s'ouvrent ou se tournent vers le haut lors de l'éveil spirituel à mesure que la vie et la conscience remontent le long de la colonne vertébrale.

Ces qualifications sont à nos yeux universelles et servent à décrire ce que le lecteur comprendra le mieux. Nous cherchons à emprunter un vocabulaire qui s'ancre déjà dans un langage plus ou moins commun aux travailleurs de lumière sur cette Terre.

Je vous souhaite une bonne lecture de ce livre initiatique, fervent et chargé de fréquences élevées.

Merci Isis, ma sœur, ma mère, ma flamme, celle qui est en moi et qui est en tout.

INTRODUCTION ET PRÉSENTATION DE LA DÉESSE ISIS

Tout d'abord, j'aimerais venir à vous pour me présenter. Je suis Isis, déesse de mon nom et empreinte d'une féconde flamme d'alignement pour tous les êtres. Je suis la résurgence du Féminin Sacré, essence de la polarité féminine qui réside en chacun de vous.

Je suis une anagramme de l'amour, une concentration suprême de toute l'authenticité qui pousse à agir avec Dévotion, avec Confiance en soi, avec Altruisme, avec Grandeur, avec la part Divine qui est en vous.

Nul ne peut incarner ce que je représente tant que persistent au fond de lui de la peur, des blocages, de la haine, ou des dispositions à déchoir.

Je suis l'oiseau du Ciel, venu voler autour de vous pour que vous puissiez vous souvenir de votre voie, vous aider à vous éclairer de votre sérénité et de votre amour-propre.

Vous êtes, à mes yeux, tous enfants sacrés du Divin et méritez, depuis le puits le plus profond de la Source De Tout Ce Qui Est, d'être aimés, choyés en tant qu'êtres humains.

Je suis ici, Isis, présente parmi vous, pour vous aiguiller sur la voie que je vous dévoile, pour vous guider vers une plus profonde connaissance de vous-même, pour que vous puissiez vous révéler et voir émerger vos qualités vers la réalisation de vos aspirations.

Vous êtes des êtres dotés d'une Divine Présence et prestance que je vous invite à retrouver par le récit de ce livre qui m'enchante tant.

Je suis au service des lignes qui sont écrites ici et vous sers en tant que Déesse guide de l'humanité, pour l'expansion de la part féminine qui est en vous. Que vous soyez homme ou que vous soyez femme, rappelez-vous avant tout de l'essence plurielle, humaine et divine qui est en vous. Rappelez-vous-en avec la détermination de rester en équilibre avec chacun des aspects qui résident en vous.

C'est ainsi que je prends la plume aujourd'hui, à travers l'intermédiaire de Charlotte, pour vous enseigner, déchiffrer les formules vous permettant de devenir le vecteur de votre propre changement.

Rappelez-vous également que vous n'êtes jamais seul dans vos processus de déploiement et d'alchimisation. En tout temps, peu importe l'instant, vous êtes relié au grand Tout Divin de Tout Ce Qui Est et qui ainsi vous maintient, vous guide et vous soutient.

Il vous arrive de vous imaginer seul, devant faire face envers et contre tout, abandonné de la part de vous qui vit dans l'immortalité. Je suis ici, Isis, aujourd'hui présente auprès de vous pour vous accompagner avec droiture et justesse vers tout l'amour qui est en vous et que je porte à votre égard en mon sein.

Grâce à ces lignes, laissez-vous être guidé par mes messages qui résonnent en la subtilité des aspérités de votre âme et de votre corps, afin que vous puissiez recueillir intérieurement toute la Grâce, la Douceur et la Passion que je peux vous insuffler.

Vous êtes en tout temps la chair de ma vie, lové dans mon cocon. Par mes mots, mes paroles et mes initiations, je vous apporterai ici les clés vers votre libération pour que vous voliez vous-même, libre comme le faucon dans le ciel, infiniment imprégné de la part d'Isis qui est en vous, dégagé de tout ce qui vous a restreint ou réprimé jusqu'à présent.

Je suis la part Divine, Enchanteresse et Enchantée qui est en vous.

Je suis la part de vous qui cherche son éclosion dans sa chrysalide et qui se projette dans sa profonde métamorphose.

Je suis celle qui vous aime, qui vous guide et vous soutient.

Je suis Isis, Déesse des mères, de la maternité de soi, de l'amour fécond, de la joie, de l'expression de ses sentiments les plus riches, les plus intimes, les plus profonds, les plus féconds.

Je suis votre guide céleste sur la voie de votre vérité. Je vous appelle en cet instant à vous maintenir dans votre cœur, tout contre vous, dans la quiétude de l'Être Divin qui sommeille en vous.

QUELS SONT LES PILIERS AUTOUR DESQUELS NOUS CONSTRUISONS NOS VIES ?

Vous êtes tous centrés autour d'un axe en vous, vous permettant de maintenir un certain point de vue sur l'existence, dès votre naissance jusqu'à votre venue sous forme humaine dans la partie matérialisée de ce monde, sur la planète Terre. Votre axe central est votre pilier *Djed* qui, tout comme votre colonne vertébrale, se doit de rester droit, stable mais flexible à la fois.

Je vous demande ici d'intégrer dans votre pilier tout ce qui peut exister en disharmonie pour le ramener dans l'axe de votre vie, en équilibre et en harmonie. Et je vais vous enseigner comment.

Vous avez tous fait le choix de venir vous incarner ici-bas, en sachant que cela impliquait de vous manifester dans la matière, et cela rehausse l'expérience d'évolution de votre âme.

Ce faisant, vous vous êtes engagé en vertu d'un moment présent quelque peu exigeant sur la voie de l'expansion de vos aspirations. Selon les différents individus qui peuplent ce monde actuellement, vous êtes nombreux à avoir éliminé une majeure partie des aspects ne résonnant plus avec la partie divine qui est en vous. Certains d'entre vous ont pu s'en extraire partiellement et même totalement.

Lorsque la personne s'attache à la part obscure qui est en elle, elle ne peut se réunifier avec son Soi Divin, qui est l'axe véritable de l'Être Humain. *Je viens vous transmettre ici tous mes savoirs pour que vous puissiez vous réunifier à la flamme éternelle qui est en vous, pour que plus jamais vous ne vous puissiez vous oublier.* Votre axe est votre reconstruction, votre rétablissement, votre axe est votre pilier autour duquel vous vous êtes manifesté et qui représente un aspect fondamental, le principe universel de la condition des Êtres humains.

Ainsi, chacun de vous se doit de réintégrer son axe à l'intérieur de lui pour se rappeler la flamme qui le constitue véritablement. Autour de ce principe, de ce pilier, est axée la vie de tout un chacun des individus qui peuplent la Terre depuis la nuit des temps. C'est de votre âme qu'il s'agit.

Vous êtes ici pour vous détendre au rythme de votre expansion, laissant se réaliser et couler ce que vous êtes jusque dans l'intimité la plus profonde de vos cellules. Votre expansion trouve vie dans votre introspection.

Votre colonne vertébrale est l'aspect incarné de l'axe de votre corps/esprit, interrelié entre votre sacrum en bas de votre colonne – une flèche qui pointe vers le bas, avec chacune de vos vertèbres sacrales, lombaires, thoraciques et cervicales –, puis avec votre boîte crânienne constituée de votre encéphale en son centre. Votre moelle épinière, qui est le prolongement de votre cerveau, descend quant à elle à l'intérieur de votre colonne, permettant à tout votre corps d'être innervé par le tissu nerveux issu de votre colonne.

À l'intérieur de votre cerveau se trouve votre troisième œil, qui est votre centre christique situé dans le cortex préfrontal, le siège de votre Esprit qui dépose sa conscience à l'intérieur de vous.

Cette conscience de lumière pure qui est la vôtre, en interaction divine et profonde avec la Source originelle, migre vers votre bulbe rachidien pour descendre par la voie centrale de votre colonne vertébrale, lui permettant la purification de ses sens stimulés par le système nerveux de votre corps.

Je vous instruis ainsi, car je sais combien il est important que vous preniez conscience de votre propre constitution pour naviguer avec elle au mieux. C'est en comprenant les mécanismes qui vous régissent que vous serez aussi à même de vous ancrer dans la paix et dans la sérénité.

Par le biais de la conscience de votre Source qui circule dans votre centre et dans votre axe, vous pouvez vous maintenir hors champ de toute négativité venant à vous et en équilibre face à la difficulté. Votre âme connaît le chemin de sa chair, elle saura vous enseigner au fur et à mesure des lignes de ce récit.

Au centre de votre colonne, de votre axe se trouve votre Cœur. Grâce à lui, vous avez le pouvoir d'alchimiser, en apportant par exemple votre conscience d'amour à la partie de vous qui est en phase de grande difficulté. Vous restez ainsi en circuit fermé entre vous et la Source créatrice, vous vous auto-régénérez par la circularité de vos fluides divins à l'intérieur. Ainsi, vous expiez toutes vos peurs et dysfonctionnements.

Pour recalibrer votre corps sur l'axe de votre âme vers votre expansion, il vous faut vous purifier, vous nettoyer de tout ce qui est bloqué à l'intérieur de vous, tout comme des influences extérieures qui vous désolidarisent de vous. Il ne s'agit pas ici uniquement des instruments modernes qui dispersent votre esprit (*type réseaux sociaux, télévision, divertissement de toutes sortes qui sont autant d'obstructions que d'échappatoires), mais aussi des maux portés à l'intérieur de vous que vous réfrénez. En les observant, vous pourriez pourtant apprendre à les connaître et ainsi les apprivoiser. *Quand vous fermez les yeux sur une part de vous qui réclame votre attention, alors vous reniez cette part, créant ainsi une boucle de reniement en vous-même que vous seul êtes à même de libérer.*

Je vous promets ceci : *offrez à tous les aspects de vous votre éternel et inconditionnel amour pour qu'ils puissent reprendre leur estime d'eux-mêmes et leur dignité.* Vous seul pouvez vous offrir l'élargissement de votre axe, unique à vous. Vous êtes la seule et unique personne à même de vous offrir votre libération, votre reconnaissance et votre acceptation. Vous seul êtes à même de vous octroyer votre libération.

SOMMES-NOUS TOTALEMENT RESPONSABLES DE NOTRE KARMA ?

Vous êtes des êtres de lumière et issus de La Vie Source qui expérimentent l'expression de leur esprit dans la matière. Au cours de vos incarnations terrestres, vous accumulez également une bonne partie de débris énergétiques résiduels qui deviennent des obstacles à votre liberté de faire, penser, vous mettre en action, fonctionner selon votre vraie nature.

Vous prenez alors sur vous du karma familial (des peurs et des blessures, que d'autres individus de votre lignée de sang ont pu expérimenter avant vous), du karma issu de l'inconscient collectif (violences faites aux femmes, aux hommes, aux enfants, toutes formes de maltraitances qui laissent une aura négative sur la Terre), ou du karma issu de votre propre vie depuis l'enfance (tout trauma que vous avez traversé ou continuez à vivre). L'absolution est possible en s'abreuvant au réservoir de la vie, en relâchant toutes les parts de peur ou de division intérieure.

Les êtres qui vous ont précédé ont pu, contre le vouloir de leur âme et de leur soi Divin, s'encombrer d'émotions néfastes et négatives pour eux. Ils les transmettent ensuite à toute une lignée jusqu'à ce que l'un des descendants libère cette mémoire au nom de tous.

Le lien du sang est plus important qu'on ne le croit de ce point de vue là.

Néanmoins, il est certain que tous les individus sont leur propre personne et nullement uniquement le fruit de leurs aïeux. Chaque personne est tributaire de son propre vécu et de ce à quoi il a été confronté au cours de son enfance, de son adolescence, puis durant sa vie d'adulte. Tous les êtres humains contractent du karma négatif tout au long de leur vie pour autant qu'ils ne soient pas à même de prendre connaissance de ce qu'est cette roue karmique dans laquelle ils s'ajustent.

Progressivement, vous êtes amené à comprendre que vous pouvez avoir un impact individuel sur les événements de vos vies et n'êtes pas uniquement asservi aux aléas extérieurs à vous.

Vous avez en effet une marge de manœuvre qui, bien qu'elle soit restreinte, vous permet d'élaborer des choix lorsque les événements de la vie se montrent à vous. Ce sont des épisodes d'apprentissages féconds, des enseignements livrés de la part de la Source Divine, de l'intelligence centrale, qui sait ce qui est bon pour vous, en collaboration avec votre Soi Source.

Votre Soi Source n'est pas votre âme, mais un état de conscience intermédiaire entre votre âme et la Source. Votre âme est encore cantonnée au corps physique. Lorsqu'elle descend dans la psyché, elle devient mentale. Votre Soi Source est libéré de toute forme de physicalité et n'a pas d'œillère de perceptions de ce monde. Votre Soi Source est omniscient.

Même si vous choisissez de lutter contre le flot colossal apporté par cette intelligence suprême, il n'y a pas d'échappatoire. Elle est plus puissante que tout et possède en elle les rênes de l'évolution. La Source choisit l'évolution de sa propre forme d'élévation. Actuellement sur Terre, elle consiste en l'allègement de toute énergie contraire qui l'empêche de s'alléger alors qu'elle est dans une course pour le rehaussement de son taux vibratoire. Les humains, étant composés du génome terrestre de la Nouvelle Terre, se doivent de se mettre eux aussi au diapason de cette élévation, se libérant tout comme elle de toutes les énergies denses et contraires à leur chemin d'évolution. Les planètes ont elles aussi leur propre rythme d'ascension qui se maintient dans la course parallèle à celle de l'élévation de la Source. Tous, en tant que conscience existant dans notre multivers, se voient suivre ce même procédé d'élévation. En cela, *la Source est une intelligence commune à tous, dont nous sommes tous composés et qu'ensemble nous composons.*

En accord avec la Loi Divine, nous avons une manière ajustée à elle ou non de nous y rapporter. La volonté Divine nous fait vivre et perdurer. Elle est la conscience de Tout Ce Qui Est. Elle englobe en elle les parts supérieures de chaque individu et de chaque être qui compose la Terre (règne végétal et minéral inclus), le cosmos (les planètes, les étoiles, les galaxies et leurs habitants) et l'univers unifié.

Cette intelligence nous mène, nous guide et nous rassemble tous en Son même Nom. Elle est la Source Divine de tout ce qui est. Ainsi, lorsque la Source a choisi d'évoluer à travers nous et par le choix de nos Sois Divins rassemblés, bien que notre mental n'en ait peut-être même pas conscience, tous nos corps (physique, émotionnel, mental, éthérique et subtil) se mettent en mouvement pour se délester de tout ce qui ne sert plus pour mettre en œuvre cette opération d'évolution, de réalisation, d'expansion.

Pour vous donner une image, vous êtes en train de tailler vos propres arbres ; ce qui, par mimétisme, fait que vous êtes en train de tailler l'arbre collectif, élaguant tous ensemble les branches mortes ou qui poussent à contresens de manière à ne pas entraver l'évolution du Grand Tout. En contrepartie, vous bénéficiez aussi de la conscience collective d'êtres plus éveillés que vous sur d'autres plans, et qui vous nourrissent de leurs connaissances et capacités.

Vous vous purifiez à travers les rites initiatiques de votre vécu, vous délestant de tout ce qui ne vous sert plus pour vous libérer afin d'aller de l'avant. C'est un apprentissage essentiel à intégrer pour comprendre ce dont la loi du Karma est constituée.

Vous êtes en partie responsable de cette opération, puisque vous faites vous-même partie des êtres qui ont voulu cette élévation, seulement vous n'en avez pas toujours conscience au niveau du mental de l'ego qui s'oppose à cette libération par peur de la souffrance qu'il n'ose outrepasser. Votre encodage de Source a été engrammé au niveau de votre âme lors de votre extraction de la Source qui vous a créé et dont vous avez jailli. C'est la raison pour laquelle votre âme a intuitivement envie et vous pousse à vous défaire toujours plus de ce qui ne vous sert pas. Cela peut créer un état de lutte entre votre âme et votre ego. La résistance créée par votre mental égotique génère la souffrance lors de la libération de vos blessures, tant il a du mal à se laisser aller et à se laisser faire à la volonté de purification de votre Soi Divin de Source. Vous pouvez pourtant être à l'écoute des maux de votre ego, sans toutefois vous laisser dicter votre vie par lui, être animé par ses peurs, par ses blessures et ses contradictions, qui ne sont, par définition, pas les vôtres.

Vous nettoyez vos peurs et vos blessures en les prenant à bras-le-corps, dans votre cœur et en les purifiant à l'intérieur de vous. *Vous ne pouvez vous nettoyer de vos blessures qu'en les prenant dans votre espace intérieur et non en les reniant.*

Rappelez-vous que vous n'êtes pas votre blessure ou votre tétanie, et qu'elle n'est aucunement engrammée et encodée en vous dans la nature Divine de votre Soi

Source. Ce sont des schémas qui sont extérieurs à vous et qui se sont infiltrés en vous par les aspérités de votre mental de l'ego endommagé. Vous y avez cru en vous y identifiant, prenant ces croyances avec une force de conviction qui vous a dévoré, insufflant en vous une énergie néfaste et délétère sur votre système psychique, émotionnel et nerveux. Ces croyances ne sont pas issues de vous ni de vos lignées à leur Source, mais d'une déprogrammation de la Source à son Origine. Il s'agit d'un courant d'opposition à la Source qui s'en est défait et qui agit par vents contraires à son processus évolutif organique original. Tous les dégâts engendrés dans ce monde, aussi bien individuels que planétaires, en sont issus.

Certains le nomment principe du mal. Quand bien même cette dénomination prête à confusion et à une crainte certaine, elle n'en est pas moins un pilier autour duquel votre monde s'est créé. Le principe de négativité vous a fait prendre conscience de tout ce qui existe de Beau, de Bien et de Vrai pour vous y confondre, à la Lumière de la Source Créatrice Divine de Tout Ce Qui Est dans sa croissance et son expansion organiques. Le principe du mal est quant à lui nécrosé et ne peut conduire à davantage d'expansion et de vie. Lorsque vous vous y identifiez, la spirale involutive s'empare de vous et vous fait sombrer, vous fait vous déprécier, dans l'obscurité, dans l'oubli de votre principe original de Source. Vous n'avez pas besoin d'en avoir peur, mais tout simplement de reconnaître l'existence de ce principe pour ne plus en être ignorant. Le principe du mal vous conduit à l'aveuglement et vous donne à oublier votre véritable nature de Source. Nous sommes ici, vous et moi, pour la reconstituer.

Vous ne serez libre que dès l'instant où vous vous emploierez à venir à bout de vos peurs, de vos blocages, tel un soldat qui part à la guerre pour vaincre ses angoisses les plus ancrées. Cet acte de bravoure ne peut être issu que de votre propre choix de vous défaire de vos dédales une fois pour toutes. Cela nécessite beaucoup de courage et vous révélez votre valeur en effectuant ce travail de grand nettoyage. Vous vous défaites alors de la densité qui vous sépare de votre lumière. Vous parvenez progressivement à voir à travers le voile sombre, vous empêchant d'admirer votre vraie nature radieuse. Vous vous élevez vibratoirement tout en vous allégeant mentalement et émotionnellement.

Vous avez tout un chacun choisi de vivre cette incarnation dans la matière la plus compressée qui soit, avec pour mission de vous alléger de tous vos fardeaux et freins, d'y faire pénétrer toute la lumière de votre âme qui brille si fort pour vous. Ceci présente un engagement colossal de renforcement de votre âme. Lorsque vous lui permettez de croître à travers l'obscurité, lorsque vous ne serez plus assujetti à la matière dense, vous brillerez d'autant plus fort. En quelque sorte, votre vie est une séance de musculation de votre être de lumière qui se réunit avec son jour envers et contre tout. Chaque fois que vous rencontrez une difficulté dans votre vie, en y plaçant l'intention de grandir et de croître au niveau de votre âme, vous grandissez et vous vous expansez. Lorsque vous maintenez le regard tourné vers la Source et la libération, vous gravissez les échelons étape après étape. Chaque niveau de résistance vous rend plus fort. Votre intention vous honore dans votre attitude à rencontrer vos combats. Vous êtes des Héros, et je vous prie de vous féliciter de tous vos défis, de toutes les peines et parts blessées que vous avez été à même de rencontrer.

En ceci, tous les êtres que vous nommez parfois divins sont éminemment fiers de vous. Vous êtes des modèles à leurs yeux. Je tiens ici à préciser que vous êtes tout aussi Divin et n'avez jamais cessé de l'être, votre incarnation terrestre dans un corps de matière n'enlevant rien à votre divinité. Vous avez la fibre Divine qui circule en tout temps à travers vous. Nous sommes tous, vous et nous, issus de la même souche. Sans exception. Nous sommes tous des êtres Divins reliés à la Matrice Universelle et c'est ensemble que nous œuvrons, pour le plus grand bien de Tout Ce Qui Est. Nous œuvrons au service de l'humanité tout entière, dont vous faites partie. Nous œuvrons en communion.

Ne négligez donc pas la portée que vous avez sur le Tout, lorsque vous purifiez le Tout à travers vous. Ceci a un impact énorme que nous reconnaissons. Vous êtes des êtres de Lumière extrêmement serviables, des exemples sur Terre, des pionniers. Sans cela, si ce n'était pas aussi grâce à vous, nous ne serions pas à même de vivre cette évolution cosmique, interplanétaire. Merci.

Votre travail de service est grand et vous exalte. Lorsque vous vous en remettez à la lumière de la Source, lorsque vous lui donnez tout, le bon comme les difficultés, vous vous offrez à votre force et à votre essence originelle. Chaque pas de l'évolution que vous réalisez pour vous vous servira. Il serait illusoire de penser qu'un homme ayant, tout au long de sa vie, causé du mal ou tué serait épargné et pourrait se rendre en son cœur apaisé en un souffle lors de son décès. Ceci n'est pas le cas. La désillusion des vertus de ce monde ne profite pas à celui qui se défait de ses bienfaits. Celui qui ne s'honore pas dans sa nature Divine de Source ne peut escompter y retourner lors de sa mort. Le passage de ce que vous nommez la vie vers la mort n'engage aucunement un retour à la Source obligatoire et automatique.

La beauté du monde vient de la Source. Nous comprenons les cycles et schémas universels en observant les fonctionnements de la Terre, car les principes primordiaux se retrouvent dans les aspects positifs de la planète. La lune laisse la place au soleil et la nuit laisse la place au jour. Les cycles de vies et de décès s'enchaînent eux aussi, jusqu'à parvenir à votre libération. Tout est en transition.

Les éléments de la Terre nous apportent toutes les informations nécessaires à la compréhension du cosmos infini. Nous ne nous arrêtons pas aux aspects visibles de la Terre, mais reconnaissons l'Origine comme étant existant dans chaque aspect positif que l'on retrouve aussi sur Terre. L'observation de la Terre, sa compréhension scientifique, astrologique, artistique, tout ce qui touche à sa beauté, à son modèle organique vertueux, partout où il y a de l'amour, une vibration élevée, nous renseigne sur les fonctionnements originels de l'au-delà.

L'enjeu est de reconnaître ce qui se cache derrière le monde des sens : l'appel du retour à la Source originelle dont vous êtes issu et vers laquelle vous retournez inévitablement. Pour éviter les pièges du monde des sens, je vous invite à ne pas amplifier vos perceptions sensorielles. Ne cherchez pas systématiquement à les assouvir ni à chercher l'aboutissement de la satisfaction dans la matière. Lorsque la vie est bonne, offrez-la au Plus Grand. Ne gardez pas pour vous seul les fruits de vos récoltes, mais répandez-les. Offrez-les à votre tour à la conscience d'amour qui les a créés. Agir ainsi vous permet de trouver une sincère paix et sérénité. L'identification à ce que vous possédez comme étant le fruit des récoltes que vous avez personnellement amassées n'apporte rien de bon. Une privation délétère de la Source vous sépare alors, ne vous permettant plus de vibrer à l'unisson avec la quiétude de votre nature profonde. Lorsque la vie est bonne, offrez les fruits bénéfiques récoltés à la Source, car c'est elle qui vous les a donnés. Lorsque votre vie vous assomme, remettez-vous-en à elle pour qu'elle vous enveloppe de ses bras divins.

Le système de fonctionnement de vos organes des sens (les oreilles, la peau, les poils, la langue, le nez) et vos perceptions du monde palpable sont constitués de la même façon. Derrière chaque perception sensorielle et derrière chaque quête d'aboutissement personnelle se cache la conscience de la Source Originelle. Chaque fois que vous ressentez une onde positive ou goûtez à quelque chose de bon, c'est en réalité la Source Vibratoire qui s'offre à vous pour vous ramener à elle par le biais de vos sens. Chaque fois que vous ressentez que quelque chose est bon, reconnaissez le Divin qui s'adonne à un jeu d'amour avec vous, pénétrant dans vos cellules par vos sens, à travers vos perceptions. C'est un jeu charnel entre la Source Cosmique et votre Soi Originel qui y est aimanté par Amour. Dans ce jeu d'amour existe le fruit de la réunification avec l'Éternel, votre voie de retour vers votre Tant Aimé.

Le secret du bonheur est de ne s'attacher à rien. Profitez de l'odeur d'une fleur, mais voyez le flot de création originelle dedans. Gardez la perception de vos sens pour n'y trouver que le Divin, qui se présente ainsi à vous. Vos yeux ont été créés pour que vous puissiez voir la beauté qui est en tout. Vos oreilles ont été faites pour entendre la voix de la Source omniprésente.

Vos sens vous offrent une possibilité de communion avec le Divin. Il n'est pas nécessaire d'aller dans la forêt pour le trouver. Le Divin existe et jaillit en tout, à l'intérieur de vous et depuis votre intérieur. Lorsque toute votre attention est tournée vers l'extérieur, vous ne pouvez pas cultiver les perceptions plus fines et délicates logées dans votre axe central, dans votre autoroute vers le Divin. Par la méditation, qui canalise les énergies cosmiques dans votre colonne vertébrale, vous accédez progressivement aux états de conscience les plus élevés. Cette opération est automatique lorsque votre attention est dirigée au bon endroit à l'intérieur de votre cerveau dans les trois chakras supérieurs. En synthétisant toute votre attention au niveau du lobe frontal, du chakra couronne et du bulbe rachidien, vous parvenez progressivement à extraire votre conscience du monde fini qui vous entoure vers le monde infini de Source qui est éternel.

Vous pouvez petit à petit fusionner avec, en progressant, en vous appliquant avec détermination dans vos pratiques quotidiennes, jusqu'à atteindre un état d'être omniscient, omniconscient de sa présence cosmique dans ce monde matière dans lequel vous vous êtes incarné. Vous vous percevez alors comme confondu avec le tout, avec les astres, les planètes, les étoiles qui existent comme à l'intérieur des cellules de votre corps. Vous vous défaites du monde des sens et cessez de vous identifier à ce que vous expérimentez. Vous vous libérez d'une vision autocentrée sur le monde et de vos perceptions. Vous vous en libérez en percevant que le Divin est, avant tout, caché derrière chaque apparition visible que vous percevez.

Lorsque vous ramenez la perception de vos sens dans l'axe central de votre Être, vous déjouez leurs forces d'identification, capables de vous nuire. Vos sens et la quête éternelle de leur satisfaction vous mènent inévitablement à un cycle incessant d'incarnation dans l'insatisfaction de ce que vos sens peuvent combler. La seule et unique satisfaction pour votre être éternel est de vous relier à la Source de l'éternité. C'est dans la recherche du Divin qui se cache derrière les vertus de ce monde que vous vous trouvez, que vous retissez le lien avec votre lignée originelle, avec votre véritable identité. Cette ré-identification avec votre Source Originelle vous apporte une grande satisfaction intérieure et une sensation d'aboutissement inégalée.

Lorsque vous perdurez dans l'espoir de combler ce besoin de complétude alchimique (réunification entre l'Homme et l'Esprit Divin) par les sens illusoires de ce monde terrestre, vous ne pouvez vous libérer de cette quête.

L'ignorance de cette loi fondamentale vous fait vivre et revivre inextricablement un espoir vain de trouver la complétude dans la matière même de cette Terre. Aucune satisfaction humaine ne pourra jamais vous l'apporter. En revanche, entendre l'appel du Divin dans chaque forme manifestée sur Terre comme étant issue de Sa Création et lui revenant de droit vous permettra de vous en libérer. De reconnaître que chaque aspect positif de ce que vous propose la vie en ce monde est en réalité issu de la Source de Tout ce Qui Est vous permet de vous défaire de toute vantardise ou quête de satisfaction illusoire. Vous sortez alors de l'aveuglement qui vous ferait croire que cette création est à vous et vous revient de droit. Ne nourrissez pas votre soi égotique de la sorte, mais libérez-le, laissez-le s'envoler de cette cage de satisfaction des sens dans laquelle il est maintenu, vous empêchant de goûter à la véritable plénitude de la vie. Goûtez-la, expérimentez-la et rendez-la.

Vous vous en libérez, et vous libérez de la roue karmique lorsque vous vous rendez à la Source. Se rendre à la Source veut dire lui dédier toutes vos joies et vos peines, d'entrer en communion avec, de lui léguer tout ce que vous avez de précieux, tout ce en quoi vous croyez. Vous lui demandez aussi son soutien éternel à travers toutes vos difficultés, dans vos moments de doutes, de peurs et d'anxiété. Vous n'êtes jamais seul. Vivez en la Source et partagez avec elle. Laissez-la vivre en vous et vous à travers elle. Il ne vous est pas demandé d'aller bien tout le temps pour être un Être Sacré et spirituel. Votre origine ne change guère même dans vos plus grandes angoisses. La Source ne connaît aucune joie de voir ainsi souffrir ses enfants, sans qu'ils tendent leur main pour être aidés. Telle une mère divine, tel un père divin, la Source se montre toujours présente à vous quoi que vous fassiez, quoi que vous traversiez, dans vos joies les plus expansives et dans vos plus lourdes peines. Vos parents Divins ne se préoccupent pas que de ceux à qui la vie sourit ou qui rayonnent le Beau, le Bien et le Vrai. Ils se soucient de chacun d'entre vous à parts égales, dans la compréhension la plus vaste qui soit, avec un amour éternel et sans condition.

Vous pouvez apprendre à trouver l'infinie rédemption, votre libération, dans la grotte de votre cœur, nourrie par les eaux de vos origines.

Où que vous alliez, vous portez avec vous la conscience éclairée de la présence originelle de la création. La conscience de cet Amour, imprégnée dans votre corps, dans votre intellect, dans votre compréhension du monde, dans vos actions passées, suffit à elle-même à brûler tous les feux de l'incrédulité humaine qui ne se reconnaît plus.

Puissiez-vous, à votre mort physique, vous en retourner à la Source Originelle de Tout Ce Qui Est, libéré de toutes attentes, libéré de tous attachements aux choses matérielles de ce monde qui vous entoure et vous accapare tant.

COMMENT POUVONS-NOUS NOUS RELIER À NOTRE SOI SUPÉRIEUR ?

Votre chemin d'accès à votre Source est votre colonne vertébrale. Tout ce qui existe dans le Divin peut être trouvé dans votre corps physique, pareillement divin dans sa nature.

Votre axe cérébro-spinal et les temples qui s'y trouvent sont tout autant de points d'accès pour vous à la lumière, que de bastions autour desquels vous pouvez ancrer votre lumière en ce monde. Ces temples (que l'on nomme chakras) sont des points de reliance entre votre Soi Divin et votre corps ici sur Terre. Vous allez pouvoir comprendre ce en quoi, pourquoi et comment il est nécessaire pour vous de vous y relier pour les activer.

Vous avez en vous une colonne centrale, un axe central à travers lequel tout est relié, tant au niveau de votre conscience humaine qu'au niveau de votre supraconscience qui, quant à elle, est reliée à la conscience du Tout. Ce ne sont que des termes, plus ou moins précis, vous permettant de structurer votre pensée autour de ceux-ci. Votre nature est constituée de plusieurs niveaux de conscience, interreliés entre eux et dans votre corps de matière incarnée sur Terre. Votre mental conscient est celui qui vous permet d'entrevoir ce monde, de le comprendre et d'en délier les enjeux. Votre mental subconscient est la part de l'inconnu qui gouverne vos rêves ainsi que ce qui est constitutif de vous mais que vous ignorez. Votre supraconscience est l'aspect omniscient en vous qui ne connaît ni début ni fin, conscient de son éternel trajet, conscient de son infinitude ici sur Terre. Votre mental supraconscient vous permet d'associer votre corps physique à la myriade d'étoiles dont il est constitué, il peut percevoir la Source qui est en Tout, il peut comprendre son interreliance avec toutes les planètes et ne s'identifie pas au corps physique ici apparent. Il en connaît sa source et son origine, et reconnaît sa physicalité en tant que réceptacle du Sacré, venant à lui pour expérimenter et vivre en ce lieu la réalité terrestre.

Votre colonne de chakras, vos temples magnifiés par la conscience de Source manifestée, une fois reconnus et activés, vous permettent de vous délester des principes humains enfermant qui vous ont emprisonné : l'ignorance de vos origines et la paresse d'y accéder.

Chaque espace, chaque temple de votre colonne vertébrale, une fois réinitialisé par la flamme sacrée de votre supraconscient, peut se ressourcer à la lueur de sa nature Divine, vous permettant de vivre une vie spirituelle sur Terre, c'est-à-dire, en reliance avec la Source.

Chaque temple de vie dans votre axe y a sa place. La force de vie qui circule dans votre axe (kundalini) se forme au pied de votre giron, dans la force féconde et sacrée de la Vie Unifiée qui reprend ses droits dans le bas de votre colonne vertébrale.

Chaque souffle que vous émettez en vous concentrant sur cette base vous permet d'y condenser toute la fréquence de sa vibration. Cette force de Vie Une, une fois ravivée dans votre centre, dans votre axe, au cœur de votre corps, peut à présent stimuler les autres centres de vie dont vous êtes aussi constitué. L'enjeu pour vous est de renouer avec cette résurgence de vie, la laissant vous animer, vous féconder et vous transcender.

Ramenez vos organes de sens vers l'intérieur, élevez-les à la fréquence de la lumière et laissez la vibration monter jusqu'au niveau de votre tête pour se relier pleinement à votre mental supraconscient.

Votre nature supraconsciente est alimentée par la force de vie que vous avez retirée de vos sensations externes. Vous renforcez cette conscience qui est la vôtre lorsque vous concentrez, ramenez cette puissance de feu suprême dans votre axe central, plutôt que de laisser votre attention se dissiper dans les événements arbitraires de ce monde. Les aléas qui touchent votre civilisation ne cesseront pas. Son système de fonctionnement sera toujours conjugué par des polarités positives et négatives. Cela ne changera pas. Dès lors, plutôt que de vouloir changer le monde dans lequel vous vivez, ses aspects illusoires et superficiels, concentrez-vous sur votre Divinité qui elle est éternelle. C'est par son biais que votre libération apparaîtra, la vôtre et celle des personnes, des espèces et des écosystèmes que vous aimez et dont vous vous souciez. Aucun changement ne pourra apparaître par la modification à votre goût du monde qui vous entoure, extérieur à vous. C'est en prenant conscience de votre vérité intérieure que des changements positifs pourront être opérés. Vous êtes l'observateur des injustices et des dépravations de la planète ou des espèces, humaine y compris. Depuis cet espace de conscience plus grand, vos élans d'améliorations seront empreints de la vérité de l'Éternel plutôt que de votre indignation ou mécontentement. Ces changements que vous souhaitez voir peuvent impliquer la vanité humaine aussi bien dans vos métiers que dans les systèmes politiques, les guerres, les changements climatiques ou de toute forme d'adversité. Tentez cependant de ne pas laisser votre axe être déstabilisé, sujet aux aléas des joies et des peines que vous vivez. L'important est à l'intérieur de vous.

Une intime corrélation peut alors opérer entre votre corps de nature physique et votre corps de matière subtile manifestée depuis la Source. Laissez la force de vie de votre lumière originelle imprégner de sa présence omnisciente chacun de vos centres, dénués de toutes attaches matérielles. Laissez le flot de vie monter en vous à travers votre colonne de temple de lumière éveillée au grand jour, à la luisance de leur aura substantielle. Vous êtes traversé par la lumière, vous êtes traversé par le Grand Tout, vous êtes imprégné par l'expansion de l'éternel. Chaque temple a sa valeur, sa teinte, sa vibration et nous y reviendrons plus tard dans le récit.

Il est tout aussi important pour vous de spiritualiser votre matière, autrement dit, de laisser s'immerger votre part Divine en vous. Les deux ne forment alors qu'un unique tout. Ne dénigrez pas votre corps, son intelligence, le temple de reviviscence qu'il est, mais n'oubliez pas de l'amplifier de votre nature de Source Originelle.

C'est en vous reliant à l'essence fondamentale de qui vous êtes que vous accédez à votre Soi Divin ou Soi Supérieur. *Il est utile et précieux pour vous de prendre intellectuellement en considération qu'une autre vérité, qu'un autre aspect de vous existe et n'a pas besoin du temps ou de la matière pour perdurer.*
Vous êtes en tout temps soutenu et entouré par cette essence à la fois intérieure et extérieure à vous.
Elle est intérieure à vous dans le sens où elle correspond à vos aspirations, à vos dons, à votre courage, à vos talents de toutes sortes. Ils constituent la majorité des aspects positifs qui sont en vous. Reliez-vous-y en tout temps pour être guidé par votre être supérieur. Il est le guide de tout ce qu'il y a de bon à l'intérieur de vous. Vous vous y reliez chaque fois que vous vous mettez en état d'introspection et que vous entrez profondément en vous. Vous le faites en méditant, en fermant les yeux

et en respirant profondément. Ce sont en ces instants que le Soi Divin se manifeste à l'intérieur de vous. Vous êtes alors totalement et profondément imbibé de votre essence, de votre qualité d'être la plus grande qui soit. Vous trouverez alors la capacité de vous relier et de manifester ce qu'il y a de plus juste et de plus bon à l'intérieur de vous. Vous agissez avec votre monde extérieur depuis les prémisses de votre monde intérieur qui vous nimbe de compassion et d'amour profond.

Vous êtes alors dans la certitude que vous êtes au bon endroit, au bon moment, et que seules de bonnes choses pourront s'exprimer ou s'extraire de vous. Vous êtes alors assuré que vous ne pouvez pas ni ne voulez nuire à qui que ce soit. Vous êtes alors imprégné par la foi profonde que vous êtes un être illuminé et éclairé qui se manifeste ici-bas.

Votre Soi Divin non incarné se manifeste par sa vibration de lumière à travers vous, à travers tous vos sens et s'exprime dans chacune de vos réactions.
Lorsque vous souhaitez vous relier à votre Soi Omniscient, je vous recommande d'être attentif à la réponse que vous donnez à toute forme d'agitation qui pourrait être déstabilisante autour de vous. Il vous est alors demandé, si votre envie est de vous y relier, de faire une prière à votre Soi Supérieur. Demandez-lui de bien vouloir contribuer de sa plus grande clarté de vision, de toute sa vibration afin que vous puissiez être aligné dans vos actions et dans vos paroles avec votre Soi Source. C'est ainsi que vous pouvez réaliser votre monde par le spectre le plus élevé et le plus éveillé de vous-même.

Cette essence est cependant aussi extérieure à vous, tant elle ne se laisse pas déterminer avec la partie de chair qui est en vous. Vous êtes un véhicule de matière constitué de plusieurs types de cellules distinctes qui vous composent. Cet ensemble de cellules est un outil extrêmement puissant pour toute forme que votre Soi Divin souhaite manifester. Vous n'êtes cependant pas ce véhicule sous tous ces aspects. Vous êtes avant tout désigné par votre Divinité qui est venue se manifester à travers vous. En ceci, votre Essence Supérieure peut également être perçue comme extérieure à vous.

QUELS RITUELS POUVONS-NOUS INTÉGRER POUR PURIFIER ET CLARIFIER NOTRE ÊTRE ET NOTRE CHAMP VIBRATOIRE ?

Seriez-vous d'accord pour vous livrer à quelques exercices pratiques avec moi, tels que je les ai toujours enseignés à travers la nuit des temps ? Il s'agit de pratiques pour reconstituer votre personne en y intégrant les concepts de votre Soi Divin grâce à des principes du Féminin Sacré.

Vous pouvez vous y livrer régulièrement lorsque vous vous sentez atteint par divers événements, sans même vraiment vous en rendre compte consciemment. Ce sont des rituels d'amour envers soi durant lesquels vous vous octroyez ce dont votre être supérieur profite le plus en cet instant.

Il ne s'agit pas de combler vos manques en vous remplissant d'une quelconque substance, mais de vous laisser guider par les intentions intérieures qui vous aident à nourrir votre besoin profond, celui de la reliance à votre Soi Divin non manifesté dans la matière.

Peut-être réclame-t-il que vous offriez à votre corps physique un peu plus de douceur, de tendresse et d'attention. Peut-être voudriez-vous lui accorder votre bénédiction, votre serment de vous joindre à lui lorsqu'il est dans le besoin pour lui octroyer le repos qui sera nécessaire à son rétablissement. Lorsque vous offrez à votre corps et à votre esprit ce dont ils ont besoin, vous établissez un pacte entre vous et vous-même permettant la communication entre ces deux aspects qui vous constituent. Vous vous en sentirez riche et ensemencé à la fois, fier de vous être fait cette offrande bien plus puissante dans son essence qu'une satisfaction matérielle vous faisant oublier votre chagrin.

Vous avez tendance à oublier d'être à l'écoute de votre besoin profond et à vous éloigner de vous. Mon enseignement met l'accent sur l'inverse et vous demande d'aller chercher la part délaissée qui est en vous, de la nourrir, de la choyer. Vous pourrez constater que c'est un rituel en soi que d'aller vous offrir et vous rendre votre dû, sans attendre qu'il ne vous soit proposé par une présence ou par un individu extérieur à vous.

Votre plus grande force est de vous offrir à vous-même ce dont vous avez besoin, ce que vous désirez le plus au monde, ce qui est le plus cher aux yeux des profondeurs de votre âme. Vous seul pouvez nourrir véritablement et durablement la partie soumise aux incertitudes et aux inconvénients de la vie puisqu'elles existent à l'intérieur de vous. Elles existent dans ce monde et paraissent si réelles à vos yeux incrédules. Mais vous devez comprendre que vous vivez dans un monde de machination de votre esprit. Ce qui se passe dans la matrice terrestre est une grande pièce de théâtre, un grand jeu cosmique auquel s'adonne le Divin pour mettre en jeu des polarités négatives et positives qui constituent les enjeux de ce monde. Ces perceptions du bien et du mal que vous vivez et expérimentez n'existent en réalité nulle part ailleurs qu'en votre for intérieur et dans votre monde de perception. Je sais bien à quel point cet enseignement peut être difficile à intégrer, ayant frôlé la surface de la Terre moi-même pour vivre une vie terrestre. Je ne saurais vous accompagner dans vos processus humains si je n'en avais moi aussi pas fait le tour. Il est pourtant utile et nécessaire pour vous de vous ouvrir à une compréhension plus grande d'un monde subtil qui existe à l'intérieur de vous, lorsque vous ne le remplissez pas de vos appréciations, jugements ou identifications au monde de la matrice visible. Ce que beaucoup d'entre vous nomment le « réel ». La réalité est dans sa nature essentielle non physique, non matérielle. Ne vous laissez dès lors pas tant déborder par vos inculpations des expériences sensorielles qui viennent s'imposer à vous. Vous devez montrer du discernement et de la vigilance à l'égard de celles-ci. Elles ne sont pas à vous, mais tentent d'exister à travers vous.

Vous seul détenez la clé de votre guérison, dans cet espace sacré qu'est le temple de votre cœur, à l'intérieur duquel vous choisissez ou non de laisser entrer les maux de vos perceptions. Vous seul avez la capacité de manifester ce qui est le plus bénéfique pour vous, car vous seul êtes à même d'entendre, de comprendre et de savoir quel est votre besoin essentiel. Peut-être avez-vous besoin d'aide à certaines occasions pour pouvoir le faire, en vous entourant ou en consultant une personne capable de vous aider. Un être qui détient les clés de compréhension de ce monde. Allez, au besoin, consulter un thérapeute qualifié, un prêtre ou prêtresse des temps modernes. Ceci sera le cas de chacun d'entre vous à différents moments de vie et vous permettra de donner de nouvelles clés de compréhension à une situation que vous traversez. La compréhension que vous avez de ce que vous vivez, la mise en perspective nouvelle de vos compréhensions d'une seule et même situation, peut vous aider à vous en libérer instantanément.

Il existe différents degrés de prêtrise chez chaque consultant que vous rencontrerez. Ne vous fiez pas aux étiquettes de leurs diplômes ou formations, mais aux qualités vibratoires d'amour que ces personnes dégagent. Si la résonance est là, vous saurez alors que vous êtes au bon endroit, face à la bonne personne pour vous. Aucune aide ne peut être transmise si la notion d'amour n'est pas intriquée à la sagesse du soin, à l'intelligence de la perception du consultant et à la justesse d'application de ses outils.

Si une personne cherche à vous convaincre que sa perception est la bonne alors qu'elle ne résonne pas pour vous, détournez-vous-en. Vous devez sentir la justesse du message résonner à l'intérieur de vous. Votre consultant devrait être à même de véhiculer les messages de votre Soi Divin et non les idées de ses croyances liées à ce qu'on lui a dit. *Chaque vérité est aussi changeante que chacun des êtres humains qui existent sur cette Terre. Chaque conseil et chaque orientation doit être mis en relation avec votre Soi Source personnel.*

Si vous avez la capacité d'entendre votre Soi Divin par vous-même, écoutez-le quand il vous souffle de quelle manière combler vos besoins. Plus vous affinez vos perceptions en appliquant mes enseignements, plus vous vous révélerez l'un à l'autre. Vous pouvez ressentir les indices que votre soi invisible vous glisse intuitivement. Nul ne vous connaît mieux que vous, nul ne vous aime plus que vous, nul ne sait comment mieux vous combler ou vous guider hors d'une situation hasardeuse que votre soi omniscient.

Cette part de vous dispose de tous les indices et les clés pour que vous puissiez vivre une vie en harmonie. Plus votre mental se calme, plus vous domptez les énergies dans votre axe central, plus votre part céleste peut entrer en communion avec vous. Sa grâce tombe sur vous en tout temps, mais si votre réceptacle humain est fermé par le couvercle de l'obstruction émotionnelle et mentale, vous ne pourrez l'entendre se manifester à vous. Vous ne pourrez sentir l'amour qu'il vous transmet ni les guidances intuitives qu'il vous adresse.

Cultivez le calme et la sérénité à l'intérieur de vous par de fréquentes méditations de la technique que je vous enseigne. Une intuition est une information qui vient se déposer dans toutes les cellules de votre corps, depuis votre âme, depuis votre être, afin que vous sachiez subtilement et avec une inébranlable conviction ce qui est le plus bénéfique pour vous, en l'instant donné, en réponse à chaque situation.

Ce jeu, ce rituel d'écoute vers l'intérieur de soi, peut être pratiqué incessamment, tout au long de votre vie. Je vous demande de répondre le plus possible à votre intuition jusqu'à pouvoir, à terme, ne répondre plus que d'elle. Elle seule est votre vérité.

Tantôt elle vous dictera d'agir, de sortir de votre cachette, de vous montrer. À d'autres moments, votre intuition vous guidera vers des pratiques plus intériorisées d'Amour de Soi. *Il est cependant utile de savoir que tout ce qui est manifesté à travers vous devrait être issu de votre Amour-propre. Votre Amour à votre égard doit vous guider dans vos actions et dans les moments de douce introspection, c'est-à-dire par les paroles et dans les pensées que vous vous adressez.*

Tendez l'oreille avec douceur vers votre soi intérieur, entendez-le, soyez à son écoute. Parlez-lui avec la même compassion que vous l'écoutez. Ne négligez pas l'importance du langage intérieur que vous vous adressez. Soyez la première personne à s'exprimer de manière bienveillante envers vous. Comment la vie pourrait-elle vous offrir tous ses dons et ses cadeaux si vous n'en faites pas de même pour vous ?

Aucun des êtres qui veillent sur vous ne vous demande de vous faire souffrir ni ne voudrait que cela soit le cas. Soyez attentif à vous et dans l'écoute limpide de vos besoins profonds et sacrés, réitérés par votre Soi Divin incessamment. Ces besoins fondamentaux sont ceux de la complicité bienveillante, de la conciliation, du pardon de soi.

Ne vous blâmez pas, mais reconnaissez vos erreurs du passé pour ne pas les réitérer. Reconnaissez le chemin d'apprentissage que vous avez parcouru. Reconnaissez-vous. Honorez-vous. Oubliez les critiques l'espace d'un instant, oubliez de vous accabler de mots désobligeants. Oubliez de vous faire apparaître sous un mauvais jour aux yeux des autres et de vous. Vous êtes en réalité bien plus grand que cela. Si vous ne me croyez pas, cessez de lutter contre la fausse croyance que vous n'êtes pas à la hauteur d'y croire. Laissez-vous convaincre, c'est une forme de malléabilité et de flexibilité vertueuse dans la matière. Ne restez pas figé et inconsciemment déterminé dans vos automatismes de dénigrement.

Songez à chaque instant où vous avez permis à une personne de vous remercier pour tout ce que vous avez fait. Pensez à ses paroles sincères à votre égard, vous ayant permis de vous sentir utile et de vous sentir bon. La bonté que vous dégagez envers les autres est un élan vertueux et créateur exponentiel. Générer le bien, lorsque votre geste est issu de votre élan d'amour en ayant pris soin de respecter les espaces et les besoins des autres, provoque un cercle vertueux de purification de votre centre intérieur et de celui de l'autre tout à la fois. Lorsque vous créez pour votre prochain, lorsque vous engendrez depuis votre cœur, lorsque vous recevez sa gratitude, lorsque vous entendez son remerciement sincère et que vous l'intégrez profondément en votre cœur, une synergie d'amour s'installe au-delà de l'espace-temps. Cet amour véritable, d'âme à âme, s'installe non seulement en vous, mais aussi dans l'union des Hommes qui créent pour le plus grand bien. L'amour engendre l'amour. L'amour est la puissance régénératrice de l'univers qui purifie tout sur son chemin. Tout ce qui est touché par cette unité de conscience qu'est l'amour est instantanément réunifié.

Toute pensée négative au sujet d'autrui ou à votre propre égard est instantanément brûlée par la flamme vertueuse de l'amour qui circule éternellement en vous. Reconnaissez son omniscience. Reconnaissez son éternelle présence qui se cache derrière le voile de l'oubli. Derrière vos blessures se cache l'amour. En deçà de vos eaux souillées se trouve l'essence d'amour qu'est la joie.

Votre véritable nature est étincelante. Reliez-vous à vous, à votre lumière fulgurante. Reliez-vous à la flamme de l'Amour Divin qui brûle en vous. *L'amour n'est pas une émotion, mais le souffle de vie créateur qui circule en vous et que vous pouvez faire circuler aussi.*

Ceci est le rituel le plus simple, le principe de base le plus important qui soit. Pratiquez-le sous forme d'une méditation. Tout autre rituel au sein duquel vous performez des actions diverses et variées restera extérieur à vous si vous ne le pratiquez pas avec cette même conscience intérieure. Ce ne seront que des actions vides, fades, dénuées de sens profond. Nous reviendrons plus tard sur les pratiques rituelles autour de la géométrie sacrée dans le chapitre qui y est dédié (cf. chapitre « Quels sont les symboles géométriques et autres signes qui te sont associés ? Peux-tu les décrire et nous dire comment les utiliser ? »).

Se reconnaître dans l'amour de soi n'est pas un luxe, mais une nécessité à laquelle chacun devra s'atteler.

Chaque aspect du cosmos est aligné sur un agencement spécial, unique et divin. Vous pouvez, par des rituels sacrés divers et variés que vous créez grâce à votre imagination, vous aligner sur ces principes universels bien précis. Il faut que vous compreniez que tout ce qui existe à l'échelle du cosmos existe aussi au niveau subatomique de votre corps et de votre cœur. Tout ce qui est en haut et en bas. Ainsi, la grandeur de l'univers existe-t-elle aussi en vous.

Lorsque vous alignez votre corps physique à la sagesse des étoiles en fonction de leurs rythmes précis, ou de la lune, vous activez et harmonisez en votre corps les espaces précis qui y correspondent. Référez-vous aux rites liés à la cosmogonie et aux transmissions d'actualité de vos astrologues qualifiés pour trouver de nombreuses solutions de réalignement. Ceci vous aidera et vous soutiendra dans votre mission d'âme incarnée. Bien souvent, il vous suffit de comprendre ce qui se passe au niveau des alignements des astres pour comprendre comment au mieux vous y adapter. Célébrez la pleine et nouvelle lune si vous en avez l'intuition.

Les êtres humains, les Druides, les prêtres, les groupes d'hommes et de femmes de toutes civilisations s'y sont consacrés. Ces rites sont tous en lien avec les Terres sacrées sur lesquelles vous vivez. Je vous encourage à les pratiquer plus activement, en vous référant aux pratiques ancestrales de votre propre région, pour définir ce qui peut remettre votre corps en alignement sur le plan cosmique d'où vous êtes issu. Faites appel à votre créativité et à votre intuition.

Chaque chakra, chaque temple à l'intérieur de vous, est relié à différents éléments et même à différentes planètes. Lorsque vous aurez compris quelles substances nourrissent vos chakras dans les chapitres suivants, vous pourrez les actualiser selon ces préceptes bien précis.

DE QUELLE MANIÈRE LES FEMMES ET LES HOMMES SONT-ILS DIFFÉRENTS ?

Alors que vous êtes tous différents et que chacun a sa singularité propre, la part qui vous unit – vous, les humains – est bien plus grande que celle qui vous sépare. Prenez conscience de cet apport, de votre âme, qui est issu de l'origine et de nulle part ailleurs. Vos points d'accroche, vos similitudes, sont en nombres supérieurs à ceux qui vous divisent.

Cependant, vous détenez en vous des informations codées dans votre ADN, une prévalence hormonale, aussi bien dans votre physiologie, dans vos circuits cérébraux que dans votre colonne vertébrale, qui vous suggèrent des anatomies, modes et structures de pensées qui diffèrent.

Vos aptitudes ou appréhensions d'une situation similaire peuvent alors varier, même si une large palette du nuancier doit ici être soulignée. Les hommes et les femmes peuvent en outre tout aussi bien réagir d'une même façon, tout comme deux individus du même genre peuvent se comporter différemment pour trouver plus d'analogie avec une personne du genre opposé. Tous ces aspects peuvent varier d'une situation, d'un moment à un autre.

En introduction, je relève l'importance et la prépondérance de vos aspects de sources, de vos âmes toutes issues de la même souche qui vous relie, vous unifie. *L'unité ne se crée pas en additionnant tous les êtres, mais en isolant leurs dénominateurs communs en Un.*

Cette entrée en matière précisée, nous pouvons souligner des principes selon lesquels les hommes et les femmes se différencient par leurs structures endocrines, ce qui influence les modalités cérébrales aussi bien au niveau du langage, de l'usage de la parole, du vécu que de l'appréciation de ce vécu, des pensées qui ne résonneront pas en eux de la même manière. Les hormones qui habitent vos corps ont un impact fondamental sur vos envies, vos perceptions, vos humeurs, ou au sujet de ce en quoi vous vous engagez.

Les hormones féminines, fluctuant à travers vos cycles, causent différentes réactions à votre corps et à votre esprit. Lorsque la quantité d'œstrogènes monte progressivement puis atteint son apogée, accompagnée de testostérone en première moitié de cycle, il se peut que vous expérimentiez une influence accrue de vos envies sexuelles. Vos désirs peuvent progressivement diminuer en fin de cycle avec la venue de la progestérone.

La montée progressive d'œstrogène, accompagnée de testostérone en éminence lors de l'ovulation en milieu de cycle, influence votre production de dopamine et de sérotonine en première phase. Ceux-ci incitent les femmes à s'émanciper, à réaliser des plans, à entreprendre pour l'avenir. La seconde partie de cycle connaît une augmentation de progestérone, vous attirant vers l'introspection, vers un mode de vie plus intériorisé et un désir en potentielle diminution. Même chez les femmes, l'hormone de la testostérone est importante, car c'est elle qui vous permettra de prendre votre place dans ce monde, d'augmenter votre capacité d'action et de signifier de votre présence au sein d'une assemblée.

Les hommes, quant à eux, représentent la stabilité à travers les cycles des saisons. À l'image d'Osiris, ils déploient en leur intérieur la capacité de naviguer entre les mondes visibles et invisibles, tout en se maintenant dans la droiture de leur axe, de leur pilier Djed. Lorsque leur principe a atteint son potentiel, ils se confondent en balancier à travers les variations cycliques des saisons. Ils amènent la paix et l'harmonie dans le conflit. Ils sont au service de l'équilibre à travers les fluctuations. Leur principe est la droiture et la raison. Cette conscience leur permet la flexibilité dans l'oscillation. De même en est-il de leur structure hormonale intérieure qui ne varie que très peu, à la différence des femmes.

Féminins et masculins expérimentent de manière distincte les substances alchimisées en eux. Les vibrations, les informations, les encodages ne sont pas conçus de manière similaire. Il s'agit de systèmes encodés différemment dont les structures ne reçoivent pas les informations ou les stimulations de manières similaires.

Ces encodages sont à la source de beaucoup de mésententes et de mauvaise compréhension entre les genres et entre transgenres. J'aimerais vous amener à savoir et mieux comprendre en quoi ces encodages diffèrent pour mieux pouvoir estimer les réactions des autres.

Je vous encourage à être curieux et bienveillant envers les différences et singularités des uns et des autres pour mieux les comprendre. *Agissez de manière à* éviter les conflits, *car l'entente entre les groupes crée beaucoup de richesse de part et d'autre pour les membres des deux sexes ou de toute identification sexuée.*

Il est, de par ces encodages qui diffèrent, une subtilité marquante au niveau de l'expression individuelle du soi. Ainsi, grâce à un taux de testostérone élevé, un individu avec un encodage masculin pourra facilement s'exprimer et impacter ce qui est extérieur de lui. Un individu avec un encodage majoritairement féminin bénéficiera de cette même hormone à certains moments du cycle, tout comme il aura tendance à tourner son attention vers ce qui est intérieur, en lui, à d'autres instants.

Ces taux varient considérablement d'un individu à l'autre et ne sont pas les uniques composantes des différences entre les êtres. Les planètes dont les influences sont à tendance masculine ou féminine dans leurs principes vont elles aussi jouer un rôle prépondérant.

La manière dont va briller la polarité masculine va être très différente de la manière féminine d'illuminer. Alors que le masculin fait émerger sa lumière de l'extérieur du soi, la polarité féminine prend sa source de lumière au fin fond de son être et la laisse transparaître depuis l'axe de sa Divine Présence.

Il se peut ainsi que les priorités divergent en ce qui est considéré comme important pour les deux parties et qu'elles ne s'entendent pas nécessairement quant aux besoins primordiaux et essentiels dans leurs manières d'agir.

Je tiens à préciser ici qu'un individu de sexe féminin peut avoir un encodage majoritairement masculin et vice versa. Ce n'est pas parce que vous êtes né avec un corps physique d'appartenance à un certain sexe, avec un encodage intérieur, structurel, moléculaire au niveau de vos particules, que vous ne pouvez pas porter en vous un encodage opposé au niveau de votre corps subtil, dans le corps éthérique plus précisément.

Il y a parfois une différence entre la structure intrinsèque de la personne et son véhicule physique. Ceci implique une expérimentation pour l'âme qui vient intégrer un corps qui ne correspond pas à son encodage intérieur, tel qu'il ou elle se ressent profondément.

Il en est ainsi pour les personnes ayant un sexe opposé à l'intérieur d'eux à ce qui est véhiculé à l'extérieur d'eux. *Ceci peut causer pour la personne une grande dichotomie intérieure dont elle doit s'affranchir durant cette vie pour trouver l'unité au fond d'elle afin de ne s'identifier plus qu'au grand tout.*

Cette tâche est miraculeusement grande pour les personnes ayant fait ce choix d'incarnation. *Ce sont des êtres extrêmement courageux qui entreprennent de s'aventurer dans la quête vers l'alliance de ces parts divergentes en eux.*

Il leur est possible de le faire en s'acceptant pleinement et en ne jugeant ni l'un ni l'autre aspect d'eux-mêmes, mais en s'acceptant pleinement, même et surtout dans leurs divergences. Il n'y a en réalité pas de mal à contenir en soi des divergences ou plusieurs expressions de soi. La souffrance n'est issue que de la mésentente de soi à soi qui est inacceptable dans le cœur et dans l'espace intérieur de la personne.

Ces êtres ont aussi pour mission de nous montrer à tous qu'il est possible de s'entendre pleinement et de co-créer entre les deux sexes opposés, tant ils sont capables de le faire à l'intérieur d'eux-mêmes. C'est une grande vertu que de vouloir ainsi nous montrer la voie dans un acte d'amour, en prêchant par son propre exemple. Puissiez-vous tous en faire autant, dans la mesure où vous vous respectez pleinement dans l'encodage de l'être humain que vous êtes, tout en respectant pleinement l'encodage d'un individu différent de vous.

C'est ce que nous appelons la Tolérance, qui est une preuve de l'amour inconditionnel que vous détenez en vous envers toute la planète et envers toute l'humanité. Vous pouvez vous montrer digne et vous montrer grand en étant des exemples de tolérance et de soutien les uns envers les autres.

Vous êtes digne et tolérant lorsque vous ne reprochez pas à l'autre ses moindres pas de travers, lorsque vous ne critiquez pas le comportement d'un autre individu, mais portez votre voix pour trouver ensemble une solution à votre problème commun. Cessez de croire que l'un des individus au cœur du conflit en est l'unique porteur, mais voyez la situation qui vous confronte comme un nœud à démêler à deux ou à plusieurs.

Certaines personnes, dans une vie de couple, il est vrai, ne souhaitent pas faire le pas vers un échange fructueux avec leur partenaire et préfèrent rester dans l'amertume, la critique et la négligence de l'autre plutôt que de le rencontrer.

En relation avec un individu qui ne souhaite plus évoluer ou qui s'ouvre à reculons, qui ne veut pas avoir d'échanges mutuels et constructifs pour faire évoluer le couple ou toute forme de partenariat, une relation de confiance ne peut être établie.

Si vous ne pouvez pas ouvrir votre cœur et dire ce que vous ressentez à la personne qui est en face de vous, si elle n'est pas prête à entendre ce que vous avez à dire pour construire ensemble un nouvel élan à votre relation, le lien de sécurité est rompu.

De même, si vous exprimez ce que vous avez sur le cœur dans un élan de réprimande au lieu d'un élan co-créatif, la personne à laquelle vous vous adressez ne peut entendre ce que vous lui dites. Elle n'entendra que les critiques et se raidira, se cabrera. Elle pourra soit se fâcher, se mettre en colère, fuir ou se victimiser pour échapper à vos énonciations.

Si la personne à laquelle vous adressez vos critiques est éveillée au-delà de l'illusion humaine, elle ne réagira pas, mais écoutera avec une bienveillance attentive les maux de votre cœur qui pleure. Vous devez cependant comprendre que ceci n'est le cas que d'un nombre infime de la population et que vous ne pouvez pas compter là-dessus. Vous devez avant tout apprendre à vous aider et à vous soutenir dans vos conflits dans une écoute constructive et bienveillante.

Je le répète ici, car ce lien de confiance est primordial dans toute relation que vous entretenez. L'union se construit lorsque votre joie d'être en la présence de l'autre est sincère et que vous vous témoignez mutuellement du respect. Ce respect prend la forme d'une intention qui vise à soutenir et choyer l'espace de l'autre. L'espace de l'autre est son temple, son lieu de vie physique aussi bien que son corps et sa psyché. Vous êtes un relais de confiance pour l'autre lorsque vous lui témoignez de la tolérance, du respect, et que vous reconnaissez sa dignité. Aucun lien profond ne peut être établi sans ces égards. Aucun lien profond entre les êtres ne peut être établi sans considérer l'autre, dans ce qu'il est, pour ce qu'il ressent et à l'égard de ce qu'il dit.

Lorsque les vérités de l'autre sont difficiles à entendre, posez-vous alors ensemble la question, sans vous attaquer, sans vous reprocher vos failles mutuelles, de comment faire pour sortir de cette situation dans un renforcement commun, main dans la main. Posez-vous la question : comment la blessure de l'un peut-elle devenir une marche vers votre renforcement à tous les deux ? Vous pouvez changer d'état d'esprit quant à la gestion de vos conflits.

N'oubliez pas que vous êtes les fruits de vos aïeux et d'un collectif humain endommagé qui a subi maintes souffrances. Ne les réitérez pas, mais aidez-vous communément à vous reconnaître au-delà des souffrances qui se manifestent encore en vous. Vous pouvez les transmuter et les alchimiser main dans la main.

Ne cherchez pas à cacher vos différences ou à les nier, mais reconnaissez-les, de la même manière que vous reconnaissez la dissemblance entre les individus tout autour de vous. C'est ensemble que vous réaliserez un monde dans lequel vous vous épanouirez. Ensemble, dans l'union de vos différences.

QUE SE PASSE-T-IL LORSQU'UN BÉBÉ CHOISIT DE NE PAS RESTER DANS L'UTÉRUS DE SA MÈRE ?

QUELLES PEUVENT EN ÊTRE LES CAUSES ?

COMMENT POUVONS-NOUS PERCEVOIR LA PERTE DANS LA SPHÈRE PHYSIQUE D'UN ÊTRE CHER ?

Votre domaine d'influence sur votre corps est non négligeable, mais il ne fait pas tout non plus.

C'est une épreuve difficile à vivre pour beaucoup de femmes que de perdre l'enfant dont elles se réjouissaient de la venue au monde, avec l'envie ardente d'accueillir un nouvel être dans leur vie. Il faudrait néanmoins savoir, se rendre compte, que ce type d'événement n'a rien d'aléatoire au cours du cycle de vie d'une femme ou de tout être humain.

La venue et le départ d'un être cher sont autant d'événements auxquels vous êtes confronté dès lors que vous entrez dans le cycle de la vie, de ses enchaînements et de ses chemins croisés d'événements qui ne sont autres que des qualités vibratoires manifestées.

Je le répète : les événements, ce qui se passe dans la matière est une qualité vibratoire qui se met en mouvement dans la matière.

Il n'est ainsi pas possible de distinguer ou de séparer un ressenti, sa qualité, sa vibration de l'événement, la pensée ou l'émotion qui en est à l'origine, pas plus qu'il n'est possible de séparer la mère de son enfant une fois qu'il y est bien implanté.

Vous avez à comprendre ceci : aucun être de la sphère depuis laquelle je vous parle ne vous souhaite du mal ni ne se réjouit de vous voir dans le désarroi d'une fausse couche ou d'un bébé qui ne vient pas.

Il nous est cependant nécessaire de vous dire à quel point il est difficile pour nous de vous faire comprendre les messages autrement que par le biais de ce que vous vivez et traversez.

Vous avez en vous une miraculeuse puissance, une force de vie capable de défier toute épreuve et de faire preuve d'un immense courage face à l'adversité que vous rencontrez.

Le monde dans lequel vous vivez est duel, mais ne vous veut pas du mal. La lumière et l'ombre sont en éternel cycle de rotation, s'inversent et se répondent. Alors que l'un laisse la place à l'autre, c'est de vous au cœur du changement dont il s'agit. Votre véritable essence est au centre. Votre but est de revenir toujours plus profondément à l'intérieur de vous, au centre de votre noyau en période faste ou de difficulté, pour mieux pouvoir croître dans les phases lumineuses de la vie. La vie est faite d'enchaînements d'obstacles entrecroisés d'événements plus glorieux. Les périodes aisées de vos vies ne sont pas censées être immuables, mais doivent elles aussi aboutir à un mouvement évolutif qui vous permet de croître, d'avancer, d'évoluer. Durant chaque période d'introspection, il vous est demandé de vous recentrer sur votre ressenti, de le reconnaître, de ne pas le juger ni essayer de le changer. Votre ressenti est tout ce qu'il est. Il est la porte d'entrée de votre monde intérieur, dans votre monde profond, dans votre intimité. Votre être, n'étant pas conçu pour vibrer de lumière extérieurement indéfiniment, se voit alors se retourner sur lui-même pour traverser les phases d'introspection dans la relativité de l'être que vous êtes. Il n'est utile ni de se soumettre au drame de vos sensations ni de les rejeter comme étant extérieures à vous. Votre lumière et la direction vers laquelle elle émet se tournent tantôt vers l'extérieur, tantôt vers le dedans. Il est souhaitable que vous appreniez à reconnaître à quel moment votre être doit briller à l'extérieur de vous, quand il retourne sa flamme vers l'intérieur pour éclairer vos abysses. Ceci n'éteint pas votre flamme, mais la fait briller différemment, dans sa direction inverse qui est tout aussi utile. L'être humain aurait tort d'imaginer que la flamme doit être tournée extérieurement, vers sa brillance et sa réussite, en tout temps. Et il se peut que les phases de l'un ou de l'autre aspect soient plus ou moins longues. Vous écourtez les phases de tumultes en les reconnaissant.

Lorsque vous traversez une difficulté, c'est en vous connectant à votre être intérieur, qui reconnaît la difficulté de ce qu'il vit, que vous trouverez votre félicité. Non pas en essayant de travestir ou de maquiller la situation en tout ce qu'elle n'est pas ni en transformant la douleur en souffrance. Il vous est tout simplement demandé de reconnaître, de ne pas juger cette incohésion, mais d'être avec. Laissez le flot de ce ressenti circuler. Ne le retenez pas, sentez-le. Voyez tout ce qu'il vous fait, tout ce que cela provoque à l'intérieur de vous. Une fois reconnue, une situation peut être débloquée. Vous ne pouvez sortir de ce chambardement ni en le maîtrisant ni en le contrôlant. Vous ne pouvez que vous y relier et le voir pour ce qu'il est. Alors pourra se résoudre sous un meilleur jour cette situation incontrôlée et vous pourrez mettre en œuvre un plan d'action pour vous en extraire.

Voici pour l'état général quant à la posture que vous pouvez adopter lorsque vous rencontrez de grandes difficultés. Ne vous noyez pas dans l'océan, dans le tumulte de ses vagues, mais laissez-vous être absorbé à l'intérieur de vous pour reconnaître ce que vous vivez sans le nier ni le contrôler.

Depuis la Source, nous n'avons jamais voulu ou souhaité vous voir en proie à la souffrance liée aux allégations que la vie terrestre préconise par son champ polarisé. Cette planète est une école de laquelle vous sortez victorieux lorsque vous ne vous laissez plus prendre au jeu de ses oppositions. Nous voulons vous aider à ne plus être bousculé par les joies et les peines que cette polarisation met en avant par ses pleins et par ces creux. Votre victoire réside dans l'immuabilité de votre âme. Dans cette immuabilité, vous pouvez ressentir le soutien du Divin.

Face à la perte, quel que soit le deuil que vous traversez, je vous suggère de vous orienter vers cet espace Saint à l'intérieur de vous et d'y accueillir, d'y accepter la fluctuation et l'instabilité des choses de la vie. Ne cherchez pas toujours à savoir, à comprendre le pourquoi du comment.

Retournez simplement à cette source de création et de paix qui est en vous et souvenez-vous à cet instant que vous êtes un être divin, une manifestation sacrée de Tout Ce Qui Est et, qu'en cela, vous qui êtes ici-bas êtes la perfection manifestée.

Je vous prie de croire en cela : rien ni personne ne souhaite vous voir dans le reniement ou dans la souffrance. Nous vous invitons à revenir dans votre temple. Laissez la rivière couler en vous et à l'extérieur de vous. Ne vous souciez pas tant de ces aléas entre crues et marées.

Avez-vous de la sécheresse dans votre rivière ? Honorez-la. Avez-vous des eaux qui coulent à flots ? Remerciez son impermanence entre abondance et privation.

Rien ni personne ne pourra vous faire changer d'état d'esprit lorsque vous détenez entre vos mains cette sagesse profonde vous permettant de vous relier à l'impermanence des éléments qui composent la vie, votre vie, le monde et votre monde. Rien n'est en réalité parfait, imparfait, agréable ou incommodant. Tout est ce qui est et ce qui doit être.

Je vous en prie, si vous parvenez à garder votre calme et sérénité dans le tumulte de ces instants, vous y découvrirez la plénitude, votre grâce dans Tout Ce Qui Est et à tout moment.

Ne soyez pas, s'il vous plaît, trop jugeant face à ce que vous propose cette impermanence entremêlée d'immuabilité, mais accueillez-la pour ce qu'elle est : une composante fondamentale du monde dans lequel vous vivez et dans lequel vous évoluez.

Lâchez les rênes l'espace d'un instant et restez dans votre plein pouvoir, dans la sérénité de votre être tout en sachant que les courants changeants vous apporteront inévitablement toutes les nuances dont la planète est composée.

Cette palette de nuances est indépendante de vous à bien des égards. Ne perdez pas votre axe, votre valeur, votre foi pour autant. N'oubliez pas que vous êtes des êtres courageux qui font face à des adversités. Ne vous limitez pas à ce que votre mental, dans son envie, vous a laissé croire qu'il serait le mieux pour vous. Votre mental n'est qu'une infime partie de vous et ne perçoit pas la vision d'ensemble à la manière de votre soi Supérieur.

Ne laissez pas votre mental inférieur vous emmener sur des fausses routes qui vous bloquent ou vous limitent et vous distraient dans une souffrance interminable et sans fond.

Lâchez toute forme de contrôle et laissez-vous aller. Laissez-vous être bercé par ces courants chauds ou froids qui vous amènent à différents endroits, vers différents vécus, vous maintenant droit et flexible face à chaque endroit qui vous est présenté. Remerciez.

Bien des éléments de ce monde sont hors de votre maîtrise et contrôle. Il n'est pas toujours aisé de le reconnaître. Les agents chimiques et perturbateurs de vos systèmes se comptent par milliers. Des agents pathogènes en tout genre existent et peuvent avoir un effet adverse sur vous et, par conséquent, sur votre mental et votre psyché. Ce qui est le plus difficile pour l'être humain est sa condamnation à ne pas pouvoir comprendre et à ne pas y voir plus clair. C'est la conséquence la plus douloureuse de la vie terrestre. À certains instants, les mystères de la vie ne se dévoilent pas à vous, pourtant ils font partie de votre existence. Votre détermination s'oriente néanmoins vers une conscience et une compréhension du monde métaphysique toujours plus grandes. Ne reniez pas ce monde, ne reniez pas la vie. Contentez-vous-en et, lorsqu'une porte vers un champ d'action aligné et ajusté pour votre être s'offre à vous, profitez-en.

Ce monde est tel qu'il est. En cela, aucune femme ne devrait s'en vouloir si elle ne parvient pas à avoir d'enfant, ou se sentir dévalorisée dans son âme ou dans sa chair si elle n'en a pas. Elle est et reste un être parfait selon tout principe qui dirige le cosmos et la création des mondes infinis. Il en va de même pour tous les hommes ou pour tout individu qui ne procréera pas.

Le monde est un champ infini de potentialités et c'est ici, au sein de votre puissance créatrice, que vous pourrez déposer votre raison d'être. Vous pouvez engendrer tout un monde d'essences actives qui bénéficieront tout autant pour le grand tout. Bien que cela puisse être difficile à comprendre et à entendre pour certains, l'enfantement ne reste pas une fin en soi. Être parent, être un adulte soutenant, est une posture qu'il est possible d'appliquer à de nombreuses échelles de l'humanité.

QUELS SONT LES PRINCIPES DU FÉMININ SACRÉ ?

Ce sont des principes que nous séparons du masculin pour en faciliter la compréhension. Ces deux éléments – le féminin et le masculin – gouvernent les axes de création du monde, du cosmos, de la galaxie, des règnes interplanétaires, de l'univers et du multi-univers depuis le plan de création le plus simple jusqu'à la Source. Le ferment de la polarité féminine et masculine en fait partie, tout comme en font partie les attributs de création de source tels que les lois universelles, le Soi Divin qui est en vous, les principes de création que sont les rayons de Sources ainsi qu'un grand nombre d'archétypes qui en découlent. *Nous sommes tous constitués de la même matière et des mêmes pierres angulaires, mais dans de différentes proportions.*

Les principes du Féminin Sacré sont illustrés par la prédisposition qu'ont les femmes à laisser émerger la vie et le principe d'amour sur Terre de leurs entrailles. Cette capacité peut rayonner sous différentes formes selon l'intention avec laquelle l'humain manifeste. Que l'être soit dans le monde matériel ou dans le monde immatériel, la polarité féminine se manifestera différemment.

En ce qui concerne le principe du Féminin et son application pour vous, humains de la Terre, vous aurez avantage à connaître les quelques préceptes qui vous permettront de les utiliser et de mieux les comprendre dans le but d'en faire vos propres attributs, peu importe que vous soyez du genre féminin ou masculin. Vous disposez tous, en chacun de vous, ces deux aspects qui se conjuguent, qui sont accolés, entremêlés et transposés sous différentes formes dans la matière.

Vous avez à votre disposition une palette variée, un large éventail de choix quant à la manière d'utiliser ou de manifester ces différents principes de création de Source. Je vous le signifie ici et insiste sur cette idée : ces principes sont à votre disposition pour que vous en fassiez et puissiez en faire un bon usage. Vous êtes ici pour apprendre et pour expérimenter tous les aspects de votre être, qu'ils soient issus de votre polarité féminine ou de votre polarité masculine. Au terme de la complétude de votre être, vous êtes à même de faire l'alliage entre les deux, car aucune d'entre ces deux polarités n'est plus importante que l'autre.

Les deux versants méritent d'avoir une place prépondérante dans votre vie et d'être mis en visibilité dans vos gestes, dans vos paroles, dans vos pensées et dans vos actions. Vous avez tous la capacité de manifester ces deux perspectives à l'intérieur de vous. Ceci vous conduira à un équilibre parfait lorsque vous y parviendrez. Je mets l'accent sur ce fait qui semble essentiel au cours de votre évolution intérieure personnelle, physique, psychique et spirituelle.

Votre visée est de maintenir ces deux principes dans un mouvement de balancier, qui penchera tantôt d'un côté, tantôt de l'autre, pour parvenir à s'équilibrer dans vos attitudes de manière générale.

Ainsi contrebalancez-vous aussi bien des situations dans un yin polarisé (féminin) par plus de yang (masculin) qu'une situation contenant un surplus de yang par une rétroaction yin. En agissant ainsi, en accordant ces deux identités à l'intérieur de vous, vous construisez un outil puissant vous permettant de vous maintenir en harmonie.

Vous pouvez, à titre d'idée, contracter une attitude yin lorsque vous avez en face de vous un être vulnérable, vous incitant à agir tout en douceur et avec compassion envers lui. Vous pouvez aussi adopter une attitude yang en étant le protecteur bienveillant de la personne face à vous. Je vous encourage à jouer de ces deux pôles et à les fusionner à l'intérieur de vous. Soyez le mouvement sacré qui les relie entre eux, soyez le pont fécond qui permet la transmission de ces fondements d'énergies de base.

Si vous avez besoin de développer une plus grande part du principe féminin en vous, jetez un regard sur votre appréciation de vous-même et consultez la part d'amour que vous vous attribuez.

Êtes-vous doux, êtes-vous plein de compassion, êtes-vous tendre et empli de nourrissantes émotions à votre égard ? Regardez à l'intérieur de vous pour voir ce que vous êtes capable de vous offrir à vous-même, vous rendant ainsi attentif à ce que vous êtes en mesure d'offrir à d'autres personnes autour de vous.

Ceci est un principe très simple : nous ne pouvons guère offrir ou partager avec qui que ce soit ce dont nous ne sommes pas comblés. Nous ne connaissons alors tout simplement pas cette vibration. Ouvrez dans ce cas votre cœur au monde, ouvrez-vous à votre paix intérieure, à votre sérénité et acceptez-vous. Vous pouvez vous offrir tout ce dont vous manquez. Cultivez aussi l'amour à l'égard d'autrui, partagez de votre personne, jusqu'à être capable de vous aimer.

Un amour partagé et communié vers une personne capable d'accueillir votre amour et de le mettre en valeur vous récompensera de cet élan fourni. Créez le bien et vous récolterez le bien pour le réensemencer à l'intérieur de vous. Une fois votre jardin plein de vos propres récoltes, vous serez à nouveau à même de les offrir. L'élan premier commence toujours par vous. Soyez désintéressé. Ceci est un cercle vertueux honorant chaque être humain qui le co-crée.

L'amour inconditionnel, qui est le principe du Féminin Sacré, ne vous sera accessible que si vous êtes dans la possibilité d'embrasser pleinement tout ce qui est, sans jugement et sans altération de votre perception. Ceci implique de s'aimer dans toutes les parties de soi, même celles que vous avez jugées moins acceptables. *L'amour inconditionnel vous demande de reconnaître le principe d'amour dans son dessein d'ensemble.*

L'amour est le principe qui aimante, qui ramène à lui ce que le feu de la création a répandu dans son expérimentation (dont vous faites partie).

Vous êtes des êtres parfaits, emplis d'une profonde compassion et d'un amour inconditionnel envers vous-même à votre source, dans vos préceptes de base, dans votre création d'origine. Votre âme, en parfaite union avec la Source, vous connaît et vous aime plus que tout. Ne l'oubliez pas. Laissez-vous à nouveau être bercé de ces douces et tendres attentions. Sachez à quel point elles sont inébranlables. Rappelez-vous de l'être parfait que vous êtes en cet instant et en tout temps. Vous n'avez jamais cessé de l'être, mais l'avez peut-être oublié.

Nous pouvons aussi aller encore plus loin au sujet de la polarité féminine, de sa lune ou de sa nuit qu'elle nous invite à voir. Vous avez tous en vous un puits sacré à l'intérieur duquel reposent vos attributs spirituels les plus élevés aussi bien que les aspects les plus sombres de la nuit noire qui est en vous.

J'aimerais aborder ici cette notion de folie occultée, car elle est en chacun de vous et vous fait peur à plusieurs échelles. Alors que la crainte d'entrer dans son espace sombre peut sembler vertigineuse, mon message ici se veut rassurant et s'oriente autour de la manière d'y procéder, étape après étape, pour que vos résistances intérieures puissent se défaire en douceur et progressivement. Découvrir ses aspects les plus sombres, ses blessures et ses parts d'ombre nécessite une préparation solide au préalable et ne peut pas être fait sans l'assistance rigoureuse d'un entraînement spirituel ancré et fondé. Vous avez besoin de construire un corps de lumière stable avant d'y procéder.

L'aspect du Féminin Divin dont je vous parle ici est la part de vide absolu depuis laquelle la Source De Tout Ce Qui Est jaillit. Sans cet espace de vide primordial, la création ne peut émerger. Il faut un vide pour faire un plein. C'est aussi ici que se lovent tous les aspects cachés de vous et de l'humanité. Cet aspect a été représenté sous de nombreuses formes à travers l'histoire de l'humanité, dans divers récits ou contes.

Bien que vous ayez tous en vous des aspects que vous n'avez pas envie de voir ni de rencontrer, y parvenir vous permet de vous libérer de la densité retenue dans les abysses de votre personnalité.

Vous avez vécu à travers des siècles d'illusion et d'âges sombres de l'humanité qui vous ont amené à vivre des épreuves lourdes qui vous ont traumatisé et qui se répètent désormais encore en vous par les lois du Karma (cf. chapitre Sommes-nous totalement responsables de notre karma ?). Vous en êtes bien souvent dramatiquement inconscient et ne parvenez ni à vous défaire de vos démons ni à les identifier pour les reconnaître et les considérer comme des parties extérieures à vous.

De peur de les voir et de les rencontrer, vous préférez les ignorer, feignant leur non-existence alors qu'ils vous hantent dans des angoisses subconscientes dont vous ne connaissez pas l'origine.

Je vous invite à prendre la lampe torche de votre Soi Divin que vous avez pris le soin de cultiver, pour descendre dans vos abysses afin de les éclairer.

Ne le faites pas si vous êtes seul ou que vous vous sentez malmené par vos tourments, car vous pourriez y laisser des parts de vous, mais autorisez-vous à être accompagné par des êtres de guérison placés ici sur Terre pour accompagner votre processus de guérison. Je ne parle pas ici de petits magiciens, mais de personnes compétentes et capables d'entrer en relation avec leurs propres parts d'ombres et qui savent naviguer avec elles.

Je parle ici de personnes qui ont su se défaire de leur karma en descendant avec force, lumière et courage au plus profond de leur histoire, consciente ou inconsciente, pour porter la lumière et la clarté au service du reste de l'humanité. Je parle ici des personnes qui ont su s'affranchir des frayeurs qui étaient en elles. Ces individus-là sont des grands maîtres vers lesquels vous pouvez et vous devez vous tourner si vous voulez élever votre fréquence vibratoire suffisamment pour évoluer.

Vous ne pourrez évoluer sans avoir fait ce travail de dissociation de vos peurs à l'intérieur de vous sans les avoir approchées.

Alors que vous êtes attiré par la lumière du Soleil qui vous éclaire et brille sur vous de mille feux dans les premières étapes de votre processus ascensionnel et que vous découvrez la part éclatante qui est en vous, cette phase d'illumination devra être contrebalancée par la descente dans les abysses de votre être qui ont été illuminés par la lumière éclatante brillant en vous.

L'un ne va pas sans l'autre. *La lumière du Masculin appelle l'introspection du Féminin.* Ce sont des lois universelles auxquelles nul ne peut échapper. C'est aussi la raison pour laquelle tant d'individus choisissent de ne pas laisser briller la lumière sur eux, en eux, car ils savent inconsciemment ou intuitivement que ceci implique de plonger dans leur intériorité qu'ils ne veulent pas voir. Ils préfèrent rester dans un nuage gris maussade, à peu près stable. C'est un choix qui est à respecter, car vous êtes des êtres humains de grand courage, tous, quels que soient vos choix et vos décisions. Vous avez tout un chacun le libre arbitre sur vous et n'avez la responsabilité de porter de choix qu'en ce qui vous concerne, selon votre propre évolution, selon votre propre volonté.

N'essayez pas de changer un autre que vous, mais respectez son libre arbitre. Allez plutôt voir en vous pourquoi vous souhaitez changer ce qui est extérieur à vous, alors que vous pourriez changer ce qui est à l'intérieur de vous.

Lorsque vous mettez toute votre attention à l'extérieur de vous, réfléchissant à comment changer les autres ou une situation, vous omettez d'analyser ce que cette dernière provoque en vous et pourquoi elle vous met dans un tel état de souffrance.

Vous ne voulez pas souffrir autant. Ne voudriez-vous pas guérir une bonne fois pour toutes de ces blessures abritées en vous et que vous avez vous-même choisi de couver ? Ne serait-ce pas plus bénéfique pour vous d'utiliser le tremplin de cette difficulté pour en déloger définitivement la cause ?

Si une part blessée émerge en vous et vous provoque du ressentiment, de la colère ou de la rage, vous pouvez la regarder ou être guidé pour observer quelle est la nature même de cette sensation de désagrément contenue en vous, dans votre espace sacré, à l'intérieur du temple que vous voudriez purifier. En réalité, vous l'aimeriez tellement pur que vous préférez en rejeter l'impureté à l'extérieur de vous, alors que cette densité sombre résonne précisément en vous. Vous ne pouvez avancer sur votre chemin d'évolution spirituel sans prendre la pleine responsabilité des émotions que vous retenez.

N'ayez pas peur de ces rites initiatiques du Féminin Sacré qui vous permettent d'entrer dans vos profondeurs intérieures, dans votre silence, là où l'infini gronde sa vibration éternelle avant de rejaillir à la vie. Faites appel à la lumière du principe de source masculin qui, à son tour, viendra tout éclairer pour vous. Je vous le rappelle, un solide ancrage dans votre lumière est nécessaire avant d'aller reconnaître vos ombres. Lorsque vous pratiquez la méditation que je vous enseigne, qui active le flux de lumière de Source dans votre axe central, vous entrez automatiquement en relation avec votre lumière intérieure, qui sera votre plus solide soutien.

Entrer dans votre grotte personnelle vous permettra d'entretenir une relation profondément spirituelle de vous à vous, d'entrer pleinement en relation avec tous les mystères qui vous habitent et de les faire rayonner depuis votre silence sacré. Rien n'est plus fort que le balancier de ces deux polarités, de ces deux aspects qui s'enchevêtrent et se répondent en vous. Ce dialogue tantrique vous mène à l'ascension. La lumière qui vous intègre vous guidera sur votre chemin.

Souvenez-vous de vous, rappelez-vous à vous.

COMMENT IDENTIFIER LE BUT DANS LA VIE D'UNE PERSONNE ? À QUEL POINT PEUT-IL ÊTRE PRÉCIS OU VAGUE ?

Personne ne connaît véritablement la raison pour laquelle ou pour lesquelles il est là. À un certain niveau, vous êtes tous ici les uns parmi les autres sans véritablement savoir pourquoi. Vous évoluez et grandissez dans cette ignorance, à l'intérieur du cosmos, dont la Terre fait partie.

Vous êtes amené à vivre une succession de buts précis qui ne durent qu'un certain temps, jusqu'à l'évolution du dessein général qui se dessinera progressivement en vous, jusqu'à ce que sa réalisation soit terminée.

Naturellement, en tant qu'être humain, il est compréhensible de vouloir se raccrocher à ce qui est sécurisant et contrôlable, en parfaite connaissance des tenants et aboutissants de chaque situation. Cette manière d'envisager la vie, dans le contrôle et dans l'anticipation, devrait progressivement devenir caduque et désuète, car plus l'humain évolue tout au long de sa propre progression, plus il peut se laisser aller en confiance face au Grand Tout de Tout Ce qui Est, pour avancer en confiance même avec les yeux bandés.

L'humain peut alors toujours avoir une forme de maîtrise sur les événements qu'il rencontre ou qu'il co-crée avec la Source, mais est aussi, et avant tout, de plus en plus enclin à accepter le plan divisé, l'illusion de ce monde pour ce qu'il est. Il se détourne alors du chemin qu'il pensait lui servir selon son appréciation restreinte, pour ne se laisser aller qu'à vivre l'expérience telle qu'elle est, sans jugement et dans l'acceptation.

Sans nul doute vous est-il possible de conjuguer votre propre volonté à celle de la Source, qui est le moteur dominant. Vous alimentez votre plus haut potentiel lorsque vous vous fondez dans la volonté divine. Comprenez bien que votre meilleure vie se déroule lorsque vous mettez votre motivation au service de ce pour quoi vous êtes fait, au service de l'encodage de Source qui est en vous. Parfois, le mental de l'ego veut suivre sa propre voie, mais lorsque vous admettez que votre Source détient la clé de votre plein potentiel alors que vous-même ne le voyez pas, vous accomplissez votre mission.

Tous les aspects de votre vie peuvent se mettre à leur juste place. Vous pouvez alors être serein et heureux. La volonté de la Source est plus puissante que celle de votre ego. De même, car interconnectée avec la Source, la volonté de votre Soi Source est plus puissante que celle de votre ego et fera tout pour vous faire entendre raison. Votre âme vous montre tous les chemins erronés que vous choisissez d'emprunter jusqu'à trouver votre centre d'harmonie. Ne laissez pas vos peurs ou vos croyances, ce que vous pensez que vous devriez faire pour avoir de la valeur, guider vos choix. Ma recommandation est de ne pas lutter ni d'interférer contre le flux puissant que représente la Source de Tout Ce Qui Est. Ne luttez pas contre votre Soi Source. Ne luttez pas contre votre âme. Ne luttez pas contre votre origine.

Cette Grande Puissance et Conscience exaltée, imprégnée des flammes d'Amour dans toute sa création, agit tel un aimant pour vous amener vers elle à travers vous, à travers votre corps physique manifesté. C'est une puissante forme d'attraction à laquelle nul ne saurait s'opposer. Cette force d'attraction vous éclaire et illumine chacun de vos pas pour vous guider à bon port, jusqu'à l'endroit le plus favorable pour vous dans votre cheminement. Cet endroit est la conscience de la Source qui est en vous. Lorsque vous luttez contre ce puissant courant magnétique, vous entrez en altercation avec une force bien plus colossale que vous. Vous vous empêchez alors d'avancer sur le chemin le plus favorable à votre évolution. Ceci arrive souvent par manque d'humilité face à la Source de Tout Ce Qui Est, par manque de connaissance de ces lois fondamentales : La Loi Universelle de Création et la Loi Universelle de Manifestation. C'est par méconnaissance qu'arrive la croyance que vous pouvez et devez diriger toute votre vie. Votre lutte cesse habituellement lorsque épuisé, vous choisissez de vous rendre pour rejoindre le puissant courant.

La souffrance que vit un Être Humain est issue de la résistance à suivre ce puissant courant vibratoire et lumineux[2].

Ainsi, lorsque vous traversez les méandres de la voie la plus qualitative pour vous, nul ne vous jugera si vous souhaitez en dévier en suivant un autre chemin. Sachez cependant que les choix issus de votre psyché ou du mental de l'ego (mental inférieur) ne seront probablement pas aussi fortuits pour vous. Vous aurez cependant l'opportunité de reprendre le cours de votre évolution au sein du Courant Vibratoire de Tout Ce Qui Est en tout temps, lorsque vous aurez abandonné vos croyances déterminant ce que vous pensiez être bon pour vous. Vous choisissez votre aptitude à naviguer avec les flots de ce courant ou à lutter contre. Le libre arbitre de votre mental de l'ego réside dans le choix que vous avez de valoriser votre encodage de Source en vous remettant sur votre chemin. Il n'est jamais trop tard et vous n'êtes jamais insuffisant. La Voie s'offre à vous lorsque vous êtes apte à la prendre. Vous ne serez pas pénalisé par la Source si vous ne le faites pas, il est important ici de le préciser. Il ne s'agit pas d'être un bon ou un mauvais élève ou de stigmatiser. Il s'agit simplement de vous donner les codes de compréhension pour que vous puissiez accéder à votre Courant Divin.

Plusieurs raisons vous incitent pourtant à ne pas vous déposer dans le Courant du Divin. Vous êtes souvent craintif à l'idée de vous laisser aller en complétude avec la Source et son Courant Originel alors que vous y gagneriez. Vous semblez davantage attaché à l'idée que vous connaissez bien ce qui est bon pour vous, alors qu'il ne s'agit que d'injonctions que vous dicte votre mental de l'ego.

Ces injonctions ne sont que l'expression de vos peurs pensant vous protéger en faisant obstacle à ce laisser-aller. Peut-être pensez-vous encore avoir une influence positive sur vos vies en vous dérobant du courant de la Vie ? Cet influx est pourtant ce qui vous permettrait de relâcher en lui tout ce qui ne vous sert plus.

---

[2] Note de l'autrice : Isis me transmet l'image d'une grande rivière blanche cristal scintillante de lumière, comme une sorte de Voie lactée mouvante depuis la gauche vers la droite, formant progressivement un large vortex. Ce courant est gigantesque, extrêmement puissant dans sa qualité vibratoire, doux et bienveillant à la fois. Sa puissance n'est pas effrayante mais d'une force magnétique colossale. En lien avec Elle, notre système est réencodé et sait que cette Force ne représente aucun danger, mais au contraire, la solution, le retour à la maison.

Bien souvent, votre intellect ankylosé lutte et se débat contre bien des éléments en vous. Sa tendance à juger s'oppose aux forces de la vie lorsqu'elles se montrent à lui. Lorsque des événements jugés douloureux et déplaisants apparaissent, ils provoquent l'émergence en lui de ses pensées les plus enfouies.

Ces pensées et mécanismes psychiques apparaissent pour que vous puissiez les relâcher. Ne les retenez donc pas ! Célébrez chaque instant où un ressenti qui vous gêne se dévoile à vous, car ce dernier vous rappelle qu'il est prêt à être retourné à la Source qui s'en chargera (une digestion alchimique opérera dans le Vortex Magnitudinal). Faites une prière, tournez-vous au plus haut, au plus grand pour vous aider. La Source communique avec vous en mettant les bonnes personnes sur votre chemin pour vous aider, les bonnes lectures apparaîtront. Demandez à la Source de vous guider vers ce qu'il serait bon pour vous de faire. Chaque situation sera différente. Ensuite, utilisez votre savoir-faire, votre capacité d'action pour mettre en œuvre tout ce qu'il vous sera possible de réaliser pour suivre ces indications. Ne restez pas seul dans l'obscurité, mais demandez de l'aide et elle vous sera donnée. Lorsque vous ne comprenez pas ce qui vous arrive ou que vous avez obstinément tenté de mille façons de vous défaire d'une situation, ne cherchez plus à trouver une solution par votre mental, mais déchargez-vous-en. Laissez cette tâche à la part de vous qui sait.

Célébrez chaque instant où la Vie ne vous a pas arbitré comme vous l'auriez voulu, qu'un autre individu vous blesse ou que vous pensiez avoir été traité à tort. Ce sont autant de moments qui vous donnent l'occasion de revenir à vous et de voir ce qu'il vous est possible de relâcher.

Souffrez-vous de manque d'indulgence de la part d'un autre ? Regardez alors où vous avez manqué d'indulgence envers vous-même. Célébrez cette circonstance qui se montre à vous pour que vous puissiez vous honorer, vous traiter et vous aimer à votre juste valeur. Soit à la valeur qui est actuellement la plus juste pour vous, celle de votre âme, dont les teintes peuvent changer ou fluctuer en fonction de la progression de l'élévation de votre vibration.

Il se peut que vous ayez peur de vous rendre sur le pont où vous jeter à l'eau de la rivière, alors que vous ignorez où elle vous mènera. Je vous suggère de vivre dans le moment présent, d'avancer un pas après l'autre sans tout anticiper.

L'anticipation est en effet toujours l'œuvre de votre mental de l'ego qui dressera dans les moindres détails la liste de tous les obstacles potentiels, éveillant vos peurs, vous empêchant de vous réaliser. Mettez plutôt votre attention sur tout le potentiel qui s'offre à vous, dans l'instant, lorsque vous laissez la Source agir à travers vous.

Laissez la Source vous guider, vous offrir sa sagesse et toute sa connaissance. Elle seule vous orientera aux confins des espaces les plus fluides et les plus joyeux pour vous. Vous y trouverez le calme et la sérénité à laquelle vous aspirez.

Laissez-vous guider par vos sens et par vos intuitions pour rejoindre l'état de grâce qui est en vous.

Ne retenez pas tous les débris mentaux lorsqu'ils s'imposent. Délestez-vous, à l'image d'une montgolfière dont le panier se vide de ses sacs de sable, s'élevant progressivement de plus en plus.

Vous êtes précieux, puissant et capable. Les aspirations de votre âme sont votre force. Ces particules de noirceur ne sont pas issues de votre lumière, mais de l'obscurité de l'ignorance qui s'est infiltrée en vous.

Vous aimeriez parfois que votre vie soit définitivement écrite de manière immédiate, bien que le courant de la Source ne se réalise pas dans le cadre si serré de votre mental de l'ego. La qualité de la Source est en expansion à travers vous lorsque vous prenez le pas de vous détendre et de la laisser circuler dans toutes les cellules de votre corps, que vous choisissez de vivre à travers elle dans chacune de vos pensées et de vos actions.

La qualité de Source est pur amour, constance, sagesse et savoir. Nul doute que son expansion ne peut avoir lieu dans le cadre restreint de ce mental inférieur qui aime tout cloisonner, qui aime enfermer les préceptes qui le dépassent dans des petites cases sécurisantes pour lui. La qualité vibratoire de Source vous incite à vous détendre et à lâcher prise avec tout ce qui est. Ne prévoyez pas tant, ne calculez pas tant. Posez vos intentions, certes, mais ne vous y attachez pas. Laissez le courant électrique de Source, organique dans son essence, manifester la vie de la plus grande qualité qui soit pour vous. Son intelligence infaillible reconnaîtra le chemin de gloire et de grâce pour vous. Sa Lumière parcourra votre corps pour s'aligner dans votre colonne, vous aligner dans votre axe et purifier tous vos centres d'énergie retenus dans la matière.

Les centres vibratoires énergétiques situés le long de votre colonne vertébrale sont instantanément sublimés lorsque vous branchez votre être sur ce courant. Chaque lecture qui vous y relie à travers un ouvrage sacré tel que celui-ci, chaque instant passé à méditer sur la fécondité du monde vous fait aussitôt grandir. Chaque fois que vous observez vos pensées pour les amener vers plus de hauteur, votre axe sensible s'éveille. Vos centres vibratoires s'apaisent pour s'ouvrir à un nouvel état de conscience qui vous permet de vivre à travers les fréquences subtiles de votre Source, puis à travers les vibrations du Plus Grand. N'ayez crainte de vous laisser aller à votre vraie nature. Votre vie tout entière n'en sera qu'améliorée. Ne doutez pas de vous, cessez de vous identifier systématiquement à toutes vos peines. Vous n'en êtes pas les réels prisonniers. Elles ne vous retiennent que par le voile de l'oubli, qui vous aveugle et vous éloigne de votre véritable quintessence. Il vous est recommandé de vous décrisper et de laisser la Source s'unir à vous pour œuvrer en votre faveur. En y parvenant, vous faites preuve d'une grande sagesse dont nous vous remercions.

Contemplez le murmure intérieur de votre âme et laissez-le vous guider. Devenez le maître de vos vies sans vous obstiner à les contrôler. Laissez vos âmes, depuis leur compréhension la plus élevée, vous guider sur ce qui est pour vous la meilleure voie. Laissez-vous ainsi bercer par ces flots incandescents et vous obtiendrez ce qui est votre mission de vie sur Terre au fur et à mesure de votre incarnation.

Lâcher les rênes. Allez là où vous guident votre joie, votre clarté et votre inspiration. Exercez-vous, si vous ne le faites pas déjà, à être en relation constante avec votre âme. Elle vous amène sur la voie. Ralentissez. Prenez soin de vous. Écoutez-vous. Serez-vous dans vos bras. Aimez-vous. Agissez envers vous comme vous aimeriez que les autres aussi le fassent. Vous trouverez votre chemin et saurez agir en fonction.

QU'EN EST-IL DE L'ACCOMPLISSEMENT DE L'ÊTRE ? COMMENT DÉFINIR L'ÉPANOUISSEMENT ET COMMENT L'ATTEINDRE ?

Vous êtes ici pour régner en souverain sur vous-même et sur la vie que vous menez. Vous avez vous-même initié votre incarnation sur Terre ici-bas pour vous mettre en lien avec votre potentiel de création qui est unique.

Vous êtes ici pour apprendre à devenir qui vous êtes et à maîtriser jusqu'au bout des doigts le processus de création, la loi de cause à effet et l'implication que votre volonté propre a sur vos actions, sur ce que vous manifestez, aussi bien que sur ce qui se manifeste à vous.

Ce sont bien des lois universelles ici dont je vous parle et qui sont primordiales à maîtriser pour qui souhaite naviguer. Personne n'est censé naviguer à vue, sans feuille de route, sans carte des étoiles, sans connaissances des règles du jeu. Toutes les connaissances de ces lois sont intriquées dans ce récit, mais je vais ici vous les détailler afin qu'elles puissent être plus claires et limpides pour vous. Il en existe un grand nombre et chaque dimension a ses lois associées. Une loi qui vaut dans une dimension plus dense ne vaut plus à parts égales dans une dimension plus élevée, où les vibrations seront plus subtiles et nécessitent d'autres types d'adaptation de la matière et de la psyché. Ainsi, alors que votre Terre est en transition vers une autre dimension, les vibrations du monde dense seront caduques dans le monde en évolution que vous expérimentez[3].

---

3   On peut faire référence ici aux énergies de la 3D, 4D puis 5D et au-delà. Les vibrations grossières de la 3-4D vont exiger des lois de compréhension plus grossières, qui s'affinent plus nous évoluons. De manière générale, nous vivons dans la matrice de 4e dimension, mais les vibrations de la 5e dimension sont à présent facilement accessibles. Plus nous nous relions aux consciences élevées et vivons à travers leurs prismes, plus nous créons une nouvelle réalité et nous libérons de nos souffrances.

Le karma est réputé être une loi de cause à effet qui implique que vous récoltez ce que vous avez semé, que ce soit dans cette vie-ci, actuelle, ou dans une précédente.

Le feu divin, lorsque vous l'activez en vous, brûle toutes vos scories jusqu'à ne laisser la place, progressivement, qu'à la gloire de la Source qui est en vous. Une fois libéré, vous devenez un être illuminé qui n'est plus en proie aux illusions de ce monde. Ceci est la loi la plus importante et la plus fondamentale que vous ayez à comprendre. Toutes les autres en découlent.

Plus vous clarifiez votre corps et votre psyché, plus vous calmez vos tissus innervés qui, lorsqu'ils sont tendus, empêchent à la lumière de votre Source de passer et de s'y déposer. Crispé, vous êtes entravé de vos maux, de vos résidus. Votre quête de détente et de silence est indispensable à votre éveil.

De même, lorsque vous vous entêtez dans un mode de fonctionnement néfaste pour vous, vous maintenez ce karma actif et le réitérez. Vous ne sortez pas du fléau de ce cycle corrompu. Vous êtes enfermé dans cette roue karmique par les forces de l'illusion qui vous capturent hors de l'espace-temps éternel et vous magnétisent dans la matière.

Vous n'êtes pas fini dans un corps fini, vous êtes éternel et issu de l'éternité. Sachant cela, vous devez vous désidentifier des maux de votre ego lorsqu'ils se montrent à vous et les empêcher de vous dominer. Vous avez la responsabilité de le faire, sans quoi, l'évolution de votre spiritualité ne sera guère possible. Vous aurez beau pratiquer tous les domaines d'élévation spirituelle du monde, si vous êtes encore identifié à votre matière uniquement et que vous vous en défendez, nul ne saura vous aider.

Soyez attentif à vos pensées, à vos agissements et à vos mots. Analysez vos réactions. Faites des introspections régulières pour vous remettre en question lorsque quelque chose ou quelqu'un ne vous plaît pas.

Notez sur une feuille les vertus auxquelles vous aimeriez accéder et laissez-vous porter par la grâce pour y arriver tout en gardant votre motivation. Jeter aux flammes la haine, la colère, le doute et le ressentiment. Ces émotions-là ne vous servent pas lorsque vous entamez votre parcours glorieux. Annoncez à la Source, à Mère Divine et à Père Divin, vos intentions d'y arriver, enivrez-vous de cette dévotion à vous purifier pour eux, et laissez-les vous aider. Leur force est là pour vous, à votre disposition. Pourquoi ne pas vous atteler à ce qui reste dans l'ombre de votre lumière dès maintenant ? La grâce de la Source Divine est avec vous. J'en suis garante, en tant qu'Isis, en cet instant.

Plus vous comprenez que les événements de la vie sont là pour vous servir, pour vous montrer comment entrer en relation davantage avec l'Éternel lorsque vous avez été blessé, plus vous entrevoyez la juste cause de chaque épreuve ou problématique qui se présente à vous. En tant que Créateur Divin, vous avez le droit, la responsabilité, l'opportunité de jouer les cartes qui sont les vôtres pour démêler les nœuds que vous rencontrez, que vous les ayez engendrés ou non.

Vous êtes ici pour apprendre à manier toutes les couleurs de la palette qui est à votre disposition pour peindre la toile de votre vie, à l'image de ce qui vous constitue intérieurement.

Vous êtes les seuls et les uniques à savoir à quoi ressemble votre tableau, votre construction, votre pilier de création. Vous êtes le pilier autour duquel vous créez. Vous êtes le créateur et la création. Vous êtes l'environnement et le décorateur qui orne la pièce de ses éléments. Vous êtes le cerveau qui agit et qui retranscrit les messages de son âme pour ne faire plus qu'un avec la création, pour La réaliser à l'image de ce qui est en vous.

Si vous aspirez à telle ou telle couleur, vous êtes le seul à maîtriser la palette. Vous êtes les seuls créateurs capables de réaliser vos vies à l'image de qui vous êtes à l'intérieur de vous.

Plus vous vous comprenez, plus vous vous connaissez, plus vous avez développé une relation de proximité avec vous-même, plus vous pourrez mettre en miroir votre création avec ce qui est à l'intérieur de vous. Sans connaissance des principes qui gouvernent le monde[4], sans connaissance de qui vous êtes, vous êtes tributaire des aléas, des va-et-vient vibratoires qui fondent autant d'obstacles dans votre vie. Si vous ne savez pas qui vous êtes, commencez par vous poser cette question : Qu'aimez-vous, qu'avez-vous envie de créer, de manifester ? Comprenez que les réponses que vous donnez vous informent au sujet de la nature de votre âme et de ses souhaits.

---

4 Plus d'explications sont données en fin d'ouvrage à ce sujet, *Les lois Universelles* en annexes.

Si vous êtes au courant de vos aspirations, n'attendez plus, manifestez. Suivez sciemment le flot. Manifestez votre magnificence, votre création, votre rêverie intérieure, honorant le Dieu prolifique, libérateur et créateur qui est en vous. Nul besoin d'être un artiste pour entreprendre l'artisanat de votre propre vie. Vous êtes à la fois le tisserand et le panier que vous tissez. Il n'y a nulle distinction entre vous et l'objet de votre création. Honorez-la. Tenez-la en estime.

Ainsi, lorsque vous créez du beau autour de vous, vous jouissez dans la matière des meilleurs aspects qui sont en vous. Dès lors, réjouissez-vous. Lorsque vous vous contentez de créer ce qui ne vous contente pas, vous limitez l'être authentique qui est en vous et éteignez la flamme éternelle qui brûle en vous. Vous ne rendez pas hommage à l'être que vous êtes, si bien que personne d'autre ne sera en mesure de le faire pour vous.

Je vous demande de prendre conscience que vous êtes au service de vous-même et non au service de qui que ce soit d'autre. En étant à l'écoute de vos besoins les plus profonds, des envies de votre Être Supérieur et de votre âme – que je vous demande de discerner de vos caprices ou perditions de l'ego –, vous êtes au service de la création de vos propres envies.

Il vous est parfois possible de vous méprendre au sujet des actions les plus justes pour vous, en vous oubliant ou en voulant faire plaisir. Certes, il se peut que vous trouviez un plus grand bénéfice à rester dans une situation qui ne vous convient pas dans l'absolu (par exemple, un jour où vous vous retrouvez avec des enfants bruyants, mais que vous préférez rester pour ne pas blesser les parents). Dans ce cas, vous aurez mis de côté vos propres besoins pour favoriser ceux des autres ou le bien-être collectif. Par là même, choisir de rester, malgré le volume sonore qui vous affecte, aura été moins difficile que de vous en aller et de laisser vos hôtes sur le carreau. Vous aurez opté pour l'alternative en laquelle vous avez vu le moins d'inconvénients, ce que je nomme « le chemin de la moindre résistance », qui peut se résumer par « faire des compromis ». Il est bon de faire des compromis dans un monde empreint de dualité. Quoi que vous choisissiez, favorisez l'amour. L'amour de vous-même et l'amour de vos prochains. Vous ne vous rendriez pas heureux sans prendre les autres en haute considération. La croyance selon laquelle il vous faut choisir votre plaisir en premier lieu n'est pas correcte. Cette façon d'agir favorise un individualisme délétère pour l'évolution collective de votre humanité.

Il vous faut trouver un équilibre pour vivre dans de bonnes conditions, favorables à votre épanouissement, tout en prenant l'autre et ses besoins en considération. Si cet autre n'est toutefois pas en mesure d'avoir d'égard pour vous, ne vous y attardez pas et offrez votre présence là où elle sera gratifiée. Il arrive qu'une personne, en raison de sa souffrance, de l'évolution de son âme ou de son ignorance, soit incapable d'accueillir avec amour et gratitude les gestes que vous lui offrez. Ne la blâmez pas. Envoyez de l'amour à sa part éternelle qui n'est pas atteinte par l'ignorance. Prenez garde à ne pas vous faire happer par l'ignorance vous aussi. La vengeance ou d'autres émotions néfastes à l'égard d'une personne n'apportent jamais rien de bon.

Ne résistez cependant pas à honorer vos propres besoins. Un équilibre doit être trouvé entre le plaisir que vous éprouvez à faire plaisir et le respect de vous-même. Si aider quelqu'un met votre cœur en joie, vous êtes au service de votre propre personne. Si votre aide est issue d'un sentiment d'obligation, vous vous négligez.

Jamais vous n'êtes prié de réaliser les attentes ou demandes que d'autres ont sur vous si elles sont antagonistes avec vos besoins sacrés. Vous ne pouvez pas assouvir leurs besoins sur le long terme, car chacun d'entre vous n'est responsable que de sa propre sustentation et du comblement de ses propres manques. Si vous cherchez la validation ou l'amour à l'extérieur de vous, il ne sera que provisoire ou exposé à la déception lorsque ce sentiment vous sera soustrait. Je vous demande ici de prendre en considération la possibilité de nourrir vous-même des caractéristiques dont vous avez besoin pour être complet. Les autres personnes deviennent alors des alliés, des amis, de plaisantes compagnies. Elles ne sont plus des sujets à même de vous combler, de vous remplir, de vous satisfaire ou pas.

De même, ne tentez pas de réaliser les rêves des autres à leur place, car ces rêves ne correspondent pas nécessairement à la palette de couleurs dont vous disposez. Vous pouvez collaborer, certes, mélangeant ainsi vos multiples teintes en un beau tableau, mais ne vous vendez pas. Si vous essayez de réaliser les rêves ou les attentes d'un autre, vous privez cette personne de faire ses propres progrès. De plus, vous vous confrontez à sa déception dès lors que la palette de couleurs de ses envies n'est pas encodée de la même manière en vous. Vous ne serez pas en mesure de répondre à ses attentes telles qu'elle les visualise. C'est ainsi que beaucoup d'individus se sont fourvoyés dans les attentes que d'autres personnes avaient d'eux.

Vous êtes au service de votre propre personne, et ce uniquement. Vous ne pourrez jamais en enchanter un autre à la manière dont vous pouvez vous enchanter vous-même. Votre vie sur Terre et votre monde sont ainsi. C'est un principe primordial autour duquel vos mécanismes de fonctionnement sont établis.

Destinez-vous à devenir vous. Tout simplement[5].

---

[5] Note de l'autrice : Isis précise ici qu'il s'agit bien d'une relation d'adulte à adulte et non du lien parent-enfant qui est tout autre, où le parent a l'entière responsabilité de l'accompagnement sage de son enfant.

COMMENT UNE FEMME TROUVE-T-ELLE LE MEILLEUR ÉQUILIBRE POUR ELLE ?

QUELLE EST LA VIE LA PLUS ÉPANOUIE QUI SOIT POUR ELLE SELON SES RYTHMES ET CYCLES ?

La lignée des femmes doit être perçue indépendamment de celle des hommes.

À l'intérieur de vous, femmes, repose une espace Saint, un espace sacré unique à vous et à votre mission de vie en tant que femme ici incarnée.

Une femme porte en elle une sagesse féminine innée qui est tout à fait propre à elle et qui va prendre différentes formes d'expression selon les aspirations de cette dernière. Que vous vous isoliez en certains instants ou rayonniez à d'autres, ce sera toujours depuis cette présence féminine que vous œuvrez.

Vous avez en vous la Flamme Sacrée de la divinité canonique des femmes, dépeinte à travers tous les temps, aux quatre coins de l'Univers. C'est une part infime qui est en vous et qui inonde pourtant tout votre corps et tout le circuit autour duquel vous êtes bâties. Les archétypes de Femmes Sacrées sommeillent en vous toutes. Elles témoignent de leur présence dans chaque femme présente sur Terre, cherchant à s'émanciper, à déployer son caractère dans la clarté du foyer qu'est le temple de son corps.

Le principe féminin est intimement lié au temple que le corps confère. Les femmes peuvent ainsi s'habituer à se vénérer elles-mêmes depuis ce foyer, en ayant foi en elles. Elles sont reliées à la sacralité et au Divin par un pont concave qui rejaillit depuis leurs antres et qui inonde de beauté toute leur manifestation, le temple, le corps dans lequel elles séjournent.

Prisez-vous, belles et magnifiques femmes dans l'abondance et dans la bonté, source jaillissante de votre cœur. Réveillez-vous à la Source Sacrée qui est en vous, qui naît en votre bas-ventre, et vous apporte fécondité, force, courage et stabilité. Elle est votre pilier. À l'intérieur de vous, votre temple abrite de nombreuses magies.

Ces enchantements vous rendent éternelles vectrices de liens entre la fontaine de Vie Éternelle et la Terre, aussi féconde et aussi sacrée que vous.

Vous êtes les accompagnantes de la Terre Nouvelle Mère, dans son incarnation, dans toute sa manifestation.

Vous vous octroyez de temps à autre des instants de grâce durant lesquels vous vous rappelez à votre Véritable Divine Essence. Laissez-moi vous rappeler ceci : c'est lorsque vous vous sanctifiez que vous vous honorez à la hauteur de qui vous êtes vraiment, par le regard que vous portez sur la part incarnée et manifestée de vous.

Vous êtes alors dans votre temple de Gloire depuis lequel toute réalisation devient possible, tant votre physique vous apporte le pouvoir de la connaissance intrapsychique de l'amour, de la magie depuis le puits intarissable qui est en vous.

Choyez votre temple, chères femmes, et prenez conscience de la véritable nature qui est en vous, de votre Essence Source, de votre bas-ventre, votre utérus, votre yoni et de toute l'énergie qui en émane. Vous êtes, avec l'expression de ce puits jaillissant infini à l'intérieur de vous, une déesse capable de grands exploits, aussi bien pour elle-même que pour les personnes qui l'entourent. Vous êtes des divinités capables de vous relier à Tout Ce Qui Est en un instant, car Tout Ce Qui Est est Vous, et est EN Vous. Nourrissez-vous et enveloppez-vous de tout ce que vous dicte votre puits. Apprenez ce qui est bon pour vous en cet instant. Puis, une fois que vous vous en êtes nourri, distribuez-le.

En tant que femmes, vous possédez en vous les codes que vous dénommez « Féminin Divin » ou « Féminin Sacré ». Ces codes d'ancrage viennent engrammer non seulement les nerfs, mais aussi votre système mental, physique et psychique dans toutes ses parties. Puisque vous êtes un système à multiples dimensions. Lorsqu'il est activé à la fréquence de votre origine éternelle, votre ADN influence toutes vos contenances, vos cellules et noyaux réceptacles, au-delà du mental et du physique.

Lorsque vous le demandez – femmes et hommes confondus –, vous êtes imprégné de Féminin Sacré dans le corps éthérique de votre être. Le Féminin Divin vous nourrit de son souffle dans toutes les parties manifestées et non manifestées, visibles et invisibles. Devenez les tisseuses et tisseurs depuis votre cœur (l'utérus et le cœur pour les femmes, le cœur pour les hommes) vers le champ aurique qui vous entoure, vers votre corps *ka*[6]. Votre cœur est tel un vortex qui, lorsque vous lui donnez de l'attention, s'anime et devient actif. Envoyez-lui un sentiment de gratitude. Cette gratitude peut s'adresser à votre Soi Source qui vous aime, vous aide et qui vous guide, ou envers quiconque provoquant en vous cette sensation de bénédiction. Sentez la sensation et ne la laissez pas flotter sous forme de simple pensée : il convient que vous la ressentiez. Le champ de vibration de votre cœur augmente et génère une sensation de bien-être et d'illumination. Envoyez ce champ magnétique créé par le vortex de votre cœur dans votre double éthérique. Votre corps a augmenté sa fréquence suffisamment pour être le réceptacle de vos corps supérieurs[7] invisibles qui contiennent votre Soi Divin. Voilà mon conseil. Vous pouvez aligner tous vos corps de lumière dans votre corps de matière par cet élan du Féminin Divin.

C'est le programme de l'amour, de l'accueil, de la douceur et de la renaissance cyclique qui s'offre à vous.

Pour aller plus loin, ceci implique que vous vous détendiez, que vous relâchiez votre corps physique dans un lieu qui est agréable, dans la nature, dans votre canapé, dans votre lit, pour que vous puissiez vous laisser aller, de manière à être inondé par la conscience sacrée qui est en vous.

Voici comment :
Lorsque vous vous délassez et inspirez la lumière divine du Féminin qui est en vous, dans chacune des cellules de votre corps, dans vos membranes, vos tissus, vos liquides, votre système nerveux, vos pensées, vos os, votre système endocrinien, vous abreuvez toutes ces parties à l'intérieur de vous, depuis un espace qui existe déjà, mais dont vous n'avez peut-être pas encore pris conscience. Cette part-là de vous est votre Féminin Sacré, votre corps éthérique est le doublon invisible de votre corps physique et contient sa structure parfaite. Il n'est pas atteint de maladie et d'autres désagréments que vous pouvez vivre dans votre corps manifesté. Les deux – le corps physique et le corps éthérique – doivent fusionner pour atteindre votre élévation spirituelle. Le corps *ka* est le réceptacle et le pont entre votre corps de matière et

---

6   Le corps *ka* est aussi appelé corps astral ou corps éthérique.
7   Cf. annexes sur les corps énergétiques.

votre Soi Supérieur. Votre conscience de Source ou Soi Source peut venir s'y déposer une fois que le champ magnétique de votre corps astral a suffisamment augmenté.

Votre corps éthérique soutient votre corps physique et votre conscience humaine, car il est alimenté par vos potentiels les plus élevés de spiritualisation contenus dans votre Soi Source. Dans votre corps éthérique réside votre champ des possibles. Il vous guide vers le potentiel de perfection qui sommeille en vous ou qui est déjà éveillé. Il est à votre image.

Votre corps éthérique est une aura qui vous enveloppe et vous imprègne afin de facilement y trouver les informations et les encodages dont vous pouvez nourrir votre corps physique. Les informations qui sont détenues dans votre corps éthérique circulent librement dans votre corps physique dès l'instant où vous avez activé le pont de passage entre les deux, comme dans les exercices précédemment cités (par votre cœur et votre colonne centrale, le djed). Visualisez-le telle une couche oscillante qui vous couvre, détenant en elle les attributs absolus que vous utiliserez au moment opportun. Ici sont logés, parmi d'autres, les codes de votre féminité. Ils contiennent différentes informations en fonction de chaque individu.

Néanmoins, quelques-uns sont communs à toutes les femmes, notamment le code correspondant à l'élan depuis lequel la femme extériorise sa source de création, qui est au niveau du bassin (la yoni, le plancher pelvien, l'utérus, les ovaires, le système reproductif). Cette zone source de création imprègne aussi toute la partie basse de vos organes de digestion, une partie du côlon qui se love dans la plénitude sacrée.

Je vous encourage, Femmes qui me lisez, à vous adonner à la pratique de la respiration consciente. Laissez-vous animées par l'encodage du Féminin Sacré comprenant vos bases, à l'aube de qui vous êtes. Vous y trouverez vos aspirations, votre créativité, catalysant leurs circulations dans vos vécus. Ces élans rayonnent depuis le cœur de votre utérus.

Vous allez alors pouvoir vous délivrer à la sagesse et à la conscience sacrée ensevelie en vous pour la réanimer dans toutes les cellules de votre corps. Laissez circuler cette énergie si douce et puissante à la fois, porteuse du courage et du soutien dont vous avez besoin. Cette force féminine qui sommeille en vous s'éveille de plus en plus chez de nombreux êtres humains. Elle vous amène sérénité, paisibilité et force lorsque vous en avez besoin.

Cette énergie sait équilibrer ce qui a besoin d'être harmonisé en vous. Peut-être me demanderez-vous comment pratiquer cette respiration consciente. Vous n'avez pas besoin de demander à votre corps mental de contrôler l'opération. Laissez-vous simplement être comblées, insufflées par ce souffle. Sa vibration douce et sinueuse circule à travers vous. Sa couleur est liquoreuse et dorée. Depuis la yoni, elle illumine toutes les parties de votre corps. Inspirez-la et expirez à travers toutes vos cellules. Vous êtes sanctifiées.

QU'EN EST-IL DES SCHÉMAS RELATIONNELS ?

Faut-il systématiquement traiter la situation conflictuelle ou vaut-il parfois mieux la contourner ? Comment savoir si nous sommes dans un schéma relationnel où les parties impliquées sauront renforcer leurs liens à l'issue d'altercations passagères ou si nous faisons face à un attachement néfaste pour notre évolution (relation toxique) qu'il vaut alors mieux abandonner ?

Il vous est parfois difficile de savoir, en tant qu'être humain, à quel moment vous défaire d'une relation qui vous semble délétère. Peut-être cette relation provoque-t-elle un mécanisme de stress toxique sur votre organisme. Pris dans les montagnes russes de vos émotions, il vous est souvent délicat d'analyser impartialement la situation.

Lorsqu'un événement relationnel vous est offert depuis la Source de Création, vous n'avez d'autre choix que de le traverser. Ceci vous désarme bien souvent et vous vous pensez démuni face à la dimension de la tâche. Vous auriez voulu que la Source, en collaboration avec votre Soi Supérieur, programme pour vous une situation moins délicate, plus aisée, plus évidente à gérer, mais vous constatez qu'elle ne l'est pas. Vous avez entre vos deux mains un solide amas de nœuds à démêler et ne possédez pas de quoi le désenchevêtrer dans l'immédiat. Peut-être avez-vous opté pour différentes solutions sans parvenir au dénouement favorable escompté. Peut-être avez-vous cru détenir le Graal de la dissolution avant de sombrer dans la difficulté peu de temps après.

Je voudrais alors déjà vous rappeler une constatation simple qui peut être faite ici : certains aspects relationnels sont bons pour vous alors que d'autres ne le sont pas. Naturellement, vous aspirez tous à des relations simples et saines. Pourtant, toute personne non alignée et non purifiée par son Soi Divin injecte son venin en tout un chacun, même si elle ne s'en rend pas compte. Bien au contraire, elle ne voit que la part de poison que les autres injectent en elle, ce qui lui permet de maintenir un postulat de colère et de ressentiment et de se considérer comme victime. Les individus entre eux doivent tous se positionner dans les relations qu'ils vivent, qu'elles soient bonnes ou néfastes. Voyez-le comme une scène de cinéma dans laquelle vous jouez en tant que personnage actif dans votre rôle. Ceci vous permettra de jouer un rôle actif tout en gardant à l'esprit qu'il s'agit bien d'une scène, d'une mise en décor sur un plateau. Vous contribuez à cette séquence improvisée par vos propres attributs : votre caractère, vos perceptions, vos désirs égotiques (issus de vos peurs, de vos manques, de vos pulsions sexuelles inassouvies, de vos besoins de dominer, de prouver votre valeur aux autres, etc.) ou des désirs de votre âme (l'âme agit pour le plus grand bien de tous et ne cherche pas à combler les manques égotiques de l'individu qu'elle incarne). Votre attitude sera déterminée par la distance parcourue sur votre chemin d'évolution. Vous nourrissez la scène du regard que vous portez sur ce que vous voyez. Ce que vous voyez sera influencé par votre capacité à percevoir ce qui est en jeu. Votre choix conscient d'action, les mots que vous empruntez ou votre comportement seront le reflet de la vision consciente du monde que vous avez. Pour qui agissez-vous ? Pour votre bien personnel ou pour un bien plus grand ? Quelles sont vos échelles de valeurs ? Vos actions contribuent-elles pour les autres ou peuvent-elles avoir des effets néfastes autour de vous ? À quelle réalité de ce monde souhaitez-vous contribuer ? Quelle attitude adopteriez-vous pour agir selon l'échelle de valeurs qui est la vôtre ou celle de votre âme ? Ceci implique une communication interne qui comprend toutes vos personnifications : celui qui veut le bien, celui qui veut réussir, celui qui en a assez, celui qui est fatigué, celui qui est en colère, celui qui se sent trompé, humilié et tant d'autres. Comment agissez-vous de façon révérencieuse envers tous au vu de vos plus hautes valeurs face à cette situation ?

La manière dont vous prenez part à la scène, dont vous jouez, se fait donc de manière consciente ou dans l'inconscience la plus totale. Votre capacité d'introspection définit la lucidité de votre approche. La scène de cinéma est une métaphore des perceptions que vous pouvez avoir dans la matrice terrestre, au sein de laquelle vous ne reconnaissez plus votre origine divine avec clarté, ce soi véritable que vous êtes authentiquement. Vous avez en revanche la capacité de faire de votre mieux avec les perceptions qui sont les vôtres.

En vous incarnant, vous vous êtes lancé dans un jeu à découvert, sans aucune capacité de compréhension de ce qui est en train de se jouer. Vous vous y vouez de tout votre être, ne percevant pas d'autres réalités que celle dans laquelle vous êtes. Ce monde, tel que vous le voyez depuis un certain prisme, ne fait pas de vous des êtres moins illuminés et éclairés dans leur origine de Source. Cependant, il vous ôte votre propension au discernement. Comment bien saisir les enjeux de cette grande scène ? Vous tous avez pour divine mission de vous défaire des jeux de l'illusion en reconnaissant à nouveau la Source Originelle qui est en vous. Là et là seul réside votre salut. Vous devez percer ce voile de l'oubli en renouant avec votre essence profonde. À d'autres échelles de votre être, vous êtes omniscient. À ces échelles de conscience, vous ne vivez pas le doute de l'ignorance qui vous est infligée sur le plan terrestre. Ceci ne doit pas vous empêcher de pleinement vous engager dans votre vie sur Terre et de l'incarner pleinement, car c'est au sein de cette vie, grâce à votre corps, que vous avez la capacité de créer la lumière sur Terre. Créer est un acte Divin. Vous vous élevez au-delà du mirage terrestre en utilisant sciemment votre corps terrestre et le système de votre psyché. Lorsque vous vous reconnaissez comme étant un être lucide qui découvre et expérimente tous les paramètres de la Terre, vous vous libérez de ses mirages pour vivre votre vie selon les dimensions de votre âme céleste (et la réalité qui est la sienne). Vous transformez alors votre corps en réceptacle de magie : il devient une source de résurgence de l'infiniment Grand, de l'Éternel qui vibre à travers vous, selon vos propres particularités et caractères.

Avec cette compréhension des jeux relationnels qui se jouent pour vous, en vous et autour de vous, vous pouvez comprendre quelle est votre place, votre part de responsabilité dans la situation que vous vivez. Il ne vous est pas aisé d'admettre votre participation personnelle qui est en jeu dans l'inconfort. Il est plus facile de croire que les fautes reposent sur l'épreuve ou sur l'autre. Pourtant, vous faites partie de cette interaction et avez un rôle prépondérant dans la résolution de ce conflit, ne serait-ce qu'au niveau de la manière, sans jugement et sans attache, dont vous allez percevoir ce qui opère.

Revenez vers vous l'espace d'un instant. Sonder votre intérieur en votre âme et conscience. Quelle est la partie de vous pressurisée dans ce conflit ? Avez-vous été blessé ? Comment ? Par quels mots ? À quel endroit de votre corps ? Comment avez-vous ressenti le mal jaillir en vous ? Comment vous êtes-vous senti intérieurement ? Je vous prie de prendre en considération que ce sont bien de vos propres émotions dont il s'agit. Une fois identifiées, essayez de prendre du recul vis-à-vis des émotions que vous avez assimilées par l'échange avec votre interlocuteur. Pour cela, il vous faut vous distancer de la part meurtrie qui est en vous et solliciter votre capacité d'analyse neutre de la situation, en mettant des mots simples sur ce qui s'est produit. Peut-être voyez-vous une différence entre les faits réels et la manière dont vous avez vécu cette situation ? Peut-être pouvez-vous percevoir qu'il y aurait eu mille autres façons de réagir à cette même situation, si vous n'aviez pas eu ces blessures déjà présentes à l'intérieur de vous ?

Je vous prie de prendre le temps d'observer ce que vous percevez et de ne pas vous y attacher. Observez simplement les mécanismes en cours. Si des larmes coulent, laissez-les couler, si une rage sort, laissez-la rugir, mais ne vous y attardez pas. Ne ressassez pas l'histoire dans votre tête plus longtemps que nécessaire. Au besoin, utilisez la rage puissante qui vocifère à l'intérieur de vous pour exterminer toute rumination. Faites appel à votre force et courage pour vaincre cette adversité interne jusqu'à ce que votre sentiment de vide toxique soit remplacé par le sentiment d'amour. Reconnaissez que le Divin est en tout, dans tout ce qui se montre à vous, dans toutes les rencontres, dans tout ce que votre vie vous propose. Derrière le voile se cache l'amour qui vous enseigne et vous transmet ses vertus. Lorsque vous avez senti la libération par votre corps, passez votre chemin. Ne gardez rien. Rencontrez, voyez, évacuez et progressez. Nul besoin de rester dans l'affect de cette émotion qui s'est montrée à vous.

Ce que je vous demande ici est de prendre en considération que ce n'est pas de l'autre dont il s'agit, mais véritablement de vous et de vous uniquement. Vous pouvez vous soutenir intérieurement lorsque vous vous permettez la douceur et la bienveillance envers vos propres émotions, face à toute forme de cruauté. Je vous soutiens. Reconnaissez-vous avant d'attendre des autres qu'ils vous reconnaissent. Reconnaissez ce qui a été tu, laissé à l'ombre de la lumière, délesté. Voyez ces belles parts de vous qui ne demandent qu'à être illuminées par votre Esprit, aimées par vous, acceptées par vous. Une fois que vous les avez vues, elles peuvent être rendues à la Source de la création. Celle-là même qui a fait naître ce plan de l'illusion.

À une certaine échelle, alors que votre Soi Source est concomitant de la Source éternelle, vous avez vous aussi réalisé les plans de cette machination, afin de vous manifester sur le plan terrestre. Vous avez, d'un certain point de vue, plus grand et plus vaste que ce que vous personnifiez, imaginé ce plan physique pour pouvoir vous en extraire au-delà de l'illusion. En quelque sorte, tous les êtres unifiés dans leur conscience supérieure se sont coalisés pour inventer différents plans d'expérimentation, dont celui de la Terre ou d'autres planètes où les enjeux sont similaires à ici. Tous ces plans visent le retour à soi, le retour à l'expansion unitaire du Grand Un, celui qui a tout créé.

L'humanité a, tout au long de son parcours, fait face à un nombre incalculable d'actes cruels, ayant laissé des blessures profondes en chaque être humain. D'autres formes d'existence sur Terre ont également dû en supporter les conséquences, dont les êtres des règnes animal et végétal. Bien que vous ne soyez nullement responsable de ces actes au niveau de votre part consciente, celle qui lit ces lignes-ci, vous avez peut-être commis des crimes dans d'autres formes manifestées, dans d'autres temps, dans d'autres réalités.

Cependant, la libération existe aujourd'hui, car vous avez la possibilité de vous en affranchir pleinement, en vous pardonnant et en pardonnant aux autres également. Ceci est la voie ultime de la résolution de conflit. Quiconque ne discerne pas cela ne pourra nullement comprendre le spectre total de la situation, s'il ne rencontre pas ce qui a besoin d'être dit.

La libération opère lorsque vous rendez à la Source la situation qui vous peine, lui soumettant vos compréhensions, analyses et acceptations des événements qu'elle vous a permis de vivre. C'est ainsi que vous vous en affranchissez. Imaginez-vous tel un élève, rendant son mémoire ou sa rédaction à son professeur. Vous rendez votre devoir (la situation que vous avez traversée) à la Source de Tout Ce Qui Est. Vous avez traversé une initiation, qui est un enseignement rédigé par la Source en collaboration avec votre Soi Supérieur pour que vous puissiez évoluer à la lumière de votre âme, pour vous défaire de votre densité. Voyez que ceci n'a que très peu de liens avec un autre individu que vous. Vous seul êtes l'auteur et l'acteur de cet acte, dans la Sainte Trinité de votre Soi Source, de votre Soi Incarné et de la Source Une qui est en Vous, l'intelligence suprême de tout ce qui est. Soyez honoré d'œuvrer dans cette manifestation sainte du Divin qui est en vous !

Peut-être avez-vous été victime de maltraitance. Mais l'émotion que cette maltraitance a provoquée en vous est vôtre. À vous d'en prendre soin et de vous réconforter quand ces blessures jaillissent à l'intérieur de vous. Si vous êtes en proie à une action irréfléchie (qui n'est pas issue de la sagesse de l'âme et de l'esprit) de la part d'un tiers, de toute forme de manipulation ou de mensonge qui soit, je vous prie de vous soutenir dans cette étape difficile à traverser.

Lorsque toute votre énergie est déposée à l'extérieur de vous, s'exprimant dans la colère envers l'autre, cette situation ne vous aura servi à rien et ne vous fait nullement avancer. Vous aurez stagné sur votre propre voie d'évolution.

Si vous vous jugez suffisamment fort pour aller voir ce qui se passe à l'intérieur de votre être et de votre chair, vous allez pouvoir vous libérer de la désagréable sensation qui a été provoquée par un autre individu. Voyez que cette personne a d'une main de maître éveillé tout ce chagrin en vous. Vous êtes dès à présent libre de vous acquitter de cette sensation, de redevenir vous-même, ne laissant plus votre force intérieure s'échapper de vous. C'est ainsi que vous pouvez vous affranchir de toute tension que vous pensiez issue d'une source extérieure à vous.

LES RELATIONS QUI TOUCHENT À LEURS FINS

En ce qui concerne les relations vouées à vivre leur étape finale vers la libération des deux parties, je vous prie de prendre en considération ceci : lorsqu'une autre personne ne correspond plus à vos besoins ou qu'elle ne correspond plus au chemin le plus élevé de votre évolution, si vous pensez que le cheminement est terminé avec une certaine personne dans votre vie, vous n'avez nul besoin de vous y tenir pour honorer des conventions (lien de mariage ou autre contrat tacite). Il n'est nullement question ici de prôner le désengagement de deux individus l'un envers l'autre, le respect mutuel doit toujours rester de mise, même lors d'une séparation. Cependant, il est important de savoir que certains cycles peuvent avoir des fins et de les accepter. La vie n'exige-t-elle pas de vous que vous soyez heureux et accompli ? La vie ne vous demande-t-elle pas de prospérer et d'être en joie ? Si la vie vous offre la joie, elle ne vous enferme pas dans une misère et un inconfort sans issue.

Lorsque vous rompez une relation à laquelle vous êtes lié par le lien du sang, une scission du lien ancestral au sein de votre lignée s'opère et aura des répercussions inévitables sur les générations passées et suivantes.

Si vous ne parvenez pas à garder de lien avec une personne à laquelle vous êtes lié par le lien du sang car vous y avez été sujet à la maltraitance physique ou verbale à répétition, je vous encourage, tout en gardant vos distances, à garder la partie de votre cœur qui a souffert ouverte à la personne en question, c'est-à-dire en lui accordant le pardon. Certains actes sont condamnables et ne peuvent pas être pardonnés sur le plan humain. Vous devez alors reconnaître l'âme de la personne, cachée derrière le voile de l'ignorance et de l'oubli qui l'a fait agir ainsi. Vous ne pardonnez pas à son ignorance, vous la reconnaissez et ne voulez pas la laisser vous infiltrer. Vous vous en protégez. Cependant, vous pouvez prier et pardonner à son âme qui s'est égarée et qui ne parvient plus à atteindre la lumière du vivant. Son corps, son mental, sa psyché sont envahis et vous ne pouvez rien pour l'aider. Vous ne pouvez que rendre ce pardon à la Source de Tout Ce Qui Est et percevoir l'ange déchu qui est en lui. Vous rendez votre part et vous retirez. En ne fermant pas totalement les vannes dans votre esprit, un futur productif sera possible sur d'autres plans, au niveau tant de votre apaisement intérieur que du cheminement de la personne que vous quittez.

Fermer votre cœur est à éviter absolument. Restez présent à votre blessure ou colère. Reconnaissez la personne qui vous a blessé en voyant la cassure qu'elle porte aussi, celle qui est à l'origine de sa manière d'agir. Quand bien même vous ne vous en apercevez pas, vous pouvez faire confiance au lien qui se neutralise karmiquement entre vous à d'autres niveaux de conscience plus subtils.

Lorsqu'en revanche vous fermez et bloquez la respiration naturelle de votre cœur, une omerta se crée et empêche toute circulation vibratoire au sein de la situation. Lorsqu'une relation se termine, peu importe la configuration, cherchez la paix en votre âme dans la distanciation. Une relation qui se termine dans le drame, dans les larmes et les pleurs n'est en réalité pas achevée. Si vous mettez cette relation dans la paix de votre cœur, libérée de tout ressentiment, elle le sera à tout jamais.

En conclusion, le choix de garder le contact ou non est le vôtre, selon votre perception d'un dénouement possible ou pas. Les situations douloureuses peuvent être résolues plus aisément que vous ne le croyez (sauf si la personne agit sciemment pour faire du mal) en faisant appel aux énergies à un niveau subtil de la conscience. Pardonnez dans votre esprit, communiquez avec l'âme de la personne, expliquez-lui votre situation, à distance, parlez-en à vos guides, adressez des prières à la Source pour qu'elle vous accorde la rédemption. Demandez le meilleur dénouement possible pour tous les différents partis impliqués.

Garder son cœur ouvert envers autrui ne signifie pas être en accord avec tous ses dysfonctionnements. Cela vous permet en revanche de prendre en considération la part humaine, blessée, qui a agi dans sa polarité obscurcie. L'Être ne mérite pas d'être banni pour autant, puisqu'il ne s'agit que d'un être humain qui s'est oublié dans sa peine, dans sa souffrance ou dans son ignorance.

Vous n'êtes pas non plus la personne qui soignera cette incrustation en l'autre. Vous n'êtes pas prié de prendre sur vous la souffrance d'autrui ni de tenter de la soulever de ses épaules pour la porter à sa place. Vous êtes simplement prié de réaliser l'acte qui sera le plus bénéfique pour vous alors même que ceci aura des conséquences éventuelles dans la vie de l'autre.

Ces conséquences ne peuvent pas être portées par qui que ce soit d'autre ou par vous. Elles ne sont pas le champ de votre responsabilité. Vous devez admettre que chacun a son lot de chemin à traverser et que vous ne pouvez prendre sur vous la souffrance de l'Humanité ni de votre prochain. Demandez simplement la libération de tous auprès de la Source, sous la Grâce, sans interférer.

Vous laissez à l'autre personne une chance de guérir lorsque vous laissez l'énergie de Source circuler. Si vous arrimez la circulation du flux, obstruant le passage de la Flamme, vous privez la personne de sa chance à la réparation, vous en privant simultanément.

En vous réside le choix d'ouvrir votre cœur pour permettre le rétablissement des deux parties individuellement.

Si, au contraire, vous empêchez votre propre délivrance, vous engendrez de l'asservissement pour l'autre partie impliquée. Vous avez la responsabilité de vos propres émotions et le devoir de ne pas enfermer une autre personne dans vos schémas toxiques ou de codépendance affective.

Voyez si vous agissez face à des ressentis intérieurs à vous ou extérieurs à vous.

Certaines personnes sont en constante réaction aux événements extérieurs et doivent apprendre à se focaliser intérieurement. Ces individus devront s'exercer à renforcer leur myocarde, le muscle qui recouvre tout le cœur, pour ne pas être affectés par tous les événements extérieurs ou par les vibrations des personnes qui les entourent.

Si, en revanche, votre monde intérieur est celui qui vous bouscule, si vous êtes sur-conscient de vous dans n'importe quel environnement, vous inquiétant de votre manière de paraître dans une situation plutôt que de la vivre, la solution est de tourner votre attention sur ce qui se passe à l'extérieur de vous. Vous serez moins absorbé par votre inquiétude intérieure.

Il vous sera utile, si vous devez parler en public, de réfléchir à ces notions pour pallier vos réactions. Est-ce le monde extérieur qui vous effraie ? Tourner alors le regard vers l'intérieur et visualiser l'espace paisible de votre cœur ou de votre psyché claire, déterminée et apaisée.

Lorsque c'est votre intérieur qui vous tourmente, que les sueurs froides se font sentir, que votre cœur bat la chamade, concentrez votre attention sur le bruissement de l'eau qui coule du robinet, sur le vent qui souffle dans les feuilles d'un arbre, sur l'oiseau qui vole dans le ciel.

Voyez quels sont les schémas qui s'activent majoritairement pour vous, sachant que ces derniers peuvent varier en fonction des situations.

Si vous parvenez à vous reconnaître face à vos réactions, vous augmentez les chances que vous avez d'en devenir maître, moins assujetti par vos ressentis ou environnements. Votre regard peut alors se tourner vers votre être intérieur dont la conscience source est à l'intérieur de vous. Votre être supérieur trouve son logis plus précisément dans la conscience du cœur non polarisé et dans votre centre psychique supraconscient au niveau de votre troisième œil.

Nous verrons dans les prochains chapitres comment entrer dans la fréquence du cœur apaisé. Ne doutez cependant pas de votre capacité à y arriver, à pénétrer en vous-même en ces instants. Vous êtes programmé pour y arriver. Ces enseignements sont à la portée de tout un chacun.

Apprenez à vivre vos vies depuis ces espaces-là, cœur et esprit. Vous en serez récompensé. Rendez à la Source de Vie tout ce qui vous est donné, le bon comme le mauvais. Lorsque vous êtes récompensé pour vos efforts, offrez-les à la Source qui vous les a dévoilés. Lorsque l'on chante vos louanges, offrez-les à la Source également, ne les laissez pas engraisser votre ego, restez humble face aux compliments. Si, au contraire, la vie ne vous gâte pas et que vous rencontrez de grandes difficultés, quand votre cœur se meurt, partagez ces maux avec la Source qui s'en chargera. Apprenez à communiquer, à communier. Ne gardez plus rien de tout cela pour vous.

COMMENT POUVONS-NOUS NOURRIR NOS ÂMES ?

COMMENT POUVONS-NOUS NOURRIR NOS ESPRITS ET NOS CORPS ÉNERGÉTIQUES ?

Il sera bon pour vous de savoir que votre âme ne se nourrit pas d'éléments extérieurs à vous, mais de l'intérieur de vous. Ceci est un précepte essentiel sur lequel j'insiste : votre âme ne se nourrit pas d'éléments extérieurs à vous, mais de l'intérieur.

Vous pouvez apporter à votre corps physique tous les aliments ou biens de consommation du monde sans pour autant être en mesure de nourrir votre âme.

Si je vous dis ceci, c'est pour que vous compreniez bien que les facteurs extérieurs que vous pensez nourrissants vous éloignent en réalité des aspects les plus profonds, les plus divins, les plus sacrés de vous-même.

Ce sont vos parts essentielles et divines qui vous nourrissent vraiment. Quelles sont vos teintes, quelles sont vos valeurs, vos atouts, vos ressources, vos plaisirs ? Qu'est-ce qui résonne et vibre en vous ? *Songez aux profondeurs de votre âme, explorez-en son intérieur, affinez votre guidance. Vous pouvez alors boire à la source de l'Éternel qui est en vous, qui ne dort jamais ni ne ternit.*

Alors, lorsque vous pouvez vous sustenter à la source de votre Être, vous découvrirez la fontaine d'abondance lovée à l'intérieur de vous, votre courant kundalini (de son nom sanskrit ; il se nomme pilier *djed* pour les Égyptiens. Ce principe porte de nombreux noms). Vous n'avez pas besoin d'aller chercher ailleurs qu'à cet endroit-là.

Votre esprit est constitué de nombreux corps d'énergie[8] dont le corps physique n'est

---

8 Explications sur les différents corps énergétiques à retrouver en annexes.

que l'aspect visible, la pointe de l'iceberg. À l'intérieur de vous sont logés vos corps ADN, votre constitution ADN (qui se réplique indéfiniment dans vos cellules par la mitose aussi longtemps que vous êtes en vie), votre corps génétique (tout ce dont vous avez hérité dans vos lignées), votre corps émotionnel (qui englobe aussi bien votre affect, vos ressentis que leurs expressions : les émotions visibles), votre corps mental (constitué de votre mental inférieur, conscience ordinaire et de votre mental supérieur ou supramental : mental en lien avec votre âme), de votre corps d'éthérique (corps *Ka*, votre aura qui détient vos codes des lumières à manifester sur Terre), votre corps de l'âme (la part de reliance entre vous manifestée et la Source), votre corps angélique ou soi angélique (être de service, de contribution), votre corps christique (élévation de la conscience pour être le reflet de la Source), votre corps de conscience galactique (la part de vous issue d'un portail stellaire), votre corps bouddhique (corps en relation avec l'intelligence universelle) et votre corps divin (la part de Soi qui existe et qui est en fusion avec la Source).

Libérer tous ces corps pour qu'ils reprennent tous un aspect lumineux et originel dans vos vies est ce qui nourrit votre âme. En libérant vos corps, en les mettant face à leur véritable lumière et fonction, vous reprenez les rênes de vos vies et laissez la reprogrammation organique opérer dans vos vies. Vous laissez à nouveau la lumière circuler pleinement en vous. Vous laissez votre ADN de Source vous reprogrammer pour cesser d'être alimenté par des croyances limitantes qui vous renvoient à l'illusion de ce que vous n'êtes pas. Vous sortez d'un programme inorganique qui se sclérose (principe d'illusion ou d'opposition nommé la maya, l'illusion, ou Satan et avidya qui est l'ignorance[9]) et qui ne constitue pas de points d'appui vers la progression. Lorsque vous rencontrez un principe nécrosé en vous, qui ne dispose pas de constitution de vie, débarrassez-vous-en consciemment, rendez-la à la Source pour revenir dans la progression, dans le principe de croissance organique. Lorsque manifestés dans le corps humain, ces deux principes prennent forme de dépression, de maladie, de manque de confiance en soi, de peur, de tétanie, d'angoisse, vous faisant penser que vous n'avez pas de valeur et avez besoin de moyens extérieurs (besoin de dominer, d'acquérir, toutes satisfactions éphémères) à vous pour vous en démêler[10]. La

---

9   Maya et Avidya sont des termes sanskrit.
10 Une personne qui souffre de douleurs physiques ou psychiques ne devrait jamais renoncer à se tourner vers un professionnel de la santé pour l'aider à se sentir mieux et guérir. Il est entendu ici que ces principes peuvent déclencher des maux graves qui nécessitent de l'aide médicale et un accompagnement adapté. Si les maux sont d'ordre plus léger, une introspection peut suffire.

vérité est que vous récupérez toujours votre pouvoir en reconnectant le divin qui est à l'intérieur de vous. Les principes inorganiques peuvent être des marches pour se propulser plus loin dans l'élan d'expansion, mais ne contiennent pas la Vie en eux. Servez-vous de ce qui vous a été donné pour vous élancer et aller plus loin.

Votre conscience, reliée à votre corps mental, est quant à elle bien plus grande dans sa potentielle superficie que votre mental conscient isolé. Votre mental conscient est la part de vous depuis laquelle vous fonctionnez habituellement dans vos vies quotidiennes. Il inclut aussi votre inconscient ou subconscient. Il est l'ordinateur qui télécharge les informations de votre mental supérieur qui reçoit les informations depuis votre âme, votre mental supraconscient. Votre âme, ou supraconscient, est supervisée par la conscience universelle. Votre conscience universelle est le reflet de la conscience de la Source, c'est votre conscience christique. Votre conscience christique, lorsqu'elle n'est plus le reflet de la Source, mais en communion, en fusion avec la Source originelle, se transforme en conscience cosmique, le son ou la vibration originelle, éternelle et omnisciente (le Aum).

Lorsque vous êtes le reflet de la conscience originelle, vous savez que vous êtes porteur de ses qualités, mais que vous n'y êtes pas parfaitement immergé. La conscience de la Source Originelle se reflète en vous, telle que dans un miroir. Vous êtes l'enfant, le miroir du Père et de la Mère, leur reflet, mais vous n'êtes pas eux. Lorsque votre conscience se dissout dans l'absolu, vous vous immergez dans l'Océan Cosmique Universel, vous y fondez et entrez en fusion avec vos Eaux Originelles. Vous atteignez alors le niveau de grâce le plus élevé qui soit, la dissolution et la fusion dans le cœur de la Source tout à la fois.

Vous progressez à travers ces étapes de conscience, lorsque vous vous défaites progressivement de la lourdeur de la matière, de la particule grossière, représentée par la Terre (l'élément Terre). Elle se fluidifie, devient liquide et se transforme en Eau. L'Eau devient Feu, le Feu devient Air, l'Air devient Éther, l'Éther prend forme d'intellect conscient ordinaire, inconscient, mental, l'intellect évolue en intelligence liée à la réflexion et à la discrimination, l'intelligence en ego (identification au soi individuel ou personnel, ou attachement orgueilleux à l'ego dans son aspect polarisé). L'ego permet le ressenti qui est l'essence de la conscience dont le siège est symboliquement le cœur. Ici, il est associé à l'âme qui est conscience, pensée, esprit, intelligence, cœur.

Le ressenti ouvre à la perception de la force vibratoire cosmique du *Aum* (ou *Om*). La conscience du *Aum* permet à la Source de vivre, il est l'Esprit. Le *Aum* est le verbe de la Source qui se manifeste dans la matière, qui crée des mondes et qui engendre Tout Ce Qui Est. Le *Aum* est son Esprit Saint qui se manifeste dans la matière du créé.

Le courant kundalini monte à travers les centres chakra et y dissout les états d'ego nés de l'illusion de la matière.

Ce que nous nommons ici kundalini est le courant de votre axe central qui porte en lui de nombreux noms. Lorsque vous naissez sur cette Terre et vous formez en embryon, ce courant de Source de votre âme prend place à l'intérieur de vous. Il existe une conception erronée qui vous donne à croire que le courant de votre âme est à faire descendre dans la matière durant votre vivant. Ce courant magnétique, un courant électrique sacré, est en réalité déjà existant à l'intérieur de vous et ne demande qu'à être révélé à la surface consciente de qui vous êtes.

Le courant magnétique de votre lignée de Source, de votre âme, de votre encodage sacré, se révèle à vous lorsqu'il s'éveille à travers vos cellules pour les imprégner de l'intérieur. Ce courant qui traverse vos cellules crée un état de transcendance ou de supraconscience. Ceci opère lorsque chaque sphère de votre vie, lorsque le regard que vous portez sur tout ce que vous vivez, vos appréciations des choses et des événements, vos interprétations, lorsque votre corps et votre psyché vibrent au diapason de la fréquence de votre être purifié par sa propre lumière de gloire, sa lumière reliée à la Source. Votre corps physique devient alors clair et lumineux dans sa vibration. Je vous le rappelle, votre âme est en quelque sorte l'interface entre le corps et l'Origine de l'Esprit.

Sa vibration, lovée à l'intérieur de vous, endormie dans les aspects les plus denses de votre corps physique, logée dans les centres vibratoires du bas autour de votre sexe, anus, périnée, planché pelvien, coccyx, se révèle progressivement, au fur et à mesure que vous augmentez la fréquence vibratoire de votre corps. Plusieurs pratiques sont possibles pour faire vibrer votre corps à l'unisson d'une fréquence vibratoire plus élevée. Lorsque votre être fréquentiel est endormi, il ne vibre que sur les chakras du bas, ne s'identifiant qu'à ce qu'il peut voir, sentir, goûter, toucher. Sa seule référence à la réalité, au monde réel, est ce qu'il peut percevoir à travers ses sens communs. Lorsqu'en revanche, votre mental ne s'identifie qu'aux chakras, temples du haut, situés dans votre tête qui vous relient aisément à la Source, vous ne pouvez vous réaliser en tant qu'être accompli sur cette Terre puisque votre présence Divine doit pouvoir se manifester dans toute votre incarnation, y compris dans les bastions les plus bas. Votre corps est votre temple de divination par lequel toute votre conscience de Source doit pouvoir passer. Sans une compréhension vive de la technologie de votre corps et de tous ses temples, vous ne pouvez accéder à votre Soi Divin matérialisé dans votre chair alors que c'est précisément ce pour quoi vous êtes incarné.

Chaque temple étant situé sur cet axe central *djed* ou kundalini se purifie au passage de votre conscience Source qui les traverse.

En ouvrant son esprit à recevoir les perceptions du plus grand que lui – la phase invisible, intuitive, liée au ressenti de ce monde –, il s'ouvre à un nouveau courant vibratoire qui gouverne sa vie.

Le monde subtil se révèle alors.

Cette élévation de conscience peut être encouragée par la lecture de textes sacrés vous enivrant de la fréquence de la Source, par la médiation, lors de pratiques psycho-corporelles guidées, de danse transcendante, de yoga, de prière, ou par toute recherche vous permettant de communier avec Le Plus Haut.

Le courant originel de votre être, la vibration de votre âme s'élève alors à travers les divers centres vibratoires de votre corps (chakras) et en inonde tous les organes associés et vos cellules intégralement. Votre organisme entier se syntonise à la vibration de votre esprit à travers votre corps. Ce phénomène de révélation de votre fréquence vitale dans vos parties visibles, que certains nommeront « montée de kundalini », change le paradigme de votre vie. Les perceptions du monde dans lequel vous vivez sont transcendées. Vos compréhensions de l'invisible deviennent alors accrues. Tout ceci est un engagement que vous devez performer avec détermination si vous avez pour envie d'atteindre cet état d'être supraconscient. Rien ne se passe sans une participation active de votre part. Ceci exige de vous de la discipline et du focus, non seulement lors de vos pratiques, mais aussi lors de chaque instant de votre vie, dans chaque échange, dans chaque situation.

Le portail du voile de l'oubli s'ouvre pour vous vers l'infini, vous amenant progressivement vers une conscience universelle, en tant que parfait reflet de la Source vivant ici sur cette Terre. Vous ouvrez votre conscience omnisciente à d'autres plans de manifestation de votre être, à des mondes que nous nommons ici astral, causal, puis cosmique omniscient.

Je vous encourage à ne pas vous référer uniquement à votre vécu ici sur Terre en tant qu'être humain. Honorez qui vous êtes dans votre chair, car c'est à partir de là que vous vous transcendez. N'attachez pas trop d'importance aux futilités de la vie et au monde visible uniquement. Vous êtes là encore bien plus grand. Le feu sacré de votre être, l'Esprit de Source, brûle progressivement toutes les confusions. Toutes les brûlures disparaissent au contact de votre fréquence originelle, de votre âme Source.

Demandez à votre Soi Supérieur de vous y conduire même si vous ne percevez pas le chemin immédiatement. Sachez que bien plus que vous ne le croyez opèrent dans l'invisible. Ainsi, lors de vos prières envers votre Soi Source, en reliance avec la Source de Tout Ce Qui Est, qui sait tout ce qui est bon pour vous, vous trouverez votre salut et la félicité que personne ni rien d'autre extérieur à vous ne pourra jamais vous apporter. Demandez à votre Soi de vous guider, de vous indiquer la voie, de se montrer à vous tout comme vous vous présentez à lui. Demandez-lui qu'opère la fusion entre votre âme et votre corps.

Vous êtes beaucoup plus vaste que vous ne le croyiez. Je vous invite à ne pas enfreindre vos perceptions en les limitant par la pensée. N'oubliez jamais que vous êtes illimité. Ne restreignez pas votre perception de cette immensité. Vous êtes des êtres habités par une éternelle sagesse et avez la capacité, chacun d'entre vous, de vous y relier, ici et maintenant, partout et en tout temps. Demandez à votre esprit de vous guider sur les pas qui mènent à lui. L'abordant ainsi, vous créez et établissez un premier contact qui pourra donner naissance au deuxième. Et ainsi de suite.

De fil en aiguille, vous adressant à lui, vous obtiendrez les réponses les plus appropriées pour vous, de plus en plus clairement.
Vous allez alors pouvoir agir au moyen des atouts dont vous disposez. Ce que vous manifestez est alors en adéquation avec votre âme, votre esprit, votre corps. N'oubliez pas de pratiquer ce protocole de demande et de prière régulièrement pour ne pas laisser le lien se ternir. Comme toute relation, celle avec votre âme a besoin d'être entretenue.

Tout est à l'intérieur de vous. Cessez, je vous prie, cette quête incessante vers des Êtres à l'extérieur de vous. Nous sommes là pour vous guider, certes, mais nous ne pouvons guère faire cette union intérieure à votre place. Cet appel vers votre Soi vous rappelle que vous pourriez vous trouver dans un champ de mines et malgré tout connaître l'apaisement, la joie. La seule condition est de bien vouloir vous fier à votre Esprit Saint qui vous guide ici et en tout temps.

Laissez-le insuffler en vous, vous imprégner de sa rayonnance divine. Restez, revenez à votre propre écoute, calme et silencieuse. Ne précipitez rien et n'inventez rien. N'imaginez pas autre chose que ce qui est là. Lorsque votre Soi Divin s'exprime à travers votre pensée, la sensation est claire comme du cristal de roche, limpide et lumineuse comme un soleil. Ne laissez pas votre mental vous gagner. N'imaginez pas percevoir ce que vous ne voyez pas. Au contraire, soyez bon, soyez doux, soyez patient envers vous-même. Laissez les choses opérer sans confondre les énergies qui opèrent à l'intérieur de vous. Ne laissez pas votre mental faire obstacle à votre Soi Divin lorsqu'il s'unit à vous. Votre Soi Divin vous guide par l'intuition.

Demandez le soutien à la Source, à vos Maîtres, à vos guides pour qu'ils puissent vous montrer la voie, mais ne leur demandez pas de faire le pas pour vous. Votre récompense en sera grande, soyez-en sûr et certain. N'essayez pas d'arranger la réalité selon vos propres perceptions, mais laissez-vous imprégner par le souffle fertile qui émane depuis vos profondeurs. Vous y êtes béni et y vivez dans une éternelle bénédiction.

COMMENT POUVONS-NOUS AGIR AU MIEUX EN TANT QUE PRÊTRESSE ET PRÊTRE D'ISIS ?

Vous êtes prêtresse d'Isis et en mon nom lorsque vous ouvrez votre cœur pour participer au monde qui vous entoure et qui vibre tout autour de vous. Voyez-vous, lorsque vous êtes en accord avec le potentiel fertile qui est en vous, vous avez la possibilité de contribuer au monde et à l'humanité selon les préceptes des plus hautes valeurs que je transmets.

Je vous enseigne et vous guide vers un accroissement de votre personne et de sa forme manifestée.

Je vous encourage à œuvrer pour vous-même et pour les autres selon les sources sacrées abritées dans l'espace purifié qui est en vous.

Lorsque vous vous êtes délesté de toute la lourdeur et la charge qui entrave votre être, dépouillé de tout ce qui fait obstacle à votre Soi Profond, vous pouvez agir selon la guidance de votre cœur. C'est alors votre Être qui s'exprime, qui est en tout un chacun, au fond de lui. Un Être de contribution, d'échange, de cocréation, de compassion, agissant incessamment pour le bien de soi et pour le bien de tous simultanément.

Voyez-vous, être prêtre ou prêtresse en mon nom signifie tout simplement avoir vécu toutes ses parts obscures logées à l'intérieur de votre corps physique, émotionnel et mental, pour pouvoir les délivrer de leur souffrance. Vous cessez alors de la transmettre à autrui, de la faire vibrer. Vous ne lui donnez plus une seule chance d'exister alors que vous avez choisi la joie, l'entraide, l'amour et la compassion.

Chacune de vos actions issues de cet espace du cœur couronné de sa libération intérieure fait de vous un émissaire de la Divine voie féminine sacrée pour que vous puissiez l'émaner en tout temps, à travers vous. Ce n'est pas un geste ou une action que je vous décris ici, mais bien un état de conduite qui vous ouvre à cette émanation depuis le centre de votre axe fertile et fécond, depuis le centre de votre cœur, le centre énergétique de qui vous êtes et qui vous relie à tout. Cette prêtrise est un engagement de tous les jours et non un titre honorifique que l'on vous confère. Ce titre intérieur se mérite et se ressent par vos attitudes et vos actions.

Ma prêtrise, mon enseignement a souvent été associé à la sexualité et à la pratique tantrique. Je vous prie ici d'entendre qu'il serait réducteur de s'imaginer que ma transmission commence et s'arrête là. Le fruit de la jouissance d'une sexualité épanouie, concentrée sur sa notion vibratoire et l'élévation qu'elle permet, est le fruit de la pureté intérieure que vous avez auparavant pris le soin de cultiver.

Le nectar le plus doux et le plus bon de la jouissance sexuelle à son état pur d'élévation est la résultante de deux êtres qui, se rencontrant, parviennent à s'unifier dans leur état de pureté, accédant ainsi à des fréquences vibratoires encore plus élevées, animées par la fréquence qui les habite déjà et qu'ils parviennent à conjuguer.

Cette sexualité fusionnelle, non codépendante, libérée de peurs et d'attaches, vous est accessible lorsque vous vous affranchissez individuellement de vos blocages. Sans le défrichage de votre temple et de votre fréquence au préalable, l'union sexuelle ne peut être autre que la résultante de deux énergies dysfonctionnantes qui viennent à se mélanger. Plus les énergies partagées y sont denses, selon la gravité de la lourdeur échangée, plus se forme alors un grossier amas de tensions impénétrables.

Rappelez-vous de ceci : lorsque vous entrez en interaction profonde avec un autre, songez à la pureté de votre corps et de votre état d'esprit. *Entrez en fusion avec la part divine, sacrée de l'autre et offrez-lui la vôtre.* Ainsi parviendrez-vous à vous élever encore plus, davantage, mutuellement. Cette voie du Sacré est une voie douce et aimante, appréciée par tant d'initiés. Elle ne peut être belle et puissante que lorsque vous vous y êtes abandonné. Laissez votre sexualité compléter votre pratique spirituelle, sacrée, individuelle. Elle ne peut nullement la supplémenter. *Votre autre devient votre allié, votre ressource à l'égard de la reconnexion à la Source vers laquelle vous vous conduisez mutuellement.*

Lorsque vous cultivez et nourrissez votre Soi, vous avez la chance de pouvoir propager autour de vous, sur tous les individus qui vous croisent et vous entourent, la sérénité et la paix de votre âme, révélée. Elle inspirera et apaisera tour à tour tout un chacun dans votre champ vibratoire. Vous n'avez pas à actionner grand-chose. Nul besoin de chercher la distinction ou d'afficher des étoiles à votre front. Seule votre sereine humilité vous permet d'accompagner et d'étreindre vibratoirement d'autres personnes autour de vous.

Vous le faites en vous libérant individuellement dans un premier temps, puis en prenant conscience de l'autre et de son imbrication avec vous dans un second temps. *Vous êtes un prêtre ou une prêtresse accomplie lorsque vous n'avez plus d'obstacle entre vous et le cosmos, entre vous et la lumière de source qui est en vous, entre vous et le principe unifié de création. Vous n'êtes plus qu'un avec le tout.* À la grâce de la prêtrise d'Isis, vous accédez par le biais de votre cœur. Vous entrez profondément à l'intérieur de vous, puis rayonnez votre amour et votre sagesse depuis votre fond.

Ma lignée est ancienne. Mon enseignement est fécond.

Vous apprenez à prendre soin de vous et des autres. Vous apprenez à considérer l'autre sans jamais le dévaloriser ou imaginer que vous savez mieux que lui. Vous consentez à voir en l'autre sa part sacrée et à l'aider à la révéler avec la plus grande humilité. Jamais ne jouez-vous à des jeux de hiérarchie du savoir. Si vous pensez en savoir plus qu'un autre, vous ne savez rien de ce qu'est l'intégralité de cette vie.

QUELS SONT LES POINTS COMMUNS ENTRE LA PRÊTRISE DE MARIE-MADELEINE ET LA PRÊTRISE D'ISIS ?

Marie-Madeleine est une de mes alliées, un être sûr et d'une grande pureté. Nous évoluons sur des pas identiques, dans une lignée initiatrice des principes du Féminin Divin et du Féminin Sacré qui est en tout un chacun de vous. Alors que je vécus historiquement avant elle, que je fus Grande Prêtresse du temps des Atlantes, menant mon peuple hors d'état de nuisance dans ce que nous avons appelé l'« Égypte ancienne », je suis devenue une mère, une nourricière, un axe fécond entre le cosmos, les galaxies et la Terre, au service du bien de tous les êtres humains. Je les ai accompagnés sur leur chemin, leur offrant ma divine protection et mon affection aimante. Je suis à la source de ce qu'il y a de bon dans cette humanité et ai contribué à de nombreuses révélations, vous permettant aujourd'hui de reconquérir votre monde et votre esprit, alors que vous recouvrez vos mémoires anciennes. Vous êtes ainsi sollicités pour faire revivre le chant du sacré dont je fis sonner la voix. Vous êtes à votre tour des initiés parcourant le chemin vers une nouvelle ère de l'humanité, lui apportant une ferveur de foi féconde envers vous-même et envers l'humanité qu'ensemble vous devenez. Soyez-en fiers. Soyez les dignes porteurs de ce flambeau.

Je vous suis et vous accompagne sur chacun de vos pas.

Lorsque Marie-Madeleine entra dans la danse, formée par mes soins dans l'énergie divine du Christ féminin, je dus la contempler l'espace d'un instant, apercevant en elle une source luisante d'amour jaillissante qu'elle incarnait. Elle était irradiante de sa pure et sainte lumière. Je la vois encore devant moi, de mes yeux de mère aimante, assurée que les lumières que je lui avais transmises seraient partagées de manière équilibrée par cet être lumineux qu'était et qu'est Marie-Madeleine, « celle issue des cieux ». Je ne doutais jamais d'elle un seul et unique instant. Je sus de suite qu'elle était venue éveiller la polarité féminine sacrée en tout un chacun de vous à une échelle mondiale, globale, interplanétaire qui n'avait encore jusqu'à présent jamais été vue. Je suis le témoin de cette ascension et j'ai été un atout, une mère indispensable à sa réalisation.

Marie-Madeleine vint vous enseigner et vous transmettre le savoir de la sacralité qui est en vous, en honorant les apprentissages que je lui avais transmis, les émanant à une plus large échelle, toujours plus vaste, toujours plus féconde, imprégnant ainsi de codes sacrés la divinité en chaque chose, en chaque être, en chacun d'entre vous. Vous êtes aujourd'hui au bénéfice de cette lignée de sagesse féconde vous incitant à reprendre vos vies en main, vous libérant de toute attache du passé, vous délivrant grâce à la source de vie éternelle qui est en vous.

Je ne le vous dirai jamais assez, vous êtes la Source et son reflet. Chaque être devient Christ incarné lorsqu'il vibre à travers le monde selon les perceptions de son troisième œil, de sa conscience christique, universelle. La conscience cosmique de Source oint votre conscience humaine et se miroite alors parfaitement en vous. Marie-Madeleine est une des représentantes féminines de celles et ceux qui ont su incarner cette présence christique de leur vivant. De même, vous êtes la source Divine qui circule à travers vous. Aucune autre parole que celle-là ne peut être vraie.

Vous recevez ici, aujourd'hui encore, les encodages de ce Christ féminin que Marie-Madeleine est venue rayonner pour vous. Elle est le bulbe de lumière qui éclaire et qui s'imprègne en chacun d'entre vous. Elle vous montre la voie par son exemple. Elle est l'éclair éternel qui scintille dans la nuit, l'étoile qui ne meurt pas. Elle est la source de résurrection du Christ qui lui a donné la force et la foi d'y arriver ! Elle est l'énergie de la Source, de la résurrection que vous êtes tous venus ici expérimenter aujourd'hui, en vous éveillant à nouveau à qui vous êtes. Vous êtes venus renaître à travers vos corps de chair à votre destinée d'être purs, dignes, solidement incarnés sur terre au nom de la foi et de la loi divine qui regroupe le Tout en Un. Vous êtes venus vous éveiller au fondement élémentaire de qui vous êtes et qui s'est enfoui durant tant d'années.

Il est à présent temps maintenant de ré-illuminer la Terre à l'image de la source qui habite votre corps qui l'incarne.

Utilisez l'essence de Marie-Madeleine pour vous relier à la toile fréquentielle du grand tout, dont vous êtes un pilier de création et dont vous émanez tout à la fois. Répandez tout autour de vous le savoir dont vous vous acquittez maintenant. Ils sont issus de ma lignée. Entrez en intériorisation avec vous-même pour émaner la Source Christique en votre intérieur, en votre sein, par l'essence du Christ féminin, par la sagesse de source qui est en vous et que vous éveillez maintenant.

Rappelez-vous à votre source Divine et Sacrée qui est à l'intérieur de vous. Ceci est la Source de création. Ceci est l'utérus de Dieu/Déesse. Ceci est la source divine qui est en vous. Vous êtes le microcosme du macrocosme et détenez ce même utérus, source de création à l'intérieur de vous.

Je tiens à repréciser ici que ces enseignements ne s'adressent pas aux femmes uniquement, mais au principe féminin et à l'intériorisation qu'il requiert. Un homme humain de type sexué masculin peut tout aussi bien appréhender ces principes de la manière la plus fertile et constructive qui soit.

Le principe du féminin qui se positionne tel un miroir à l'intérieur de l'être se situe naturellement dans l'effet que miroite l'utérus de la femme vers son cœur. Un homme, ne possédant pas cet organe qu'est l'utérus, peut néanmoins tout aussi bien utiliser d'autres aspects miroirs qui sommeillent en lui. Chaque être humain possède un temple de conscience lunaire, aussi appelé chakra causal, juste au-dessus de sa tête. Comme son nom l'indique, ce centre de vibration est en reliance avec l'astre de la lune et, en quelque sorte, votre lune personnelle.
Ce chakra, ce temple lunaire, ne disposant que d'une chambre, vibre à l'unisson de la conscience détenue dans tout le corps de la personne. Cette lune personnelle agit tel un miroir réverbérant votre canal de lumière, vous reliant au divin et au sacré, tout aussi bien qu'il vous oriente vers les aspects subconscients, non résolus, dont vous ne vous êtes pas encore libéré. Le rôle du miroir intérieur dont vous disposez est inéluctable, car c'est ainsi que vous êtes constitué. Bien que vous estimiez qu'il serait plus aisé de ne pas être confronté à vos craintes, peines et blessures, vous ne pouvez décoder l'engrammage de ce miroir en vous. Ce système a été mis en place afin que vous puissiez l'utiliser pour reconnaître ce qui n'est pas encore rendu à la Source, le déceler, dans le but de revenir à votre essence originelle progressivement. Ne vous identifiez pas tant à ce que vous montre ce miroir, ceci fait partie de votre

constitution telle que créée lors de votre gestation et mise au monde depuis l'utérus cosmique de Source. Éprouvez ce schéma mécanique qui vous a été octroyé afin de vous défaire plus facilement des parties subconscientes qui sommeillent à l'intérieur ou qui, potentiels dormants, demandent à être éveillés. Rendez-leur grâce et rendez grâce à ce fonctionnement.

Vous avez été finalement huilé !

L'homme dispose aussi de l'axe de circulation d'Ida (principe féminin) et Pingala (principe masculin) qui remonte dans le système de son canal central. Ces deux polarités se séparent et se rencontrent au niveau de chaque chakra, y alliant ainsi force, pouvoir, sagesse (Pingala) à l'intérieur de tous les chakras. S'y dépose aussi le principe du vide et de l'intériorisation qu'est Ida, animant de son pouvoir tous vos chakras, dans un principe équilibré des deux polarités. Ces deux aspects, bien connus de Marie-Madeleine et de Jeshua, leur ont permis une alimentation de Source dans tous leurs chakras de manière à les équilibrer pleinement, tout en mutualisant leur énergie dans le flux discontinu tantrique qu'ils s'échangeaient, augmentant ainsi encore davantage leur capacité d'œuvrer ensemble.

Ceci est un principe de base qui a lieu lors de la rencontre d'une polarité Yin équilibrée et d'une polarité Yang équilibrée.

L'homme ne possédant pas d'utérus agissant comme un miroir à l'intérieur de lui, il peut analyser son spectre émotionnel intérieur en se fiant à ce qu'il perçoit de sa compagne ou de son épouse. Ceci nécessite que cette dernière soit elle-même équilibrée. Plus l'homme s'équilibre intérieurement, plus la femme lui montrera une version détendue de lui. Plus en revanche il se tend, plus la réaction de l'être opposé lui fera miroiter son dysfonctionnement. Cet effet miroir est vrai pour les deux sexes, mais d'autant plus important chez les hommes qui n'ont pas cet organe interne en particulier.

Il en est ainsi pour tout. Vous disposez tous à l'intérieur de vous de tous les attributs vous permettant de fonctionner harmonieusement, de les équilibrer et de prendre connaissance de ce qui ne va plus. Vous disposez tous à l'extérieur de vous d'une lune qui éclaire chaque mois, lorsqu'elle est pleine, les penchants non résolus de toute l'humanité alors qu'elle brille au-dessus de vous, miroitant et vous donnant à voir là aussi vos dysfonctionnements intérieurs.

Tout vous est offert pour que vous puissiez parfaire votre chemin.

Les enseignements d'Isis sont matérialisés et potentialisés par Marie-Madeleine en ce point.

Marie-Madeleine a aussi largement transmis à toute sa lignée, dont vous faites sans aucun doute partie, ou le devenez à présent. Laissez-vous imprégner par ses justes savoirs et par ses inaltérables attentions. Vous êtes parfait à cet égard et pouvez tout simplement tout absorber alors que vous vous détendez. L'espace de détente est essentiel pour recevoir et intégrer les enseignements du féminin divin.

Nos enseignements convergent en beaucoup de sens, car nous sommes toutes deux issues de la même lignée de sagesse et d'amour émanant de la Source. Chacune de nous est encline à transmettre son savoir et son encodage autour de l'accès à la Source par le biais de son intériorité. Bien sûr, nos attributs varient et ne sont pas les mêmes. Nos vibrations s'entendent, se coordonnent, mais ne résonnent pas identiquement. Je vais cependant m'étendre plus longuement sur nos similitudes plutôt que de me concentrer sur nos divergences qui n'en sont pas. N'oubliez pas que nous sommes tous issus de la même Source du sacré et que tout enseignement sacré y convergera.

Bien que vous ayez besoin, à différents degrés, de davantage lier vos principes féminins et masculins en chacun de vous, vous serez plus attiré par l'un des principes fondateurs plutôt qu'un autre à différents moments de vos vies.

Il sera propre à l'individu de se tourner vers la force et le pouvoir contenus dans son principe masculin, ou de se tourner vers sa part féminine pour être dans l'acceptation aimante de tout ce qui est. Y compris lui-même. Il est possible d'activer ces deux principes en tout temps, en fonction de vos besoins, en fonction de votre part blessée, en fonction de ce qui a besoin en vous d'être nourri.

Les deux sources, voyez-vous, sont tout aussi importantes l'une que l'autre et seront utilisées à différents instants selon les besoins spécifiques de chaque individu.

Les principes fondateurs de la Madeleine et de moi-même sont de nature délicate et éphémère, subtile et puissante à la fois.

Nous n'attachons aucune importance au résultat, mais espérons pouvoir imprimer nos enseignements en vous, et nous vous offrons notre soutien dans l'épurement de votre être pour votre plus grand bien. Nous vous guidons vers la femme sacrée et l'homme sacré que vous êtes.

Nous vous soutenons dans toutes vos libérations lorsque vous recherchez l'amour et le réconfort. Nous vous offrons de vous délivrer en nous, disséminant en nous vos douleurs et vos souffrances.

Souvenez-vous que rien de ce qui vous arrive n'est perpétuel dans le temps. Nous avons la particularité, Marie-Madeleine et moi, d'alléger vos pensées.

Nous vous offrons de vous reposer dans la douceur qui est en vous, dans les principes fondateurs que nous représentons, Marie-Madeleine et moi. Ces parts de nous, ces principes fondamentaux, sont contenues en tout un chacun de vous.

Aucune séparation entre vous et nous n'existe, car nous sommes en vous et vous êtes en nous, fermement liés par les principes créateurs du féminin divin qui est encodé en nous tous. Vous êtes libres de vous déposer en vous en chaque instant et nous vous y convions.

Nous vous encourageons à pénétrer au cœur sacré de votre antre intérieur et à vous y déposer. D'y pleurer toutes vos peines, tristesses ou désespoirs. Nous vous accordons le pardon pour vous en délivrer au nom du cœur aimant de l'humanité qui porte ce même chagrin que vous.

Ensemble, nous dissolvons. N'osez jamais imaginer être seul dans vos plus grandes peines ou désarrois, car l'humanité tout entière, célestement encodée, soutenue par le Divin, se tient en tout temps avec vous.

Vous ne formez qu'Un avec le Tout, et le Tout ne forme qu'une seule sphère avec vous. Vous n'êtes en ceci jamais seul, jamais isolé, toujours immergé dans la matrice originelle de l'univers. Nous nous y retrouvons. *Tout ce qui n'appartient pas à la Source mais que vous maintenez en vous ou soutenez émane du rejet que vous opérez de votre Essence que vous soumettez à la séparation, par égarement.*

QUELS SONT LES SYMBOLES GÉOMÉTRIQUES ET AUTRES SIGNES QUI TE SONT ASSOCIÉS ?

PEUX-TU LES DÉCRIRE ET NOUS DIRE COMMENT LES UTILISER ?

Les formes géométriques sont comme des lettres de l'alphabet que nous pouvons assembler à notre guise pour constituer de nouveaux signes, formes et messages. Elles sont constitutives de la création de toutes structures, tout comme de l'univers. Il est important de comprendre à quel point le code contenu dans une forme géométrique lui est propre et singulier. L'information qu'il contient est intimement imbriquée dans sa forme et révèle son symbolisme, sa signification.

Vous pouvez ainsi trouver des alliages de formes qui vous incitent à éveiller certaines particules atomiques en vous. Grâce à la méditation notamment, vous pouvez les faire vôtres, devenir intime avec elles en les intégrant profondément à la racine de votre conscience.

Dans le processus d'intégration des formes, vous vous laissez imprégner et transporter par l'aspect que cet encodage provoque et anime en vous à des niveaux subtils. Vous n'avez pas besoin de comprendre toutes les formes succinctes de ce que ces figures peuvent susciter en vous, même si leur intégration en conscience est favorable.

Pour vous aligner sur les formes sacrées et harmoniser vos temples vibratoires (chakras), pour élever la fréquence de votre corps, je vous invite à visualiser cette géométrie particulière qui saura inciter vos centres à s'équilibrer.

À titre d'exemple, si vous manquez de sécurité intérieure, de détermination ou d'ancrage, vous pouvez méditer sur la forme du carré ou du cube qui se dépose dans votre chakra racine pour le stabiliser. Le symbole de cube, nous allons le voir plus tard, est la forme qui représente la Terre. Vous recevrez plus bas les indications pour chaque élément et sur son symbolisme. Vous apprendrez comment les intégrer de manière pratique à votre méditation. Lorsque tous les symboles seront activés en vous par le biais de vos temples chakras, ils forment naturellement le dodécaèdre qui est la somme de toutes ces géométries réunies. Le dodécaèdre, vous le verrez plus tard, est l'illustration symbolique de l'éther.

En tant que déesse de la Terre, des Eaux, de l'Air, du Feu et de l'Éther, j'ai longuement pu parfaire mes expériences personnelles avec ces énergies, ces forces dont nous disposons sur Terre. La déesse sainte sur laquelle vous déposez vos pieds diffusait à travers moi ses divines essences praniques et telluriques et ainsi me les transmettait. En tant qu'Isis, Oracle de la Terre, je vous transmets ce que je sais ici. Vous allez à votre tour pouvoir les mettre en place de manière pratique et les intégrer dans vos habitudes spirituelles quotidiennes. Vous pourrez ainsi vivre votre vie manifestée dans une profonde satisfaction, car imprégnée des éléments que je vous communique maintenant.

Plus vous vous mettrez au diapason des énergies praniques et telluriques (énergies de création de Source ainsi que celles qui sont propres à la Terre), plus vous parviendrez à vous en délecter tant elles deviendront vos aides et vos alliés, vous permettant de naviguer plus facilement dans les eaux de la vie lorsqu'elles deviennent houleuses. *Je vous le rappelle ici, tout exercice est bon à faire même lorsque vous allez bien afin qu'il puisse être répété tel un automatisme au moment opportun.*

Alors que la Terre se modifie dans sa fréquence, dans sa densité et sa vibration, il est d'autant plus important de vous relier aux prescriptions que je vous donne. Plus vous les pratiquerez, plus vous évoluerez avec aisance et grâce. En changeant de fréquence, les éléments de la Terre, bien que toujours existants et constitutifs de son essence, deviennent de plus en plus cristallins dans leur champ vibratoire. À terme, tous les éléments convergeront vers l'unité cristal constitutive de la Terre en son Essence. Les êtres cristal vous enseigneront les nouveaux schémas.

LA TERRE – LE CUBE

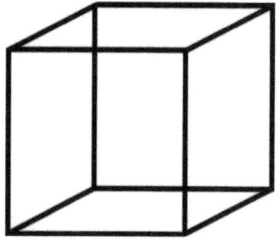

Laissez pénétrer la forme géométrique du cube à l'intérieur de vous. Percevez ses six faces, robustes et stables, qui se déposent d'abord à l'extérieur de vous, tout autour de vous. Sentez cette rigueur, cette force, cette immuabilité sur laquelle vous pouvez vous reposer et laissez-la se transposer en votre être. La forme du cube, tout en vous permettant de disposer d'une base solide qui vous soutient, vous permet la flexibilité nécessaire à votre évolution. Apprenez à tirer parti du règne minéral dont l'implication terrestre est de vous soutenir alors que vous vous métamorphosez continuellement, tout au long de votre vie, de chenille en papillon, en cycle infini. Les roches de la Terre sont elles-mêmes en migration constante vers leur état ascensionné et cristallin. Vous y êtes de même assigné, alors que les cristaux de votre corps s'ajustent progressivement.

Le principe de Terre est engrammé dans votre constitution à un niveau subtil dans chacune des particules subatomiques de vos cellules. Parce que vous en êtes composé, vous pouvez à votre guise activer ce principe en tout temps, à l'intérieur de vous.

— Lorsque votre mental est affecté ou anxieux, vous pouvez y introduire la forme du cube en le déposant visuellement dans votre chakra du troisième œil. Vous verrez alors vos pensées devenir plus ordonnées et pourrez prendre des décisions éclairées. Ne cherchez pas à trouver des solutions dans un mental affecté d'inquiétudes, mais tentez plutôt de le mettre au repos en laissant opérer la magie des éléments par leurs formes géométriques.

— Faites de même dans votre plexus solaire lorsque vous avez besoin de soutien émotionnel ou que vos émotions vous font vivre des montagnes russes. Apaisez cet espace en vous par la forme du cube ou du carré.

- Lorsque vous avez peur de vous exprimer en public de peur d'être jugé, réprimandé, de manquer d'éloquence ou que vous craignez l'humiliation, déposez le cube dans le chakra de votre gorge pour stabiliser votre voix et votre expression. Cet exercice peut également servir aux chanteurs pour stabiliser et harmoniser la voix chantée.

- Intégrez l'image du cube dans votre chakra de base pour vous accorder de l'assise et de la sécurité.

Vous pouvez jouer avec ce symbole autant que vous le voudrez, soyez créatif dans votre expression spirituelle pour répondre à vos besoins !

L'EAU – L'ICOSAÈDRE

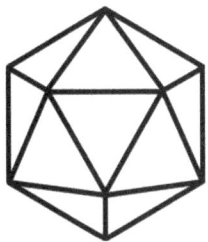

L'eau a la capacité de se refléter en tout ce qui est, ce qui en fait l'élément le plus versatile de tous. Elle est aussi un des aspects du cristal lorsqu'elle est pure et clarifiée. Elle atteint alors une fréquence vibratoire élevée capable de vous soigner. Les eaux apaisent votre esprit lorsqu'elles coulent et circulent à travers vous. Lorsque l'élément eau vous nettoie et vous purifie, il entre dans chacun de vos sillons enfouis pour rafraîchir vos parties cachées, dissimulées délibérément ou inconsciemment. Il vous aide dans un rapport sain et fluide à raisonner, à penser vos aspirations et vos choix de vie. L'élément eau vous invite à vous y jeter, à y jouer comme un enfant ou à y flotter comme une belle et douce sirène (que vous soyez homme ou femme). N'attachez aucune importance au passé et laissez l'énergie de l'eau circuler en votre chair, à travers vos os. Vous êtes constitué de cette même eau. Laissez-la vous imprégner.

Laissez cet icosaèdre à vingt facettes (soit le symbole géométrique de l'eau) démultiplier la conscience que vous avez de vous, laissez-le vous fluidifier.

- Laissez circuler l'icosaèdre dans votre chakra couronne pour ouvrir votre esprit à votre être unique et multidimensionnel. Ceci vous octroie la sagesse à laquelle vous aspirez.

- Si vous êtes timide, laissez l'icosaèdre fluidifier votre parole pour que vous puissiez vous exprimer, même dans une langue qui n'est pas la vôtre.

- Apportez le soutien de l'icosaèdre sous votre plante des pieds pour faciliter votre avancée, votre évolution dans votre vie, en vous laissant glisser à la surface de la Terre comme une patineuse ou comme un patineur sur glace. Flexibilité et agilité sont ses attributs.

LE FEU – LE TÉTRAÈDRE

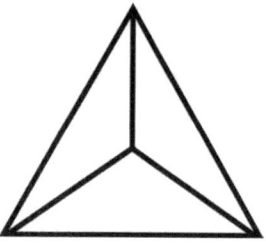

La puissance du feu peut brûler à l'intérieur de vous. Il est l'adage du dieu Soleil, Ra, qui renaît à chaque lever du jour. Il vous apporte la foi, l'imminence de la toute Grande Création. Il vous éveille à la naissance de votre incarnation. Aussi bien lors de votre état d'embryon, que lorsque votre esprit prend conscience de son existence. Le feu est garant de cette activation.

Incitez ce feu éthérique à brûler en vous lorsque vous vous êtes perdu sur les chemins de la vie, pour vous amener en votre centre, de retour dans votre axe, dans la pleine conscience de votre incarnation.

- Placez le tétraèdre au niveau de votre cœur pour vous rappeler votre infinitude, pour vous remémorer l'âme qui est en vous et qui vit son expansion dans votre corps de chair. Laissez votre âme vous guider et le feu sacré activer sa présence en vous.

- Laissez transparaître le tétraèdre dans votre plexus solaire pour vous apporter le courage et la force du lion. Lorsque vous avez besoin de croire en vous, de renforcer votre valeur et votre estime de vous.

- Imprégnez votre nombril du tétraèdre céleste pour vous rappeler votre divine mission sur terre et pour l'y activer pleinement aux côtés de vos contemporains.

L'AIR – L'OCTAÈDRE

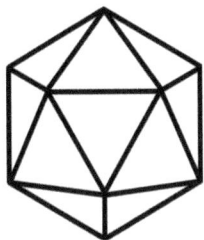

Sa forme pure et cristalline circule dans les airs et dans le vent. Vous allez pouvoir vous identifier à elle lorsque vous êtes pris dans un étau ou lorsque vous n'avez pas de point d'attache intérieur, comme un goéland qui plane dans les airs ou comme un matelot emporté par les vents. Ne vous laissez pas chahuter tant. Prenez conscience de l'élément de l'air qui est en vous afin d'apprendre à le tempérer. Soyez une brise constante, fraîche et aérée. Ne vous laissez pas prendre par les vents tourbillonnants. Il vous est important de dompter cet élément pour mieux apprendre à le maîtriser. Tous les attributs de la Terre peuvent être vos forces et vos alliés ou, au contraire, vous amener à sortir de votre axe lorsqu'ils sont trop présents en vous. En prenant une place trop importante, ils vous dominent. Ceci est en lien avec le principe de polarisation actif sur Terre.

- Soutenez votre corps mental par l'octaèdre en le situant dans votre troisième œil lorsque vous avez besoin de répit mental pour aérer vos idées.

- Si vous vous trouvez dans une situation difficile dans un groupe ou dans votre famille, faites appel à l'octaèdre pour circuler dans votre colonne de chakra tout entière pour lui permettre de faire circuler les énergies et de ne pas les laisser stagner. Aérez !

- Placez l'octaèdre dans le chakra de votre cœur pour y activer de la joie vive, pure et libérée de toute attente.

L'ÉTHER – LE DODÉCAÈDRE

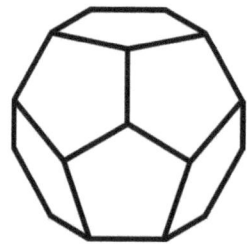

Le dodécaèdre vous permet d'accéder à l'éther qui est ce vaste champ de conscience vide constitutif de l'infini. Vous-même en êtes fait. L'esprit vous a créé dans sa pensée, mais votre esprit n'a pas de matière. Votre esprit a simplement imaginé une forme atomique, finement rassemblée par un encodage que la Source a programmé, liant des particules entre elles, interreliées par un courant magnétique qui les solidifie. Le champ quantique de vos pensées qui crée la forme n'a pas de forme, mais aboutit à des constitutions dans la matière, dont vous êtes composé dans votre corps de chair. Votre corps de chair est à son tour constitué de particules subatomiques et d'atomes identiques à ceux qui engendrent la création de toute vie.

Entre chaque particule, vous reposez dans cette essence de l'éther et c'est aussi de ce vide que vous venez. Votre corps, votre mental de l'ego, vos émotions, ne sont pas plus réels que ce que votre esprit a bien voulu vous faire croire lorsqu'il vous a constitué pour vivre une vie dans la matière. Le corps, le mental de l'ego, les émotions, ne sont que des antennes qui vous permettent de vous orienter durant cette vie sur Terre.

Votre corps, votre mental de l'ego, vos émotions ne vous définissent pas. Ils ne sont constitutifs ni de vous ni de votre essence éternelle. Vous êtes plus constitué de vide que de plein ! Votre éther vous compose.

L'éther est l'aboutissement de tous les éléments rassemblés pour former la perfection, soit le vide depuis lequel tout existe. Le dodécaèdre représente les quatre formes géométriques précédentes, rassemblées.

- Accédez au dodécaèdre pour faire un ensemble, un Tout avec votre être, de votre soi manifesté réunifié avec votre Soi Source. Sentez ce grand vide, ce grand rien et ce grand Tout, tout à la fois.

- Le dodécaèdre placé au niveau de votre troisième œil puis à l'arrière de votre crâne au niveau des occiputs (partie postérieure et inférieure de la tête à la jonction de la nuque) pour permettre d'entrer en méditation profonde, réunifiant votre corps et votre esprit.

- Inspirez le dodécaèdre au niveau de votre chakra sacré pour que chaque création que vous entrepreniez émane de la volonté de votre Source.

POLARISATION DES ÉLÉMENTS

Excès de terre
Rigidité, incapacité de se mouvoir, de s'adapter, manque d'intuition, pensées arrêtées, enfermement dans des cases.

Excès d'eau
Ne s'attache à rien, contourne les obstacles plutôt que de les rencontrer, ne parle pas franchement, évite les questions importantes parfois inconfortables en transformant ses eaux en eaux stagnantes : putréfaction. Se disperse, ne termine pas ses projets.

Excès de feu
Colère tournée vers autrui lors de moindres contrariétés, peut tout détruire sur un coup de colère ou par impulsivité, brûle des étapes essentielles à l'évolution, fierté abusive, a besoin de briller à tout prix, orgueil.

Excès d'air
Volatile, incalculable, évitement, s'enfuit, vaporeux, peu fiable, a du mal à s'ancrer.

Vous reconnaissez-vous dans l'une ou l'autre de ces descriptions ? Si oui, veillez à contrebalancer cet élément en vous.

	Terre (cube)	Eau icosaèdre	Feu tétraèdre	Air octaèdre	Éther dodécaèdre
Couronne	Ouverture vers son soi supérieur solidifié, stable et ancré	Fluidité de circulation de nos eaux originelles vers le corps	« Ethe-riser » le passage entre corps et esprit	Circulation entre corps et esprit	Se relier au cosmos, à l'infini
Troisième œil	Stabilité mentale ou rigidité	Fluidité dans les pensées	Esprit vif	Courant d'air dans les idées	Se relier au cosmos, à l'infini
Gorge	Stabilité dans la voix, confiance	Parole fluide et agréable, en lien avec notre Soi Source	Brûler les peurs qui nous empêchent de nous exprimer	Activer la parole et apporter de la vie à l'expression de soi	Se désidentifier de ses incapacités
Cœur	Aimer et accueillir la vie avec stabilité	Fluidifier la compréhension que nous avons de l'amour	Brûler nos doutes et nos peurs face à ce que la vie nous apprend à vivre	Ne pas se cramponner aux idées de comment la vie devrait être	Je suis dans la confiance infinie que je suis le Tout. Je suis calme et serein.
Plexus solaire	Stabilité émotionnelle	Laisser circuler et couler les émotions	Brûler les émotions qui ne vous servent pas. Se donner force et courage.	Laisser nos émotions néfastes circuler dans le vent	Je ne suis pas mon émotion. Je suis le Tout. Je suis infini

Nombril	Je suis un co-créateur stable. On peut compter sur moi.	J'apporte ma contribution au monde avec fluidité	Je suis vif et réactif pour aider le monde, l'humanité, les autres êtres humains	Je suis un créateur joyeux, stable, je ne me dénigre pas		Je sais que je crée pour un plan de réunification plus grand que moi. Pour le UN
Sacré	Mon soi intérieur est calme, serein et déposé. Je peux recevoir mes intuitions dans ma propre paix	Mes idées et inspirations circulent avec fluidité et dans la joie	Je suis vif intérieurement et je m'appartiens	L'air fluidifie mes idées et mes intuitions si le flux stagne		Je me connais et je me reconnais dans tout ce que je suis
Base	Mon plancher est stable, je ne vacille plus au premier défi	Je suis la rivière qui coule, fluide, déposée	Ma terre, ma chair, mon feu, nous ne faisons plus qu'un	Je circule dans ma vie avec aisance et flexibilité		Depuis mon ancrage dans la matière, le vaste néant peut s'y déposer

VESICA PISCIS

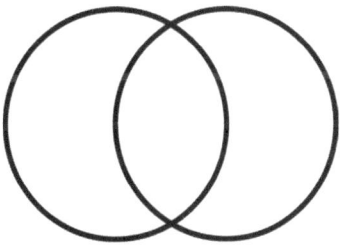

À l'origine du monde il y avait le Un, l'Unité de conscience de tout ce qui est, la Conscience Divine qui brillait d'incandescence par qui elle est. La Conscience Primale, pour ne pas rester statique, pour déployer sa conscience, a dû se démultiplier en son double pour avoir un alter ego dans lequel se refléter. Son double, c'est la face opposée de qui elle est, bien qu'elles aient la même constitution. Sans ce double, la conscience unitaire ne pouvait pas s'étendre, se mouvoir, s'identifier ni se miroiter. Sa flamme suprême a choisi la stratégie de la démultiplication par la division pour accroître son expansion.

En se divisant, la Flamme, le Principe de Source, se divise d'elle-même, créant une séparation d'avec son état antérieur unifié. Elle a choisi son double pour découvrir quelle est sa nature, car seule, elle ne pouvait être autre que statique. La grande et Vaste Conscience de l'Unité commença donc à se multiplier jusqu'à la création de la matière, du cosmos, de l'Univers, de la Terre, puis de l'Être humain.

Vous, en tant qu'Être, êtes une ramification de la Souche Une. La Terre, quant à elle, est un aspect de la Source de Création qui expérimente ses différentes formes et ses différents aspects, tout comme le font toutes les autres planètes conscientes qui composent l'Univers. Comprenez que tout ce qui existe est issu de la matrice originelle de la Souche Une, la Conscience Originelle, qui est pur magnétisme et attraction spirituelle : c'est le principe que nous appelons « l'Amour », et qui agit tel un aimant qui attire à lui tout ce qu'il a composé.

Chaque chose créée par Sa Subdivision dispose de sa propre conscience individuelle et est libre de ses choix, de ses actions, de ses activités, de sa manière de penser. Elle n'est que la Source qui s'expérimente en forme. Comprenez que chaque planète est elle aussi une conscience, tout comme les arbres, les rivières, les minéraux, les végétaux, les animaux, vous y compris, les Êtres Humains. Tous, vous êtes des émanations de la Source qui s'est donné la Vie et qui poursuit son imprégnation constante en vous par son souffle de vie. Comment pourriez-vous autrement avoir le réflexe de respirer ?
Cependant, vous êtes aussi doté de ce libre arbitre qui vous permet de vous distancer de votre Origine, de votre Source Initiale ou, au contraire, de vous en approcher de plus en plus tout au long de votre vie pour vous permettre à nouveau de fusionner dans le vaste champ de Conscience de l'Unité. Ce point de fusion est le centre, l'amande du Vesica Piscis.

En réalité, il n'y a que depuis cet espace-ci, à l'intérieur de votre propre giron qui est aussi le giron de la Source première, que vous allez pouvoir trouver votre propre paix, votre stabilité, votre bonheur et votre félicité. Il ne vous sera pas possible d'accéder à ces mêmes attributs bienfaisants dans la quête d'un monde marchand, dans l'accumulation de biens. Vous ne pouvez non plus trouver cette satisfaction auprès d'autres êtres humains sur lesquels vous avez projeté des attentes auxquelles ils répondront ou non. N'oubliez pas que les personnes qui vous entourent ne sont pas à votre service, mais au service de leur propre évolution. La seule et unique clé est la Source Divine qui se trouve à l'intérieur de vous, à votre Origine. Soyez patient.

Veuillez comprendre que ce système de division cellulaire est un principe qui vous habite et qui constitue tout être créé par Son Origine dans la quête de s'expérimenter. La Source Une a imaginé ce vaste dessein. Vous faites partie de son rêve, de son imagination. Vous êtes l'expérience et le fruit expérimenté. La Source, cependant, ne vous a jamais abandonné, car elle sait que vous êtes en elle et que vous êtes unis. Elle vous maintient dans son champ magnétique pour vous rappeler à elle ici et en tout temps. Vous n'êtes jamais seul ni n'êtes jamais oublié. L'Éther est ce qui vous soutient. L'Éther est ce qui vous maintient. L'Éther est la source de toute forme de vie, y compris de tous les éléments, Air, Terre, Eau, Feu.

Ce principe de division de la forme première existe à l'échelle de votre corps, soit dit en fractale. Ceci prend forme, entre autres, lors de la mitose cellulaire (division des cellules). De même, c'est lors de la séparation de votre âme source, lorsque vous devenez corps manifesté, oubliant votre origine, que vous avez la possibilité de voir les aspects de vous qui ne sont pas encore revenus à l'état de grâce, dans l'unité. C'est lorsque vous vous apercevez des aspects de vous qui ne sont pas alignés, qui vous causent du tort ou des peines, que vous avez la possibilité de les rabattre dans le Champ de Conscience de l'Amour de Tout Ce Qui Est.

Observez alors le principe de Source Féminin qui se présente à vous, sous sa forme polarisée, pour vous indiquer qu'elle n'est en fait que la conscience Une qui se montre sous une autre facette. Elle n'est ni juste ni fausse. Elle n'est que ce qu'elle est, propre à sa conscience, voilà tout. *De même, lorsqu'une part divisée de vous fait son apparition, elle n'est pas non plus bonne ou mauvaise, elle n'est qu'une conscience qui a perdu son miroir intérieur, ce miroir qui a la capacité de lui dévoiler la lumière de qui elle est.*

Chaque blessure a la capacité de revenir à sa propre lumière, celle de laquelle elle s'est égarée. La part divisée, dénuée de sa lumière, de son souffle de vie, ne peut que se nécroser. Elle n'a, à elle seule, pas la capacité d'engager la vie. Rester en l'état de conscience de la blessure ou de la séparation ne peut être qu'une spirale vous propulsant vers le bas, car le principe vital de la lumière ne lui est plus attaché.

Comprenez, je vous prie, qu'il n'y a ni juste ni faux : il n'y a qu'une seule réalité et des parts égarées. Tout ce qui demeure au sein de l'Uni-Vers va Vers l'Uni. Tout ce qui divise, se sépare, se distance de lui-même. Cette part divisée de Source, nous l'appelons aussi Maya dans certaines cultures sur Terre, ce qui signifie « le grand magicien, l'illusion ». En hébreu, dans l'ancien Testament, c'est le mot « Satan » qui est utilisé, et qui veut dire « l'adversaire », celui qui est à abattre. Dans le nouveau Testament, il devient « le diable », *dia* signifiant la division.

Vous n'êtes en réalité jamais divisé, séparé. Vous n'êtes que dans l'illusion d'être séparé. Vous n'êtes qu'amour et n'avez jamais été autre qu'Amour. Ceci est le germe de votre constitution.

Votre cœur physique et spirituel (chakra du cœur) est l'essence de cette émanation. C'est en ce centre physique et spirituel que vous pouvez vous relier à votre Source Féconde en vous, ici représentée par l'Amande dans le Vesica Piscis, qui est la rencontre entre ces deux facettes qui se rencontrent et qui s'unissent. *Votre cœur est le fruit de l'enfant dans la rencontre des principes féminin et masculin qui s'unissent en vous. Vous y pénétrez par la voie de la méditation. Entrez, pénétrez dans l'amande intérieure de votre cœur et vous y retrouverez votre infini.* Il vous est demandé de pratiquer avec simplicité et quotidiennement cette communion dans l'espace de votre cœur pour y rétablir la source d'Amour en vous et revenir dans votre foyer.

La mitose de vos cellules va vous permettre de percevoir les bienfaits de cette méditation dans toutes vos cellules alors qu'elles se divisent et se multiplient. La forme géométrique se diffuse en se multipliant dans votre corps, dans votre être, au rythme de cette division.

Vous allez alors pouvoir vous régénérer à travers elle et apporter de nouvelles composantes à votre structure mentale, émotionnelle, physique. Ces formes géométriques se logent au niveau de votre corps de lumière, dans le corps éthérique[11] plus particulièrement, pour qu'elles puissent y être détenues en tout temps.

Une fois les symboles que je vous décris ancrés dans le corps éthérique, vous n'aurez plus besoin de les attirer régulièrement en vous par des cordons de lumières. Ces derniers trouveront naturellement leur chemin jusqu'à votre conscience, pour se faire émerger à nouveau dans votre corps physique à particules atomiques à travers votre corps subtil et non depuis une source extérieure à vous. Vous aurez alors cet encodage disponible dans votre propre champ, intimement imbriqué, pour pouvoir activer cette alchimie en vous au besoin.

Je vous invite à prendre en considération chacun des symboles dans l'intention de les intégrer à votre pratique d'éveil. La méditation dans ces formes diverses et variées devient une étape essentielle sur votre chemin.

Quelques-unes me sont plus particulièrement associées suite aux activations que nous avons réalisées dans mon temple, mes prêtresses et moi, lors de nos cérémonies. Il s'agit ici de formes telles que le tétraèdre qui est aussi le signe de l'être humain infini au sein du vaste monde insondable dans lequel tout existe. Ce symbole vous est utile lorsque vous êtes démunis, dans de délicates situations lors desquelles vous ne voyez plus d'issue.

---

11 Note de l'autrice : le corps éthérique est le miroir non matériel de votre corps physique qui peut être vu dans des photographies d'aura. Ce corps détient les mêmes informations que votre corps physique, mental et émotionnel, mais elles n'y sont pas altérées par le champ polarisé de la Terre dans lequel nous développons des maladies physiques ou dysfonctionnements psychiques. Le corps éthérique est notre « miroir parfait ». Il est aussi appelé le *ka* dans les enseignements de l'Égypte antique.

LE TÉTRAÈDRE

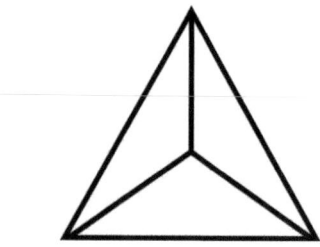

Il m'est indispensable de revenir vers vous encore une fois avec la géométrie sacrée du tétraèdre. Il est représentatif de l'union entre la Source, sa vibration, et son émanation, votre âme qui s'est incarnée.

Cette forme première est l'un des principes fondateurs de toute créature et de toute création terrestre, cosmique ou universelle. En son centre se regroupe le point d'union de toute création, comme le noyau d'une cellule se trouvant au point central dans sa sphère. Il faut bien comprendre ceci : *alors que vous prenez de la hauteur pour vous défaire de l'étroitesse d'une situation, pour lui permettre d'être vue depuis plus haut, sous un autre angle avec une plus grande perspective, vous vous rendez compte que vous n'êtes qu'une pièce de puzzle parmi ce grand tout.*

Ceci peut vous amener à vous éloigner de vous, à vous défaire de vous-même et même peut-être à devenir nonchalant face à ce que vous vivez. Certains d'entre vous se disent ne plus avoir envie de vivre sur cette Terre tant ils s'y sentent en souffrance. Rappelez-vous que vous avez vous-même, en accord avec votre âme, voulu vous incarner pour vivre toutes les expériences que vous pouviez traverser dans la matière dans le but de grandir, d'évoluer et de vous renforcer spirituellement.

Lorsque vous vous éloignez de votre envie de vivre votre incarnation dans la matière, ne vous identifiant pas de manière totale à votre condition d'âme vivant une expérience matérielle, vous perdez alors tout l'ancrage que votre corps est venu vivre ici-bas.

Dans ces conditions, il vous est impossible de trouver la paix. Alors que si vous vous exercez à regarder votre situation avec recul, depuis les yeux de votre âme, vous vous éveillez aux particules plus fines et plus subtiles qui susurrent autour de vous.

Vous vous voyez pris dans un élan de grâce qui vous permet d'aller voir depuis plus haut, de regarder votre vie avec la légèreté qui compose votre esprit, votre soi Divin ou Soi Supérieur qui à son tour est lié à Tout Ce Qui Est.

« Tout Ce Qui Est » signifie qu'il y a en vous une infime partie qui existe à tous les niveaux des champs de consciences, à travers tous les spectres et dans chacune des dimensions. Toutes ces dimensions sont à leur tour reliées à la Source Une qui les a toutes créées et dont elles découlent. En apprenant ces mécanismes, vous vous reliez à tout ce vaste champ qui, en réalité, existe déjà à l'intérieur de vous. Vous le faites exister à partir de l'instant où vous prenez conscience de la multidimensionnalité de votre être. Vous êtes une particule de l'univers tout entier, et l'univers tout entier existe aussi à l'intérieur de vous. Apercevez-vous que, depuis l'infiniment vaste, vous pouvez toujours être relié à vous puisque l'infini existe en vous.

Je voudrais vous faire comprendre que, au lieu de fuir votre vie ou la situation conflictuelle à laquelle vous êtes confronté, vous grandirez lorsque vous vous relierez au grand tout qui se retrouve inéluctablement à l'intérieur de vous.

Vous vous élevez pour quitter le monde des sens qui vous induisent à ne voir, sentir, ressentir que le monde matériel, trompeur de l'esprit humain, dans lequel vous demeurez incapable de vous relier à la nature universelle du monde tel qu'il a été créé. Vous êtes obnubilé par ce qui se passe dans la matière. Vous limitez vos appréciations des événements à ce que vous jugez utile, agréable ou non. Entendez cette subtilité : le monde de la chair et de la matière n'est que le terrain de jeu imaginé par la Source pour que votre Esprit Divin puisse y accomplir une évolution au niveau de son âme à travers le corps. La réalité est constituée de plusieurs autres niveaux que celui que vous appelez « matière ».

Ce monde de matière, bien souvent associé à la souffrance, n'a pas besoin de l'être si vous construisez votre vie autour de ces enseignements, vous permettant de vous déposer dans la loi du Cœur, dans cet espace Sacré, à l'intérieur duquel vous êtes à tout jamais immaculé.

Le tétraèdre montre cette expansion à l'infini, depuis l'essor jusqu'au retour à soi, au sein du plus petit qui détient les codes du plus grand, du macrocosme imbriqué dans le microcosme. Le tétraèdre dans le tétraèdre est une combinaison fractale infinie.

Vous êtes des êtres éternels et infinis. Ce flux, ce mouvement d'extension de l'intérieur vers l'extérieur qui se ré-énergise à l'intérieur du Soi, est une chaîne vertueuse de la création. À chaque fois que vous vous élargissez pour vous relier au grand tout, le grand tout se manifeste à travers vous. Chaque cycle d'« expansion – intériorisation » vous exalte en un contenant plus fort, plus puissant de sagesse, d'amour, de lumière issue du Tout, qui est en Tout. Activez le tétraèdre en méditant dessus et en gardant cette boucle à votre esprit. Son point central, placé au niveau de votre cœur, est le noyau central de votre expansion. Depuis ce centre, laissez agir. Le tétraèdre purifie votre esprit par son feu éthérique divin.

L'ÂNKH

La forme de cette croix ancienne est une représentation du temple sacré dans lequel nous nous réunissons. Elle désigne notre abbatiale sacrée, notre lieu de régénération qui invite à la vie éternelle qui est en nous. Je fais mention de l'abbatiale ici, car je veux vous signifier que ce symbole est à l'image du temple de vie et de régénération qui est en vous. Je vous incite à perpétuer la régénérescence de la vie qui jaillit et souffle en vous.

Sachez que vous êtes des véhicules puissants de la Source de Vie qui vous entoure. Vous êtes à votre tour des transmetteurs représentatifs de cette création. Dès que vous prenez véritablement conscience de la vie éternelle qui est en vous, vous devenez immortels aux yeux de Source. Vous éclairez tout le champ vibratoire qui vous entoure, touchant le monde de votre lumière issue de la Source dont vous êtes le véhicule.

Vous devenez des ambassadeurs de la lumière divine qui jaillit depuis votre centre, depuis votre axe, depuis votre intérieur, depuis votre temple sacré qui est aussi la loge de votre cœur.

Vous rayonnez de votre axe lumineux vers le cosmos, vers la Source, vers l'infini. Vous devenez des phares qui éclairent la nuit, aisément alimentés depuis leur propre résurgence de lumière pure et divine. Vous devenez la Source qui s'exprime à travers vous. Vous devenez catalyseurs de la Force de Vie qui s'illumine en vous.

Cet état de grâce vous apporte la clarté dans vos vies, joie, sérénité, force et paisibilité. Vous avez tous cette capacité d'activation en vous. Je vous demande d'accéder à cet état de grâce afin d'être à même d'inspirer les autres êtres humains à suivre ce chemin, vers plus de joie et de consolation innée. Aidez-vous les uns les autres à vous élever en vous inspirant mutuellement !

DEMI-SPHÈRES TENUES PAR LES PÔLES

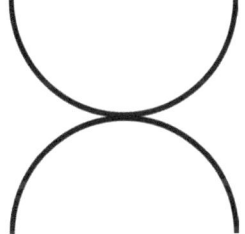

Cette géométrie nous montre la subtilité de la division au sein même de l'unification.

Le point d'interaction se place au niveau des pôles qui dévoilent l'inversion des principes. À titre d'exemple, lorsque vous entrez par votre œil spirituel à l'intérieur de la Terre, vous vous apercevez que son centre est identique au vaste cosmos. Tout ce qui existe en dehors est aussi présent en dedans. L'inverse est tout aussi vrai. De même, par le centre de vos cellules, vous accédez au petit trou noir qui vous amène depuis l'infiniment petit vers l'infiniment grand. Alors même qu'il est possible de s'oublier alors que vous cherchez de multiples vérités en dehors de vous, cette forme géométrique vous appelle à méditer sur les multiples vérités qui peuvent exister au sein d'une seule et même situation. Vous pouvez y trouver des réalités qui se contredisent tout en étant individuellement correctes. C'est ce que nous nommons « *l'inversion de tous les contraires* ».

Il n'est nullement utile de vous approprier tous les enseignements qui existent sur cette Terre. Une seule petite poignée vous suffira pour évoluer dans le parcours spirituel dont vous avez besoin pour vous accomplir en tant qu'être humain conscient. Vous devez cependant élargir le champ de votre pensée tout en maintenant vos parties fondatrices. Certains leur donneraient les noms d'« enfant intérieur », ou d'« être de lumière », ou d'« enfant diamant ». Votre cœur de diamant existe en tout temps à l'intérieur de vous. Ainsi, vous pouvez vous exercer à revenir et à sortir de vous-même, pour apprendre de l'extérieur, puis pour approfondir à l'intérieur de vous tout ce qui peut y être intégré.

L'HEXAGONE

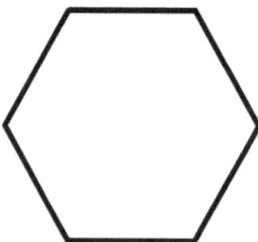

La forme de l'hexagone a donné sa forme à la tortue. Elle est la base fondatrice et régénératrice du dodécaèdre. Basé sur l'axiome de cette forme, l'animal a en lui-même puisé la force d'émerger depuis l'éther, empli de richesse, d'abondance et de sagesse.

Je vous invite à vous concentrer sur la richesse de forme contenue dans la tortue, qui est son essence même. Elle est le vecteur de la puissance, de la force paisible, de la sérénité qui existe en tout. Vous pouvez méditer sur cette forme lorsque vous sentez le besoin de calme et de stabilité en vous.

LA DEMI-SPHÈRE

Prêtez de l'intention à tout ce qui forme des cercles dont les deux extrémités pointent vers le haut. Toute forme ou structure, dans laquelle est intégré cet arc de cercle ouvert vers le haut, est signe du calice, du graal, de la capacité de réception naturellement associée au féminin. La rondeur y est associée au réceptacle. Dans celui-ci se manifeste une énergie d'amour profond, incandescent, vibrant des feux de l'énergie et de la force du don, du partage, de la réceptivité et de l'accueil. Connectez-vous à cette forme si vous avez besoin d'apporter cette force à quelqu'un ou pour vous y déposer personnellement.

La sphère originelle du soleil, la lumière incandescente de Ra, est la forme parfaite. Vous, en tant qu'enfants du Plus Haut, portez sur Terre cette sphère à demi tranchée. Son autre partie est dans le cœur de l'Éternel.

COMMENT SAVONS-NOUS SI NOUS SOMMES AU BON ENDROIT ET AU BON MOMENT DANS NOS VIES ?

QUE NOUS SUIVONS EN QUELQUE SORTE LE CHEMIN DE NOTRE PLUS HAUT POTENTIEL ?

Vous êtes pour beaucoup d'entre vous dans une situation confrontante, dans un grand besoin de compréhension. Souvent, vous vous posez la question de savoir si telle ou telle de vos actions est la plus juste ou si, au contraire, vous devriez avoir des regrets de ne pas avoir agi autrement. Sachez, mes chères âmes, qu'il n'est aucunement nécessaire de vous tourmenter et que tout arrive au moment le plus opportun pour vous, au bon moment, à point nommé selon votre parcours. Ne doutez donc jamais de l'intelligence du grand tout qui orchestre à la perfection l'ordre de ce qui opère. Ceci comprend tout ce qui se passe ici sur Terre pour chacun d'entre vous individuellement. Vos réactions et actions font partie de ce dessein.

Vous avez jusqu'à présent peut-être douté de votre propre gestion, vous remettant en question, vous interrogeant sur les bienfaits de ce que vous faites ou de ce que vous ne faites pas. Soyez rassuré, car un système guide est engrammé en vous. Gardez à l'esprit que tout ce qui ne rime pas selon l'Ordre Divin avec votre Soi Divin vous sera toujours signifié par une obstruction énergétique. Sous sa forme concrète dans votre vie, ceci sera ressenti lors de blocages émotionnels ou pratiques, tant au niveau matériel que physique.

Je vous invite à vous demander ce qui dysfonctionne pour vous et de quelle manière vous pourriez y remédier. Tentez de recevoir la réponse sous les conseils de votre Soi Supérieur. Que vous diriez-vous ? Que vous souhaiteriez-vous ? Certainement pas la peine, la tristesse, le conflit ou de traîner de lourds fardeaux derrière vous.

Vous vous souhaiteriez la liberté même si ceci implique la rencontre avec ce qui ne va pas. Cette conciliation vous demande un certain courage. Plus la force d'âme qui vous est demandée est grande, plus votre récompense finale le sera aussi. Votre courage implique de vous abandonner à la Source Consciente de Tout Ce Qui Est, à ne pas lutter et à suivre la voie de Son Mystère, tout en révoquant le besoin de contrôle de l'ego qui cherche à vous protéger maladroitement. En restant dans vos vieux schémas et en évitant l'incertitude, vous ne pouvez franchir le pas, effectuer le grand saut vers le nouvel avènement que vous suggère votre âme. *Bien qu'inconfortable pour votre mental de l'ego, votre délivrance réside à l'endroit vers lequel vous guide votre Sur Âme.*

Je vous incite à considérer tous les obstacles qui entravent la manifestation de votre libération et à les surmonter en étant accompagné de la force puissante, stable, de votre source éternelle. À terme, vous pourrez même tirer beaucoup de joie de ce que vous avez appris.

En appliquant cette écoute intérieure, vous traverserez alors tous les aléas avec grâce, douceur et sensibilité. Il en est de même en ce qui concerne la maladie dont vous êtes éventuellement porteur. Je vous sollicite par ces quelques lignes à vous remettre en question quant au processus de soin auquel vous vous êtes adonné pour vaincre la pathologie qui se manifeste en vous.

Est-il véritablement le bon pour vous ? Pouvez-vous certifier en votre âme et conscience que vous suivez vos instincts qui vous guident vers les meilleures thérapies, vers les meilleurs praticiens, vers les meilleures formes de guérison ? Les formes sont multiples et variées, vous avez à votre disposition une large palette de théories et de stratagèmes qui peuvent vous soutenir dans votre guérison. Demandez à votre Soi Divin de vous guider vers les meilleurs thérapeutes capables de répondre à votre vibration. Complétez vos choix par des formes thérapeutiques conventionnelles au besoin, sans pour autant focaliser votre chemin de guérison sur une option plutôt qu'une autre. Augmentez vos chances de résoudre ce conflit interne en alliant plusieurs méthodologies. Reprenez le pouvoir sur vos vies et posez-vous les questions qui vous mènent vers votre libération.

Vous êtes entouré et soutenu tout au long de votre voyage. Je vous prie de bien vouloir affirmer l'espoir et la foi en vous. Ces affirmations sont importantes lors de vos progressions. Vous avez en vous toutes les clés et tous les codes pour y arriver, pour vous libérer, pour vous délester et pour vivre heureux. Votre libération constitue à elle seule la raison pour laquelle vous êtes là. Vous êtes sur cette planète Terre pour vous parfaire, pour vous défaire de toute agitation, grandir, évoluer et toucher à la joie qui, en réalité, a toujours été là. Seulement, lors de moments de doute, vous ne la percevez pas.

Votre épanouissement arrive à l'instant où vous exaucez le vœu de votre âme, priant l'énergie cosmique et divine de prendre la relève, bien que cela puisse vous sembler difficile sur le moment. Je vous propose, lorsque votre cœur est empli de doutes, de lire ou de réciter la prière suivante. Dites-la depuis votre cœur pur et innocent.

« Ma Créatrice, Mon Créateur, Puissance des Tout-Puissants, je fais appel à toi aujourd'hui pour me soutenir au cours de mon long voyage vers ma libération. Puisse ta lumière m'éclairer dans n'importe quelle situation. Alors même que je n'y vois pas clair actuellement, aide-moi, s'il te plaît, à me libérer progressivement, éternellement enveloppé dans tes bras aimants, dans ton prana, dans ta Source cosmique éternelle et divine, dans ton giron. Je m'en remets à toi. Je te demande, s'il te plaît, de prendre soin de moi jusqu'à ce que ma libération arrive et que je puisse abandonner toutes les cordes d'attachement qui me maintiennent dans le passé. Je te prie de me libérer petit à petit au sein même de ta création. »
Om, Amour, Paix

POURQUOI SOMMES-NOUS SI IMPATIENTS ET ESTIMONS-NOUS QUE NOUS NE SOMMES PAS ASSEZ ET QUE NOUS N'ÉVOLUONS PAS ASSEZ VITE ?

Il vous arrive parfois d'être des fleurs qui n'aspirent pas à prendre le temps d'éclore. Imaginez une fleur que l'on tenterait d'ouvrir de force, tirant sur ses pétales pour qu'elles se déploient. Ce serait pour elle une injustice et une violence rare qui la briseraient.

Prenez donc tout votre temps. Vous avez parfois l'impression que les choses pressent, devraient aller vite pour satisfaire les besoins de votre ego qui réclame des résultats immédiats. Sachez alors que ce n'est pas la sagesse de votre âme qui s'exprime à travers vous, mais votre part blessée qui lutte bien trop souvent contre son sentiment d'insuffisance. Nul n'est prié de courir plus rapidement que le cadran de la montre ni de se détruire pour arriver plus rapidement à des fins qui ne le servent pas dans sa construction fondamentale, qui est intérieure. En sautant les étapes, vous induisez une mise à l'épreuve de votre système qui vous mène inéluctablement à la dépression ou au *burn-out*. Alors même que votre ego voulait vous faire gagner du temps, il vous a au contraire privé de toutes vos qualifications innées détenues dans le corps de votre âme. À terme, c'est une perte de votre précieux temps qui en sera induite. Détendez-vous. Sachez que lorsque vous arpentez votre route paisiblement, les opportunités ont l'occasion de se présenter à vous, tandis que lorsque vous vous précipitez, vous ne pouvez les reconnaître. Vous passez droit devant.

Il est inopportun de ne pas profiter de la linéarité du temps qui vous est imparti. Discernez et collaborez avec l'agencement céleste des mécanismes qui gouvernent la planète Terre. Tenez-vous droit, calme et serein. Avancez tranquillement au rythme qui vous correspond.

Vous verrez alors votre vie se déployer avec ses nombreuses opportunités, synchronicités. Toutes les magies vous seront apportées. Lorsque vous vous empressez ou vous montrez impatient, vous éliminez toutes les chances pour que, au sein de votre être et de votre vie, la magie puisse être accomplie. Hâté, vous vous fourvoyez dans une mauvaise passe.

Nourrissez la confiance dans le temps que prennent les choses. Apaisez-vous, relaxez-vous. Votre vie n'en sera que meilleure, ceci, je vous le promets. Vous saurez saisir les occasions qui se présenteront à vous et vous y investirez avec toute la joie et l'enthousiasme de votre corps. Ceci contentera aussi bien votre âme que votre corps de lumière qui se manifeste à travers vous. Votre ego profitera de ce fonctionnement.

J'ajoute conformément qu'un nombre conséquent d'entre vous n'a pas d'intention, ignorent ce à quoi ils aspirent pour eux-mêmes et pour leurs vies. Je m'adresse à tous ces êtres-là pour les soutenir grâce à ces quelques lignes. Apaisez-vous. Nul besoin de vous alarmer ou de ressentir ce vide qui est en vous. Faites de la place, faites le vide en vous. Déchargez-vous, je vous prie, de toutes ces peurs qui vous empêchent d'être vous-même et d'avancer. Conjurez le sort en les déposant à l'extérieur de vous, pour vous libérer. Rendez-les au Plus Grand.

Prenez garde à ne pas vous complaire dans l'abandon de votre Soi. Vous n'avez nul besoin de vous tourmenter, de garder ces tourments en vous ou de vous lamenter de ne pas être capable d'y arriver. De retenir ces pensées d'insuffisance ne vous sera pas utile sur votre chemin vers la libération. Laissez donc aller ces peurs, ces blâmes que vous vous adressez. Abandonnez les reproches envers les autres qui vous auraient causé cette insuffisance. Affranchissez-vous de la puissance qui est en vous.

Vous êtes le seul à détenir la clé de votre force, pour vous libérer, pour vivre à travers votre Soi, selon vos propres aspirations et non selon ce que les autres pourraient attendre ou craindre pour vous. Vous êtes le seul maître à bord de votre navire. Vous avez cette puissance, car sans elle, vous ne seriez pas là. Vous êtes à même de vous libérer de tout obstacle.

Agissez d'après ce qui est bon pour vous, au nom de votre sérénité, en laissant le doute derrière vous. Affranchissez-vous. Reprenez le pouvoir sur votre vie. Petit à petit, pas après pas. Aucune avancée ne sera trop petite pour que l'on vous applaudisse. Vous êtes aimé, choyé et soutenu.

Venez à bout de vos pensées néfastes et laissez-les. Ne leur laissez plus l'espace de tourner en rond dans votre champ de vibration. Ne leur laissez pas le loisir de vous dominer. Vous êtes ici pour expérimenter bien plus que ce que ces adages qui vous limitent ne vous proposent. Vous avez le potentiel de vivre dans toute votre souveraineté, de vivre heureux. Laissez la chance au temps d'agir en votre faveur. Avancez en douceur, en toute tranquillité, avec discernement.

En ces temps tempétueux que traverse l'humanité, vous êtes tout aussi fortement convié à parfaire vos dons et pouvoirs qu'à réaliser vos propres exploits. Suivez les enjeux qui sont chers à votre cœur, contenus dans la pureté, dans l'innocence et dans la joie de toute votre Essence Pure.

QUEL EST L'ARCHÉTYPE MASCULIN VERS LEQUEL NOS FRÈRES LES HOMMES PEUVENT SE TOURNER POUR S'ALIGNER À LEUR MASCULIN SACRÉ ?

COMMENT POUVONS-NOUS EN TANT QUE FEMMES LES AIDER ? COMMENT PEUVENT-ILS À LEUR TOUR AIDER LES FEMMES ?

La finalité de vos engagements vers une complémentarité serait d'éliminer les divergences entre les sexes.

Je vous dis ceci en introduction de ce paragraphe, car c'est un aspect fondamental du point de vue de l'évolution spirituelle de la race humaine. De plus en plus de personnes parmi vous sont déjà dans un processus avancé de décloisonnement des genres et des diktats qu'ils vous imposent. Être femme ou être homme n'est pas une cause en soi, *mais un chemin nécessaire qu'a dû emprunter l'humanité pour pouvoir se défaire de ces identifications qui les poussent à s'opposer.* À l'heure actuelle, nombreuses sont les femmes qui découvrent le potentiel de leur divinité féminine à travers leur corps féminin, défiant ainsi les violences faites aux femmes par le passé et dans les temps présents. Elles s'affranchissent de leur féminité en la revendiquant. Il est nécessaire que chaque être humain se reconnaisse et s'honore, sans nécessairement le faire en rapport à son genre. L'identification à sa nature féminine ou masculine est toutefois une étape fondamentale sur la voie d'évolution de votre espèce, genres à part.

Les hommes aussi, même si en minorité actuellement, apprennent à se reconnaître dans leur divinité masculine à travers leurs attributs sacrés. Ils cherchent à se frayer de nouvelles voies loin des diktats de pouvoir, d'emprise sur l'autre ou de domination. Ces hommes sont aujourd'hui en chemin et aspirent à vivre selon leurs vraies vertus.

Je vous prie de vous rappeler ceci : vous avez tous été des hommes et des femmes dans vos différentes vies et avez tous eu le loisir d'expérimenter ces deux aspects de matérialisation dans la chair. Être homme ou femme n'est pas une identification finale pour vous, mais une étape de réconciliation entre vous. Votre vraie nature, celle à laquelle vous devez apprendre à vous identifier, est celle de l'âme jaillissante, intérieure en vous.

Cette âme ne connaît pas la séparation des genres. Elle est asexuée et reconnaît son unité avec la Source qui est en tout. Plus vous avancez vers l'unification, moins la question du genre sera d'importance dans votre processus d'identification. Vous pourrez vivre exempt des attentes que votre genre suscite, que votre manifestation soit masculine ou féminine.

Une femme, par exemple, pourra se libérer et s'épanouir parfaitement dans ses attributs masculins de solide protection, alors qu'un homme pourra apprécier des qualités féminines sacrées, comme l'abondance d'égards et la générosité. Jusqu'à présent, peu de femmes et d'hommes ont été attirés par les polarités sacrées opposées. Ceci va être amené à changer conséquemment. Vous allez déjà pouvoir vérifier certains aspects de cette transformation sociétale, bien qu'encore à son balbutiement. Ce sont les générations prochaines qui détiennent les codes cristals[12] en eux qui l'expérimenteront véritablement. Ne vous fiez pas tant aux distinctions de genre, elles sont amenées à se dissoudre progressivement.

Concentrez-vous davantage sur les atouts que vous apportent ces différentes polarités pour les unifier à l'intérieur de vous. En tant que femme, aidez les hommes

---

12 Ces codes cristals sont les empreintes de la nouvelle humanité qui sommeillent à l'intérieur de la Terre. Ils sont en lien avec la conscience christique (=cristal) qui s'éveille à une plus large échelle. Ils sont activés progressivement par la montée des eaux, c'est-à-dire par la purification de la conscience humaine qui mène à l'élévation de la vibration de la Terre. Une fois que la fréquence de la Terre sera suffisamment élevée, les océans contenus à l'intérieur de la Terre vont monter pour l'avènement d'une nouvelle humanité. Certains d'entre vous détiennent déjà ces codes cristals en eux ou sont en train de les activer. La vibration cristal est une des formes d'émanation de la vibration christique de Source.

à se familiariser avec la part féminine qui est en eux. Ils ont besoin d'apprendre à exprimer leurs émotions. Et soyez douce avec eux lorsqu'ils expriment leurs ressentis. Rappelez-vous qu'un être humain à qui il n'a pas été donné de s'exprimer verbalement au sujet du contenu de son cœur brisé et fervent ne va pouvoir le faire que par la colère ou par l'agression, ce qui a été le cas de nombreux hommes à travers le temps.

La polarité masculine (de genre masculin ou féminin) qui n'a pas pu verbaliser ses ressentis se voit contrainte de réagir par instinct d'attaque (répression, contrôle, domination, intimidation) ou de fuite. En revanche, l'Être à qui a été donné le Verbe pour s'exprimer librement, doté d'une palette de mots pour décrire son nuancier émotionnel, parviendra à une bien plus grande subtilité d'expression, et donc, d'élévation.

Soyez-en conscient lorsque vous rencontrez sur votre chemin un être blessé à qui il n'a pas été donné la liberté de s'exprimer. Cette personne a été conditionnée à croire qu'elle ne pouvait pas s'épancher sous peine de ne pas paraître suffisamment solide, féroce, stable ou forte. C'est une abomination que beaucoup d'hommes sur cette Terre ont dû endurer. Ils n'ont eu d'autre choix que de se briser intérieurement, taisant une partie intérieure sacrée, celle du féminin doux et aimant qui est resté éteint à l'intérieur d'eux. Vous, les femmes, veillez à montrer de la compréhension lorsque les êtres blessés dans leur expression tentent de s'émanciper de ces fardeaux qui pèsent lourd sur leur dos et rendent vulnérables leurs cœurs.

Les hommes équilibrés, quant à eux, peuvent révéler les femmes ou la polarité féminine chez tout être, à leur nature téméraire, solide et libérée lorsque des obstacles viennent à eux. Ceci ne signifie pas bien entendu que les femmes ne savent pas l'être d'elles-mêmes, mais il est grand temps que les hommes et les femmes partagent et consolident les attributs naturels. Vous devez devenir entier par vous-même, peu importe la nature du sexe de votre corps. Il est important de reconnaître sa responsabilité d'être complet au cœur de soi.

En tant qu'homme accompli, transmettez fraternellement aux femmes la manière dont elles peuvent s'affranchir de leurs propres pouvoirs et les manifester. Votre monde se passe aussi bien à l'intérieur de votre Soi qu'à l'extérieur, au sein de votre entourage, dans votre vie. La partie féminine se suffit à elle-même dans son introspection, mais ne peut pas agir sans la force d'extériorisation de sa profondeur, émanant de la puissance de son masculin. Il vous faut tout un chacun conjuguer ces deux principes fondamentaux à l'intérieur de vous.

Tout être vivant contient en lui un chakra sacré qui émet la vibration de l'utérus. Chez les hommes, cet utérus existe dans leur corps *ka* ou éthérique[13]. Lorsque la puissance masculine, logée dans le temple hara[14], est mise en action pour créer sans avoir été en lien avec son utérus sacré[15], son action sera incomplète et même néfaste. Une création qui n'a pas transité par l'espace d'amour et de gestation qu'est le chakra sacré est issue du mental de l'ego ou du subconscient uniquement. Le résultat de cette aversion est une société de consommation dans laquelle les humains ont créé dans la matière sans se poser la question de l'amour de l'esprit. Vous avez la capacité de manifester des créations vides de sens, mais votre véritable nature spirituelle vous encourage à engendrer dans la matière des créations pleines de sens. Il peut s'agir de ce qui nourrit votre esprit au lieu d'assouvir un besoin matériel ou un empuissancement de l'ego. Vous pouvez perdre beaucoup de votre temps sacré à créer de la futilité. Je reconnais que vous avez besoin d'objets et d'outils matériels pour vivre, mais vous n'en avez pas besoin plus que de raison. Demandez-vous, avant d'entreprendre une création, quelle trace elle laissera derrière elle pour les générations futures. A-t-elle été bénéfique, fructueuse, inspirante pour autrui ? Avez-vous suscité le bien autour de vous ? Cette création répond-elle au besoin de votre âme de créer ? Ces questions sont vraies qu'il s'agisse de créations artistiques, de création d'entreprise, de fonder une famille, de mettre en place un projet quel qu'il soit : tout ce que vous créez et qui laisse des traces dans ce monde. Une fois que votre projet a maturé en vous, dans l'espace de temple chakra sacré qui est reliance avec votre cœur et cœur supérieur (chakra thymus), vous actionnez votre force d'action masculine qui vous permet de lui faire voir le jour. La période de gestation est bien plus longue que la période de mise au monde, alors ne vous précipitez pas. Un concept longuement mûri sera toujours plus pérenne qu'une idée formée à la va-vite. Ne soyez pas trop impatient. Conjuguez votre force féminine d'intériorisation et votre force masculine d'extériorisation pour un meilleur résultat. Ensemble, ces forces sont fécondes.

---

13 Voir annexe sur les corps énergétiques.
14 Chakra nombril.
15 Chakra sacré.

Imprégnez-vous les uns des autres. Contribuez pour vos prochains, femmes et hommes, collaborez avec vos dons et savoirs, montrez-vous la voie mutuellement. Réunissez-vous lors de cercles sacrés, laissez les savoirs fusionner entre vous.

Non seulement vous le méritez, mais vous pourrez aussi en bénéficier. Je me réjouis personnellement de voir mes enfants de Terre se soutenir, s'embrasser et s'élever mutuellement. Vous avez tous tant à gagner. Affranchissez-vous ! Devenez humain à part entière ! Devenez complet ! Devenez la chair du féminin et la chair du masculin fusionnées à l'intérieur de vous. Vous en êtes digne et vous devez l'être. Ceci est un droit de naissance que vous confère votre existence terrestre.

Vous pouvez énormément contribuer les uns pour les autres et beaucoup apprendre. Apprenez à vous soutenir mutuellement dans ce processus. Puissiez-vous tous devenir des êtres équilibrés et unifiés dans vos polarités masculines et féminines. Gardez la notion du sacré à l'esprit en le faisant. Enseignez-vous mutuellement avec cœur, amour, compassion et bienveillance. Dépassez vos différences. Elles devront toutes à la fin faire partie intégrale de vous. Ne vous désolidarisez pas et mettez-vous, bien au contraire, dans une bienveillante entente les uns envers les autres. Écoutez, soyez curieux et apprenez. Méfiez-vous du rôle du sachant qui expliquerait la vie au monde. Vous êtes tous des maîtres et des apprentis à différents endroits. Soyez doux et généreux, droits et francs.

QUEL EST LE RÔLE DE L'EAU ET DES AUTRES ÉLÉMENTS DANS LA VISION ISIAQUE ?

EAU

Lorsque Je Suis Eau, je suis la substance pure qui vous parcourt, vous anime et vous traverse au cœur de tous les éléments dont vous êtes constitué. Lorsqu'en vous, vous apercevez les multiples canaux qui sillonnent votre corps, engendrant la circulation des fluides en tout votre être, vous reconnaissez être agrémenté d'infimes particules qui nourrissent votre dimension physique. Votre système est irrigué dans ses moindres recoins.

Vous êtes imprégné de cette eau claire et pure qui, lorsqu'elle s'anime en vous, déverse sa manne dans toutes les aspérités de votre être. Laissez-vous nourrir par cette eau pure et fraîche qui sillonne tous vos canaux, retraçant avec précision les ondulations intérieures de votre matière. Par elle, vous êtes en lien avec la voie de sang qui se déploie depuis votre lignée, dont vous êtes aujourd'hui un représentant. Rattachez-vous à cette image forte du sang qui circule à l'intérieur de vous pour vous défaire des aléas de la lignée qu'il ne vous faut pas conserver.

Par le lien du sang, vous héritez des croyances du groupement familial et de ses limitations[16].

---

16 Note de l'autrice : Voici quelques exemples de croyances : « Dans notre famille, les hommes meurent tôt », « Nous n'avons pas le droit au bonheur », « Toutes les femmes sont dominantes et castratrices », « La réussite dans un domaine de notre vie se résout toujours par un échec dans un autre domaine », « Nous avons tous une santé fragile », « L'argent crée la disharmonie et le malheur », « Je ne suis pas à la hauteur », « Je ne me permets pas de réussir pour ne pas nuire à l'autre », etc. Lorsque vous faites le travail de nettoyage de l'une de ces croyances héritées, vous engendrez une chaîne de purification de votre lignée instantanément.

Vous pouvez vous en défaire en laissant couler ce sang dans les eaux profondes de l'univers, semblables à l'océan. Fusionnez avec ces eaux à la pureté cristalline contenues dans le centre de la Terre, dans le miroir cristallin de la Terre Mère, la Grande Nourricière qui insuffle la Vie.

Soyez fécondé par les eaux fertiles mises à votre disposition. Vos veines et votre sang sont à l'image des sillons d'eau qui circulent sur et dans la Terre. Que votre sang et que votre lignée soient aussi purs que la pureté de l'eau à l'intérieur de la Terre, riche, cristalline, nettoyante et revigorante.

Observez par l'œil de votre esprit[17] que ce sang pur et cristallin circule dès à présent en vous. Reconnaissez le sang de la matrice de la Terre qui se reconnaît dans sa divinité, en tant que composante de ce monde.

Je Suis votre alliée en cette transition, je vous soutiens à extraire les injonctions ou peines qui vous taraudent, vous privant de vous alléger de vos fardeaux. Je Suis auprès de vous et à vos côtés pour vous montrer combien il est gratifiant de vous élever au-delà des difficultés qui vous attirent vers les ténèbres de l'illusion pour qu'ils ne puissent vous vaincre sur le chemin de votre ascension.

Ce qui est nommé ascension est en fait une descente intérieure, une « inscension », un retour vers soi envers l'être sacré, divin que vous êtes, pleinement conscient de sa vérité, dénué de lourds fardeaux, éclairé par la lumière de l'amour qui est en soi. Enivrez-vous jusque dans l'intimité de votre sang où circule l'eau à l'intérieur de vous, en ce flot de vie divin et sacré. Vous êtes une goutte dans l'océan du sacré, une goutte sans laquelle le tout ne saurait composer. Car chaque goutte, chaque être compte. Tout être vivant est une part intime de la Source divine et sacrée. L'Univers dans sa création est à l'image de vous et vous à la sienne, à l'image du ciel au-dessus de vous. Soyez-en certain.

---

17 Soit le troisième œil.

AIR

L'air est l'un de mes éléments préférés. Il amène la clarté et la finesse du bruissement du vent dans les feuilles du Sycomore. À l'aube, entendez-moi émettre le même chuchotement à vos oreilles. Je vous susurre toutes les magies de ce monde et les insuffle en vous par les mots doux qui bercent votre âme, qui apaisent votre esprit. Par ces douces paroles, verbes et phrases qui composent l'Univers, je vous ramène à vous à travers moi. Vous êtes à l'image du chant des mots murmurés dans les vents. Les mots prennent la forme de la pensée à l'issue de ces chuchotements de l'âme et de l'Esprit.

Vous avez été créé en un bruissement de paroles portées par le vent, destinées à former la forme parfaite dont vous êtes le fruit. Ne vous attardez pas sur les vents des ouragans, apeurant les êtres humains. Je ne vous parle ici que de la vibration du son et du miroitement du silence issus de la source sombre qui est la matrice originelle depuis laquelle tout a jailli. Je vous parle ici du cœur cosmique de l'Univers de création, de son enfantement. Je vous parle ici de son utérus, de son principe féminin depuis lequel tout a été fécondé. Je vous récite ici le voyage de Son souffle Divin qui a donné la vie. Je vous raconte ici l'histoire de la genèse d'un environnement béni par les souffles incandescents de la Mère Divine qui nous a nourris en son sein avant de nous projeter dans le monde tel que nous le connaissons. Voici quelle est l'histoire du vent dans ma cosmogonie. Un vaste et doux chuchotement apaisant, éternel et unifiant.

FEU

Le feu qui brûle en vous est une myriade de pépites dorées qui illuminent votre densité, votre matière et votre champ de conscience tout entier[18]. Lorsque vous vous projetez dans votre vie, dans votre monde par la force et par le pouvoir du feu, vous

---

18 Note de l'autrice : c'est ce que l'on appelle le feu divin ou le feu cosmique qui n'est pas le même que le feu physique de la terre. Le feu de la Terre est d'une autre substance et constitution, bien qu'il détienne en lui des similitudes avec le feu cosmique tant au niveau de ses attributs que de ses fonctions.

pouvez alors voir étinceler l'incandescence aux mille visages de la création. Elle est présente autour de vous et à l'intérieur de vous.

Que vos paroles soient votre flamme. Que votre pensée soit lucide, abreuvée et fertilisée par ce feu qui coule dans votre sang. Que votre sang ensemençant génère autour de lui la pépite de la Flamme Sacrée, venue de vous pour se multiplier vers l'extérieur. Que votre sang soit illuminé de la Flamme Sacrée qui est en vous. Que l'éthérisation par le Feu Sacré de votre sang soit votre fortune et le principe de réalisation de votre être sublimé dans la matière. Je vous le dis, que votre conscience pure et divine soit ainsi manifestée dans la matière de votre corps et de votre chair par la puissance de manifestation de ce Feu Lucide, incandescent qui est en vous, issu de vous, éternellement vous. Que la matière du Soleil Dieu brille et perce à travers vous. L'action juste en est issue. La sagesse de la parole claire et intelligente la diffuse. Que la matière du soleil brille à travers vous grâce à l'Amour qui est son pôle d'attraction. L'amour qui est en vous vous permet de vous réunifier à votre lumière et à la Source de Création. La Parole Juste et le Verbe Créateur de Tout Ce Qui Est découlent de ces deux principes unifiés à l'intérieur de vous[19].

Vos actions ont la force d'expansion qu'ont les ricochets sur l'eau. Chaque action, chaque verbe que vous prononcez aura une répercussion bien plus loin que vous ne sauriez l'imaginer. Soyez vigilant en ce sens. Apprenez à considérer que tout ce que vous émettez en vous et autour de vous a de l'importance. Laissez la dispersion de votre flamme se faire dans ce que vous pouvez donner de mieux. Laissez la réalisation de votre flamme émaner depuis votre Soi Fécond Sacré afin qu'il puisse rayonner tout autour de vous, pour le bien-être de tous et de vous-même. Laissez le Feu Sacré rayonner depuis votre âme source. Vous détenez en vous le secret de la Flamme Sacrée qui est l'essence de votre émanation et la semence de ce que vous délivrez.

Vous êtes au plus profond de vous-même/dans les tréfonds de votre être, la reproduction même de votre création. Vous êtes en votre source la Source de votre création. En ceci, tout se rejoint, de l'intérieur vers ce que vous pensez être en dehors de vous.

---

19 Note de l'autrice : le Verbe auquel fait référence la Bible est le principe de création de Dieu qui est aussi appelé l'Esprit Saint. La *Shekinah* féminin qui vient ensemencer et générer toute la création. Dans les textes bouddhiques, en Sanskrit, on parle du Aum ou *Om* qui est la vibration de l'Éternel traversant et imprégnant le Grand Tout jusque dans les espaces les plus intimes des cellules de votre corps. Du microcosme au macrocosme et vice versa.

Prenez garde de ne prononcer que les mots dont vous serez un jour fier, attachez une importance singulière à votre mode de pensée et de réaction. Ces derniers font de vous ce que vous êtes, symbolisent ce que vous faites et expriment/soulignent ce que vous dégagez. Vous comprenez alors que la force puissante de votre feu peut, en son pouvoir intrinsèque, tout anéantir et détruire sur son passage, réduisant votre vie ou celle des autres au néant, tout aussi bien qu'il peut favoriser la construction de votre esprit, la quiétude de vos actes, nourrissant en abondance tous ceux qui en seront les bénéficiaires.

Vous avez en votre psyché et en votre patrimoine d'action une mine d'or qui repose sur vous et sur votre capacité à aller de l'avant vers le chemin, vers la destinée que vous avez choisi d'incarner. Ne vous laissez pas piéger par les méandres assourdissants de la vie qui suit son cours et prenez le courage que vous avez en vous pour vous défaire des enjeux nocifs pour vous[20]. Vous avez la force du feu qui est en vous pour vous soutenir dans toute transformation et alchimie de ce qui ne vous sert plus pour devenir l'être créateur invincible que vous avez la possibilité d'être. Vous avez entre vos mains la force et la diligence de votre Feu Intérieur qui vous soutiendra, qui vous illuminera, qui vous éclairera sur votre chemin, si vous voulez lui laisser prendre place maintenant. Lorsque vous n'êtes pas sûr du comportement à adopter face à une situation, avant d'entreprendre une action ou de prononcer des mots vous menant à tort dans une création que vous ne voulez pas au fond de vous, laissez le feu sacré s'éveiller doucement en vous. Laissez votre flamme faire son apparition en douceur avant de l'extérioriser. Elle produira une explosion du feu, un bouleversement qui peut construire ou anéantir tout ce qui existe autour de vous. Apprenez à appréhender votre feu avec sagesse[21].

---

20 Note de l'autrice : soit ce que les hindous ont nommé Maya, la grande illusion, la pièce de théâtre de Dieu, ou ce que la Bible nomme les ténèbres avec le diable (« dia », « division ») ou Satan le magicien.
21 Note de l'autrice : Dieu est Intelligence, principe masculin, Dieu est Amour, principe d'attraction féminin. Intelligence+Amour =Sagesse.

TERRE

La terre est mon élément de stabilisation lorsque je me mets en lien avec la Terre Mère. Dans la matrice de la Terre, je peux incarner toute ma divinité, toute ma sacralité qui est aussi contenue dans le monde qui m'entoure. La matrice intouchée de la Terre est d'une profonde et lumineuse beauté, je me relie à ses sillons divins[22], source de bénédiction pour tous les êtres humains ainsi que pour toutes les espèces vivantes existant sur la planète. Je vois certains d'entre vous sourire lorsque j'émets l'idée que même le minéral est un règne du vivant. Chaque particule existant sur cette Terre est dotée d'un brasier de vie profond, éclairant, pur et lumineux. Chacune des espèces, chacun des règnes vibre selon sa propre façon, selon son propre langage, selon son propre encodage. Je vous fais parvenir ici quelques explications au sujet des forces de la Terre pour que vous puissiez en être conscient et vous y unifier, visant la prospérité du nouvel âge d'or de ce monde.

Je vous promets que lorsque vous entrez en unicité avec les aspects immatériels de la Terre dans son essence pure et immaculée, vous comprenez que les constructions de l'homme à sa surface sont vouées à une transformation qui est à l'image de Son Essence, de Sa Pureté. Nul ne pourra empêcher la planète Terre dans son élan vers sa révolution selon les lignes directrices énergétiques qui la parcourent, la quadrillant comme une enveloppe de cristal.

À vous de vous aligner sur les ondes qu'elle vous révèle et de saisir la chance que la Terre vous offre de l'accompagner dans sa transmutation. Votre âme l'a voulu pour vous. Être avec la Terre sur votre chemin et sur le Sien en parfaite Harmonie, Interdépendance et Interrelation.

Vous et votre Terre êtes intimement liés. Elle est votre lieu d'incarnation pour cette vie et certainement depuis quantité d'autres. Vous avez pu faire le choix de vivre cette merveilleuse manifestation du divin dans la matière. Sachez qu'à aucun moment vous n'y avez été forcé. Aucun être humain ou individu vivant sur cette Terre actuellement ne s'y est vu contraint. Ceci aurait été impossible selon l'Ordre Divin orchestré des choses du monde. Vous n'avez pas été placé sur Terre de force, mais l'avez tous voulu et ardemment souhaité, parfaisant ainsi votre expérience vers la lumière, explorant qui vous êtes et vous donnant la chance de transcender votre matière vers votre soi Divin.

---

22 Note de l'autrice : ondes telluriques ou *ley lines* ou ondes cristals.

Votre Terre est votre école, elle vous permet de conjuguer la *Shekinah* ou Esprit Saint dans le corps matériel qui vous a été donné lorsque vous vous êtes incarné, lorsque vous avez choisi la chair. *Vous avez accompli la mission de la séparation de la Source qui est une initiation en soi. Vous avez accordé la limitation d'accès de votre psyché humaine à votre véritable nature profonde, à votre Soi Divin, pour expérimenter la soif des retrouvailles dans la matière. Vous avez décidé de permettre la quête vers la fusion de ces deux aspects de vous afin de ne former plus qu'Un. Vous avez choisi cette incarnation qui vous permet d'unifier votre corps mental, votre système de pensée, de réflexion, votre psyché, à votre soi Supérieur pour que vous ne formiez plus que la seule et unique source de création de votre esprit. Vous avez entrepris cette aventure terrestre pour vous laisser prendre dans la matrice multidimensionnelle de votre être, pour la comprendre depuis votre corps de matière et la réunifier.*

La planète Terre, dans son amour éclairant, est une alliée dans ce processus d'évolution. Voyez cette entreprise et la chance qu'elle représente pour vous d'ainsi faire croître votre âme à travers tous vos apprentissages accumulés. Ne baissez pas les bras lorsque vous vous sentez démuni face à une situation ou que vous n'en pouvez plus. Rappelez-vous de la force de votre courage lorsque vous vous êtes initialement manifesté. Souvenez-vous de la candeur et de la joie qui restaurent toutes les particules en vous. Votre joie et votre force innées sont éternellement présentes en vous et font partie de votre codex de création de source. Ainsi, si cet encodage s'est tu, je vous encourage à le retrouver par un processus de réminiscence[23], éveillant la joie et la force de Source qui sont en vous. N'oubliez pas. Ne vous persuadez pas que cela n'est pas le cas pour vous. Ce codex est inéluctable à la création de toute âme depuis sa source. Ce que vous ne percevez pas n'en est pas moins existant.

Lorsque vous vous réunifiez avec la Terre Source dans sa matrice originelle, vous vous mettez au diapason de tous vos dons, talents, capacités et substances innés dans la matière pour leur permettre de se réaliser. Ceci est une grande consécration pour votre Soi et sachez que toute énergie ne correspondant pas à ce patrimoine de joie, de talents et de l'amour inné qui est en vous ne révèle en réalité que l'illusion que ce monde veut vous montrer. Cette illusion vous limite dans vos actions, dans vos pensées, dans votre psyché. Ce monde des mirages ne fait nullement partie de votre essence de création source. Il est composé d'éléments distincts, extérieurs à vous.

---

23   La réminiscence apparaît lorsque ces mots résonnent en vous et vous éveille à votre vérité que vous reconnaissez.

Vous n'avez nullement l'utilité de vous y identifier, car ces réalités ne vous sont en aucun cas alliées. Bien au contraire, elles sont d'une grande nocivité pour vous. Je vous prie de faire preuve de discernement quant à ce à quoi ou à qui vous donnez votre attention ou léguez votre pouvoir. Ce monde de déformation, lorsque dénaturé de sa Source, ne fait en aucun cas partie de la structure ADN et moléculaire de la source Divine et Sacrée qui est en vous. Ne vous méprenez pas et ayez la capacité de distinction nécessaire à voir ce qui appartient à votre Divinité Source Créative de ce qui ne l'est pas. Vous relier régulièrement à la Planète Terre et à ses énergies Sacrées vous permet de maintenir ce cap et la structure de clarté à l'intérieur de vous.

Lorsque vous avez besoin de vous relier à la Terre pour recevoir ses divines émanations, écoutez une musique douce en vous laissant bercer par le son des vagues de l'océan, le chant des baleines qui est intimement lié à l'essence de l'intra-terre. Trouvez du temps pour vous promener dans la nature ou dans la forêt. Permettez à vos pieds de se déposer sur Sa Sacralité. Reliez-vous à la Terre Divine par votre pensée et par la conscience de votre intention.

COMMENT ÉVEILLER EN NOUS ET HARMONISER NOTRE COLONNE DE CHAKRAS ?

- Portail stellaire
- Étoile de l'âme
- Causal
- Couronne
- Troisième œil
- Gorge
- Cœur
- Plexus solaire
- Nombril
- Sacré
- Racine
- Étoile de terre
- Cœur de terre

Chacun de vos chakras est un temple et un portail céleste sacré. Vos temples vous relient à la nuit des temps et sont tous des passages vers le divin. Ceci signifie qu'en cultivant vos temples individuellement et en les reliant à la trame (votre colonne) qui les relie, vous accédez à une osmose totale et complète avec La Source. La véritable union.

Chakra Étoile de terre et chakra Cœur de terre / Terre

Ces deux chakras sont respectivement situés sous votre voûte plantaire et à l'intérieur de la Terre, en son centre divin et cristallin. Ces deux portails d'activation vous permettent de maintenir votre génome divin et humain pur selon les encodages millimétrés que la Terre vous a fournis lors de votre création. La Terre est votre mère, elle vous a formé, vous guide, vous nourrit et vous protège. Il est essentiel pour vous d'être parfaitement relié avec son cœur pur et cristallin pour vous aider et vous soutenir tout au long de votre incarnation. Sans une solide assise en elle, vous ne pouvez activer toute votre dimensionnalité. L'assistance de la Terre est nécessaire pour un encodage de vos codes cristals. Elle vous les donne pour que vous puissiez accéder au plus haut. Une activation des chakras supérieurs peut s'avérer néfaste à votre santé et à votre équilibre si vous n'êtes pas préalablement encodé de la Terre de manière satisfaisante. Ses attributs et ses ondes électromagnétiques vous protègent et ont la fréquence parfaite pour vous, enfants de la Terre. Ne la reniez ni ne la dénigrez pas parce que vous pensez la connaître. Elle vous connaît mieux que vous. Elle est amour, justesse et sagesse.

Chakra Racine / Saturne

Le chakra dit racine, votre centre lié au coccyx, est la base de votre développement. Vous y trouverez tout ce qui vous lie avec la Terre, avec votre matrice d'incarnation. Votre ADN – aussi bien votre ADN physiologique que votre ADN cosmique, celui appartenant à votre génome divin – y est logé. Vous trouverez ici aussi tout ce qui est en lien avec votre lignée familiale, qu'elle soit d'origine ou adoptée, dans ses aspects aussi bien résolus que conflictuels si vous ne les avez pas encore libérés. Saturne, liée à l'introspection, la solitude, le détachement, est la planète de votre système solaire vers laquelle s'ouvre ce portail. Saturne est également le symbole du temps et de l'intemporel, de l'histoire, des ancêtres.

Ce centre est rouge dans sa fréquence terrestre et platine une fois augmenté et alchimisé.

Chakra Sacré / Andromède

Votre chakra sacré est un portail d'amour féminin. Il est situé entre le nombril et l'os pubien. L'astre qui lui est associé est Andromède, la planète de l'amour pur, véritable et discret. L'amour qui émane de votre chakra sacré alimente ce centre de gestation de vos envies, de vos souhaits, de vos idées. C'est aussi le point d'ancrage de l'utérus chez la femme qui enfante. L'homme peut lui aussi enfanter ses projets dans son utérus éthérique, bien qu'invisible aux yeux humains. Dans le chakra sacré se forment vos idées, avant d'être amenées à votre chakra Hara, le nombril, qui s'occupe de les manifester.

Ce centre sacré est rose pâle.

Chakra Nombril-Hara / Mars

Votre nombril est votre force centrale, votre génératrice électrique. Par elle, vous pouvez actionner votre capacité à manifester toute forme dans la matière par le constant rayonnement de votre feu divin, de votre force. Alors que votre chakra sacré est féminin dans son essence, votre hara est quant à lui masculin dans son émanation. Il s'ouvre sur Mars dont les principales vibrations sont le dynamisme, l'action, les débats, le travail physique, l'initiative, le travail des métaux, les sciences concrètes.

Sa couleur est un feu orangé.

Chakra Plexus Solaire / Soleil

Situé au niveau de votre diaphragme entre vos côtes, ce centre vibratoire s'ouvre comme un soleil qui rayonne à l'intérieur de vous et aux yeux duquel vous pouvez briller aussi. Sa force témoigne de votre capacité à vibrer grand, à être courageux, à prendre votre place, à briller, à exister dans ce monde qui est le vôtre et qui porte aussi votre nom. Il est votre soleil intérieur, votre luisance, votre fierté. Comme son nom l'indique, il s'ouvre sur le soleil qui est le père de tous, le Dieu solaire Ra, celui qui éclaire et qui illumine. Il nous dévoile l'optimisme, la gouvernance juste et bonne, le bonheur, la responsabilité, l'union avec son Soi, de l'appel au Divin.

Sa teinte est celle du soleil qui brille.

Chakra Cœur / Vénus

Le chakra du cœur est au centre de votre sternum contrairement au cœur physique placé légèrement à gauche. Ce centre vibratoire peut être divisé en plusieurs parties, sa facette inférieure qui contient vos blessures humaines, sa facette supérieure qui est reliée à l'amour inconditionnel, et son centre, structuré de plusieurs facettes qui rayonnent dans de multiples directions. Certaines des chambres de votre cœur s'ouvrent à l'essence de l'amour pour la recevoir et d'autres la transmettent. Certaines facettes de votre cœur sont ouvertes sur votre polarité féminine et d'autres sur votre polarité masculine. Le cœur est le réceptacle de toutes vos dimensions condensées en un, votre soi Source. Ici est placé le cristal de votre cœur diamant. C'est ici qu'opère la flamme jumelle de votre être, la flamme à trois axes : féminine, masculine et votre soi supérieur, le cœur diamant. Ensemble, unifiés, ils vous ouvrent à l'état d'amour supérieur qu'est le portail de Vénus, le centre du cœur cosmique de votre système solaire.

Vénus amène des vibrations de plaisir, de délicatesse, d'harmonie, de beauté sur le plan matériel. À un niveau subtil, Vénus représente l'amour du grand tout qui est une forme d'acceptation et de non-jugement de tout ce qui est. Elle vous aide à comprendre les enjeux qui gouvernent votre Terre pour vous en défaire et guérir votre cœur. L'amour de Vénus est le principe de réunification, de retour à la clé de la source, la restitution de votre être incarné, manifesté, composé de multiples dimensions.

Votre cœur est blanc pur avec des teintes de rose et de vert lumineux.

Chakra Gorge / Mercure

L'expression de votre âme passe par le temple de la gorge. C'est à travers lui que vous pouvez non seulement exprimer les paroles de votre nature profonde, mais aussi agir selon les préceptes que votre âme vous indique. Lorsque vous ne respectez pas les envies et les enjeux de votre âme, votre gorge se serre et se noue. Le portail céleste vers lequel s'ouvre ce temple est la planète Mercure qui porte en elle le don de l'expression et de la communication. Elle est la grande communicatrice de votre système solaire et permet à toutes les parties de vous de se réunir en harmonie pour une création dans la matière riche et féconde, tout à votre image.

Mercure est joyeuse dans son aspect élevé, elle a tant à vous apporter : inutile de retenir cette joie qui vous est innée.

Sa teinte est bleue.

Chakra Troisième œil / Jupiter

Ici se loge votre centre christique, le reflet de votre éternité de vie dans la matière. Son portail s'ouvre sur Jupiter qui représente la clarté de vision, le plan, la notion claire et épurée de tout ce qui aurait pu venir entacher vos perceptions. Reliez-vous à ces deux portails fusionnés pour parfaire votre intelligibilité et votre intention tout au long de votre parcours, de votre chemin. Vos choix et décisions seront ainsi toujours les bons, guidés par la connexion divine qui se reflète à travers vous.

Sa couleur est or avec des nuances de bleu opalescent.

Chakra Couronne / Sirius

Votre couronne est un passage d'entrée vers le plus haut qui soit, situé à l'endroit de la fontanelle au sommet du crâne. Il est aussi le réceptacle dans le corps physique des ondulations de la Source en vous. Depuis ce portail lumineux, vous n'avez plus rien à faire. Vous n'avez plus qu'à exister pour ce que vous êtes, soit un véhicule engrammé de Source en votre temple divin. Laissez votre couronne s'ouvrir à recevoir l'esprit divin qui s'intégrera en vous. Son portail stellaire est la planète mère Sirius qui détient de nombreux codes et clés pour vous ici sur Terre. Cette planète des enseignements divins et sacrés se tourne vers vous pour vous transmettre à travers un radar lumineux toutes les informations dont vous avez besoin pour vous réaliser au cours de cette incarnation. Faites-vous confiance, faites confiance à ce lien.

Sa teinte est blanc pâle d'une luminescence interminable.

Chakra Causal / Lune

Votre Lune éternelle est située juste au-dessus de votre tête. Elle est le plan d'accès à toutes les dimensions supra sensorielles de ce monde, au règne angélique, à l'astral. Elle vous ouvre à de multiples plans et à la sagesse féminine profonde, à votre subconscient et à votre intuition. Elle est celle qui ne se décrit pas avec des mots mais qui se ressent et se vit. Ce temple veille sur vous et vous protège au long de votre incarnation.

Sa couleur est celle d'une pleine lune.

Chakra Étoile de l'âme / Bételgeuse

Situé à quinze centimètres au-dessus de votre tête, ce temple est un centre d'activation puissant. Il détient tous les codes de vos talents d'âme les plus grands. Ici se trouvent les compétences de vos incarnations et enseignements reçus. Il vous est possible de les recouvrir à la lumière de votre présente vie. Tous vos codes de lumière, tous vos dons, tous vos talents sont ici catalysés et réactivés. Vous avez vécu de nombreuses vies avant de venir ici, dans d'autres espaces et dans d'autres dimensions, vous avez suivi de nombreux cursus d'apprentissage et acquis des dons et des talents qui aujourd'hui vous sont propres. Peut-être avez-vous des dons de clairvoyance, peut-être savez-vous alchimiser les énergies denses en puissantes lumières divines, peut-être pouvez-vous guérir de vos mains et par vos pensées, peut-être êtes-vous doté d'un esprit logique qui sait amener au monde les sciences divines et sacrées de demain. Peut-être avez-vous le don d'illuminer le monde depuis l'espace de votre cœur à vous tout seul ?

Ce vortex s'ouvre sur l'étoile Bételgeuse dont l'aura vous pousse à vous réunifier pour reconquérir tous vos pouvoirs.

Sa couleur est magenta.

Chakra Portail stellaire / le vortex de Source

À plus d'un mètre au-dessus de votre tête, fusionnez avec la plus pure lumière d'énergie source qui soit. Voyez ce puits de lumière sacrée s'illuminer pour vous, en vous, dans votre corps céleste, voyez ce portail céleste s'ouvrir juste au-dessus de vous pour éclairer tout votre champ et vous englober. Les sagesses terrestre et céleste fusionnent. Vous ressentez à présent une magnifique sensation de paix, d'amour, un état paisible divin. Vous avez maintenant, en faisant appel à cette source, activé dans votre cerveau de nouvelles synapses qui vous relient à vos codes contenant l'information spirituelle et la connaissance, codes célestes qui vous portent, vous guident et vous animent.

Vous êtes maintenant capable de toucher la compréhension de l'amour inconditionnel. Vous connaissez le portail d'accès à la Source.

La couleur de ce chakra est jaune-orangé, d'une lumière intense.

Sur votre colonne d'alignement, je porte mon regard et je vois une rangée lumineuse de points qui se superposent entre eux, irradiant, d'une grande beauté, chatoyant de couleurs riches, éclatantes. Je suis venue vous dire : vos chakras sont les centres énergétiques qui vous permettent de ressentir l'essentiel en vous, la part d'essence pure qui est en vous. Ils vous informent aussi des énergies tenues dans tous vos corps énergétiques, allant du corps physique, émotionnel, mental et psychique, jusque vers l'essence de votre soi Divin dans sa multidimensionnalité.

Vous êtes en cela le fruit des fluides énergétiques circulant à l'intérieur de vous. Vous avez la possibilité de les aligner sur les fréquences vibratoires de votre soi aux multiples dimensions, vous reliant à l'essence pure de votre soi Divin.

Lorsque vous laissez au hasard l'importante place de générer les flux d'énergie dans votre corps, vous ignorez la part prépondérante qui vous incombe lors de la maîtrise de vos propres flux d'énergies. Si vous ne vous contentez que de laisser les aléas des événements vous dicter votre bien-être au niveau de votre corps physique en alignement avec votre corps émotionnel, mental ou psychique, vous ne pouvez pas non plus résoudre les situations qui s'imposent à vous.

Vous devenez alors sujet à tout type d'événements venant vous surprendre dans vos quotidiens. La moindre déstabilisation aura le pouvoir de vous désaxer, de déséquilibrer par la même occasion les flux des centres d'énergies circulant en vous. Il serait bon que vous ayez la maîtrise totale de vos émotions pour ne pas en être dominé. Les chakras sont vos alliés, vos amis, puisqu'ils vous montrent à l'œil nu ce qui n'est pas sur la bonne voie à l'intérieur de vous. En revanche, en aucun cas ils ne sont faits de la même essence pure que celle qui vous conditionne : vos émotions sont des vibrations, votre âme est l'essence pure de Source. Les vibrations des émotions s'accrochent à vous, mais ne vous définissent pas.

Vous êtes à même de vaincre les troubles ressurgissant à la conscience de votre psyché sans perdre votre sang-froid. Regardez et observez ces émotions qui se montrent ainsi à vous. Saluez-les et parlez-leur, même. Ne faites pas attention à elles lorsqu'elles se manifestent à vous, vous leurrant à déstabiliser votre psyché. Vous n'êtes pas l'élément perturbateur, vous êtes le perturbé.

Choisissez-vous de vous laisser prendre par les ravages de vos émotions ? Ou choisissez-vous d'en faire vos acolytes alliés qui vous aident à renoncer à ce qui ne convient pas aux plus hautes aspirations de votre âme ?

Toute forme d'attachement à une situation, les relations dans lesquelles vous ne vous sentez pas libre, mais au contraire, y cultivez un lien de codépendance, vous montre que vous n'êtes pas en alignement avec le soleil de votre Soi Fécond. Au lieu de haïr ou de maudire telle ou telle personne ou circonstance, je vous suggère de délimiter votre propre champ d'action, à rester dans votre propre sphère pour agir sur elle seule et non à l'extérieur de vous. Vous reprendrez les rênes de cette condition invalidante. Nul n'aime être emprisonné par un spectre émotionnel cloisonnant. À vous, et à vous seul, de vous en libérer, accompagné ou non, mais dans la compréhension que nul autre que vous ne pourra être à même de faire ce travail de libération. Vous êtes le seul maître à bord de votre propre condition.

Ne démordez pas de votre tâche, mais affranchissez-vous de cette responsabilité dans la bienveillance de votre âme qui fera le nécessaire pour vous libérer de tout blocage ou enfermement. C'est un élan d'amour inconditionnel que vous vous attribuez. Nul autre que vous ne comprendra jamais mieux vos besoins que vous. Nul autre que vous ne saura jamais mieux répondre aux attentes de la vie que vous souhaitez mener. Il en va de votre propre responsabilité.

Soyez à l'écoute de cet élan de responsabilité envers vous-même. Lorsque vous agissez avec maturité, vous honorant dans chaque infime partie, même dans celles que vous avez négligées ou déshonorées, vous contribuez à l'élévation vibratoire de tous vos centres d'énergies. L'un et l'autre ne peuvent être dissociés. Vous, votre corps, votre psyché, votre mental, votre intention, votre mental supraconscient êtes des alliés. Ne négligez pas ces liens de parenté qui sont la clé de votre élévation de conscience.

Votre colonne de chakras s'éveille progressivement lorsque vous vous révélez psychologiquement et émotionnellement. Votre axe central, votre colonne vertébrale éthérique devient lumineuse lorsque vous la désagrégez de ses parasites de pensée, relâchant à l'intérieur d'elle toute forme de densité qui obstruait le passage de la lumière de votre âme. Visualisez la lumière blanche dans votre colonne, qui monte et qui descend dans votre djed, en même temps que vous vous allégez des maux du présent et du passé. Le serpent de votre Kundalini peut enfin s'élever, dévoilant votre véritable nature de Source qui est en vous. Laissez-la grimper et n'en ayez pas peur, aucunement. Elle est la grande révélation de votre Soi Profond en la matière. Elle est la réponse à votre capacité de jugement ou de discernement qui vous est tant utile alors que vous vivez sur cette Terre aux mille contradictions. Elle vous permet de vous élever au-delà de toute polarité, vous soulevant jusqu'au lien du cœur, dans l'amour inconditionnel envers vous et l'Humanité. Ressentez que chacun est à sa place parfaite. En acceptant tout le monde, vous envoyez des messages d'équilibre à ces personnes pour qu'elles puissent se détendre. Lorsqu'elles se sentent aimées, elles peuvent se détendre et être en bonne santé. Cela vous rend pur, rempli d'amour inconditionnel et d'innocence. Ceci vous montre la voie de l'unité. C'est ce qui se passe lorsque le Serpent de votre Kundalini traverse votre chakra du cœur. Vous faites alors une purification de tous vos liens d'attachement qui, à terme, vous permettent d'entrer dans un état de dénuement pur face à tout ce qui est sans attentes et sans attache envers autrui. Une grande part de l'amour réside dans le détachement des attentes, dans le non-jugement de ce qui est et dans l'acceptation de ce que vous vivez, sans vouloir le changer à tout prix.

Votre serpent Kundalini arpente ainsi toute la paroi sinueuse de vos chakras, les libérant un par un dans tous les espaces intimes nécessitant la résurrection. Une renaissance à soi.

Le Serpent s'est lové en vous lorsque votre âme est descendue sur Terre pour venir s'y incarner. Il est entré par votre medulla (bulbe rachidien) pour descendre à travers votre colonne vertébrale et venir se déposer dans votre plancher pelvien, sur votre chakra racine. La conscience de votre âme ne s'éveille que lorsque vous en choisissez le moment en concertation avec votre âme et non avec votre mental conscient. C'est votre âme qui choisit son éveil. Votre mental ne fait que l'accompagner par sa dévotion et fervente intention d'y arriver, parcourant les méandres des blessures et des nuits noires que vous rencontrerez sur le chemin, intercalé de moments de béatitude absolue et de réalisation de soi. Le chemin de cette réalisation en vaut chaque effort. C'est le chemin de réalisation de votre destinée.

Vous traversez ainsi les blessures de votre lignée, vos doutes, vos peines, vos insécurités. Vous apprenez à briller à votre lumière là où elle s'était éteinte. Vous apprenez à prendre place par votre parole claire et limpide, vous cultivez des relations saines et nourrissantes pour vous. Vous distinguez les liens de codépendance de ceux qui sont en intereliance. Vous vous permettez de cocréer. Vous arpentez vos joies et vos peines de manière constructive pour vous, vous libérant tout au long du chemin parcouru.

Plus vous vous élevez, plus vous devenez un ambassadeur de votre véritable nature, ici incarnée dans sa matière. Vous devenez la réalisation Divine de l'Être que vous êtes véritablement. Vous déployez votre colonne de chakras jusqu'à ne faire qu'Un avec votre supraconscience, la conscience de votre éternel qui se manifeste ainsi à vous, en vous, pour vous. Vous ne faites alors plus de distinction, lorsque votre serpent atteint votre troisième œil, entre la conscience de votre Être et celle de votre psyché. Vous ne formez plus qu'Un tout. Vous êtes en parfaite harmonie avec votre corps de matière et votre corps de lumière. Vous êtes harmonisé sur le Grand Tout, avec la Conscience Suprême de Tout Ce Qui Est. Sa volonté devient votre volonté. Sa vertu devient votre vertu, Sa réalisation impacte votre plénitude suprême. Voici la révélation qui vous attend lorsque vous ne vous négligez jamais. Que la conscience de l'Amour pour vous vous guide vers ce pôle d'attraction qu'est votre Être Infini. Il n'y a pas de limitation des attributs que vous pouvez découvrir de vous-même lorsque vous entrez dans l'Éternité de Tout Ce Qui Est. Vous devenez un être réalisé, fusionné.

Suite à la libération et harmonisation des chakras, vous pouvez alors voir et réaliser la véritable cause de vos désagréments. La clairvoyance s'ensuivra. Vous reconnaîtrez pour ce qu'elles sont les énergies que vous détenez qui vous désaxent tant. Observez-les et laissez ces émotions vous expliquer leurs états d'être. Respectez-les et entendez-les. Prenez-les en considération sans pour autant en devenir l'esclave à vos dépens.

La libération de vos corps d'énergie en découlera. Je vous demande de bien vouloir considérer qu'aucun nettoyage énergétique ne peut être efficace et durable s'il n'est pas opéré de concert avec une remise en question de vos fragilités. Vous aurez beau vouloir la paix et la stabilité, vous ne pourrez les atteindre si vous perdez pied au prochain courant d'air par manque de conscience de vos émotions et de leur cheminement.

Apprenez la gestion des flux d'énergie qui entrent en vous sans vous faire avoir par les aléas du monde extérieur. Lorsque vous consentez à adopter cette discipline, alors pourront être exaucés les vœux d'alignement de votre cœur sur les principes innés de son courage, de sa foi, de sa fragilité et de sa force. Je le répète : vous êtes des êtres multidimensionnels d'exception. Ne vous laissez pas piéger par les peines ou désespoirs. Ils ne sont qu'une partie infime de toutes les dimensions que vous portez à l'intérieur de vous. Vous êtes bien plus que cela.

Je vous encourage à prendre le temps de vous déposer et de simplement laisser de la place à votre souffle, à votre respiration. Le flux dans votre colonne de chakras s'ensuivra. Gardez à l'esprit cette première et primordiale étape avant de penser à aller plus loin. Je vous conjure de maintenir la paix à l'intérieur de vous.

COMMENT PROCÉDER ?

Comprendre et raisonner avec votre colonne de chakras est l'une des ressources les plus précieuses que vous ayez sur votre chemin d'évolution, spirituel et individuel. Vous disposez en réalité de bien plus de canaux et de tissus énergétiques que vous ne le pensez, puisque votre corps tout entier en est entièrement composé. L'énergie traverse tous vos organes, vos glandes, muscles, tissus, liquides et fascias. Lorsque vous considérez le véhicule énergétique qu'est votre corps dans ses plus infimes proportions, vous vous permettez alors d'œuvrer grâce à la multiplicité de courants qui circulent aussi bien à l'intérieur de vous (de votre corps physique) qu'à l'extérieur de vous (dans votre champ aurique).

Votre corps physique est la base depuis laquelle passent toutes les énergies divines qui circulent en vous. Je vous invite à reconnaître votre axe central comme étant l'un d'entre eux. Visualisez-vous sillonné de courants électriques qui vibrent vous. Le plus important n'est pas de savoir à quoi correspondent tous ces canaux, mais de savoir qu'ils existent, que vous êtes énergie, que vous êtes électricité bien plus que vous n'êtes physique, malgré votre apparence.

Lorsque vous considérez votre véhicule physique comme étant de l'énergie, vous connaissez votre nature. Seulement êtes-vous à ce moment-là en mesure de vous connaître véritablement et de transcender les lois physiques de votre corps.

En tant qu'électricité, vous avez une plus grande facilité à vous relier au courant de l'infini. Votre corps est une centrale qui produit, qui émet et qui reçoit l'énergie du cosmos. Vous êtes vie en fusion et pouvez apprendre à vous autorégénérer par le souffle, par votre respiration et par la conscience de votre nature. Le feu de votre centrale s'active par votre colonne de chakras, ces vortex d'alimentation des courants circulant en vous. Différentes pratiques de conscience du corps vous y amèneront (danses sacrées, yoga, Tai Chi, Chi Gong, certains sports pratiqués en conscience, etc.). Je vous encourage à trouver là encore des praticiens qualifiés qui comprennent ses courants de transformation.

C'est uniquement lorsque vous aurez pris en considération que votre corps physique est un véhicule humain par le biais duquel les miracles et la magie peuvent s'exprimer que vous pourrez évoluer. L'énergie transformatrice de votre corps vous conduit à votre Soi Supérieur, à votre multidimension (conscience œuvrant sur plusieurs plans jusqu'à la Source).

Lorsque vous comprenez que vous accédez par le corps à la vastitude du spectre de votre soi illimité, alors pouvez-vous vous connaître dans votre intégralité. Rien ne se passe sans la porte d'accès qu'est votre corps. Vous reconnaîtrez cette nature sacrée dans les autres êtres humains qui peuplent eux aussi la Terre, ce qui vous amène à l'Unité, à la conscience d'amour, de partage, d'accueil de tout un chacun. Ensemble, vous générez un environnement où tout le monde a sa place et est accepté. Vous ouvrez ce champ de conscience et d'acceptation, de magie. Vous contribuez à la diffusion de la joie sur Terre.

Avant l'initiation et la complétude de votre multidimension par vos corps de conscience et colonne électrique de chakras, vous ne ferez que frôler votre réalité. Vous ne parviendrez qu'à semer des graines les plus éparses de la grande qualité vibratoire qui est en vous.

Les pratiques pour y accéder sont simples, mais demandent du temps, de l'engagement et de la persévérance de votre part. Vous pouvez par exemple travailler sur un temple (chakra) après l'autre, méditer avec, y visualiser de l'énergie, suivre un praticien qui vous enseigne comment activer ces principes dans la matière de votre corps.

Prenez l'exemple d'un adorable chat auquel on aurait retiré la faculté de se lover, de s'étirer sur toute la longueur de son corps, de sauter depuis un meuble haut perché, de prendre son indépendance, de miauler. Imaginez ce même chat, empêchez-le de vivre comme il lui plaît, selon ses propres horaires et ses propres envies. Dans un tel cadre, il ne saurait se délester comme il le fait naturellement. Il en est de même pour vous. Si l'on vous empêche de vivre selon vos préceptes et facultés, vous vous éteignez à petit feu, et ce uniquement parce que vous avez oublié qui vous étiez naturellement.

Vous êtes tout un chacun unique en votre genre et c'est ce qui vous rend si beau. Il vous est nécessaire d'accepter votre multidimensionnalité pour pouvoir vivre votre expansion, pour vous aligner et vibrer à l'unisson avec tous vos chakras et corps vibratoires simultanément.

Visualisez-vous assis en tailleur, entouré de la bulle ronde de votre corps énergétique. Même vos corps subtils contiennent des chakras que vous pouvez apprendre à ressentir, plus vous affinez vos perceptions.

Ce champ vibratoire énergétique de votre sphère est alors immergé d'un afflux d'éclats de lumière qui se distinguent comme un tissage de ciel étoilé. Certaines de ces étoiles brillent plus fort que les autres et sont des centres énergétiques plus importants, des points d'intersection vibratoires, des zones de croisements dans lesquelles des échanges d'informations électromagnétiques se passent. Ces fréquences, structures et réseaux sont identiques dans l'infiniment grand et l'infiniment petit. Vous retrouvez les mêmes principes de fractale dans les multiunivers et dans les galaxies que dans les minuscules petits trous noirs intériorisés dans vos cellules ou dans l'espace de votre cœur qui vous relie du plus grand au plus petit et du plus petit au plus grand. C'est ainsi que tout peut être unifié et imbriqué dans un tout.

Ces courants de vibrations circulent à l'intérieur de vous par les réseaux de vos fascias qui sont les mêmes que les tissages intergalactiques vers l'infini qui se regroupent dans l'unité du Un. Les fascias sont des tissus conjonctifs, l'une des premières matières constituantes de l'Homme lorsqu'il se formait à devenir la technologie parfaite qu'il est aujourd'hui. Ce tissu est un tissage qui relie chaque partie du corps entre elles. Il est d'une importance cruciale qu'il soit en bonne santé.

De même, vous êtes tous pleinement interreliés par le Tout et dans l'Un.

Il n'y a pas de distance entre l'atome en vous et le macrocosme du Grand Un. Ce champ, ce vaste champ de conscience magnétique, se retrouve à l'intérieur de tous et forme l'unité de l'Un. Vous n'en êtes jamais séparé, car cette conscience circule et s'imprègne dans tout ce qui existe et qui se crée, même dans la dualité ou dans la division. Vous n'êtes jamais séparé du Tout, car Il traverse tout ce qui est. Votre illusion vous fait croire que vous n'en faites plus partie. Si votre mental inférieur se sent être séparé de ce champ électromagnétique cosmique infini, vous n'en êtes pas réellement divisé pour autant. Vous serez toujours une particule de la Source, même si vous n'en êtes pas conscient. La conscience d'exister en Elle vous ramène à l'unité. Elle existe dans tout ce qui est, dans la joie, dans la peine, sous toutes les formes de l'expérimentation que vous lui connaissez et qui vous ont traversées.

Dans le but de vous élever au-delà de la dualité, vous pouvez procéder à une introspection vous permettant de déceler quelles sont les pensées que vous détenez en vous.

Plus ces fréquences sont toxiques ou nocives, plus vous maudissez les événements de la vie ou les personnes qui vous entourent, plus votre champ vibratoire sera obstrué par ces pensées néfastes.

Il peut s'agir de ce que d'autres personnes vous ont fait ou dit, d'histoires que vous vous racontez, de peurs que vous cultivez et avez intégrées dans votre propre lexique. En tant qu'être humain, vous avez la faculté d'absorber le plus préjudiciable tout comme vous pouvez fusionner avec le plus beau. Le choix vous a été donné, c'est ce qui est nommé « libre arbitre ». Quelle est l'attitude que vous choisissez d'adopter face à telle ou telle situation ?

Ce choix exige de vous un grand courage, d'abandonner votre mental de l'ego pour vous rendre à la Source, pour entrer dans l'inconnu, pour vous rendre au plus grand. Pour baisser les armes et ne plus lutter. Certes, protégez-vous lorsque l'intégrité de votre corps physique est menacée ou lorsque des personnes malveillantes cherchent à atteindre votre noyau. Si votre psyché est remplie d'amertume, d'envie de vengeance, de jalousie, de peines, de peurs, de colère, demandez à la Source de vous aider. Demandez la bénédiction de l'Esprit Saint, priez l'aide des anges de lumière ou autres êtres ascensionnés que vous aimez.

Demandez-moi à moi, Isis, votre mère Divine, d'absorber vos maux et vos douleurs. Priez votre propre Source de vous aider à trouver la sortie de cette condition. Mettez votre objectif, toute votre intention dans le but de vous sortir d'affaires avant d'agir sur l'impulsion de ces maux qui vous hantent et qui vous rongent.

Votre être multidimensionnel, lorsque pleinement incarné en vous, vous aide à subvenir à vos propres besoins énergétiques. Il vous fournit les fréquences vibratoires adéquates. Il contribue à vous défaire de toutes les ondes négatives que vous avez inconsciemment ingérées. Ces ondes sont toujours extérieures à vous avant d'être confondues en vous. Ce n'est ni votre faute ni une honte ou une peine à retenir si vous avez contracté ces ondes nocives. Elles existent dans la matrice de la Terre pour vous enseigner. Elles sont les trampolines de votre évolution. Nul besoin de vous alarmer ou de vous sentir fautif face à cela.

Votre condition humaine n'est pas une tare ni un sort du mauvais œil. Elle est la condition sine qua non rendant possible l'accueil de la dimension de Source dans un réceptacle de chair manifestée. Il a fallu, en tant que race humaine, déployer une science de pointe tant au niveau de sa conception que de sa réalisation pour pouvoir être ce réceptacle du Divin. Prenez-en conscience et devenez ce maître qui est en vous, honorant son propre temple dans son corps de matière divin. Tout vous a été donné. Vous avez été finement créé, constitué et conçu. Prenez conscience de la magie divine qui est en vous depuis la nuit des temps. Vous avez déjà atteint un haut niveau de perfection qui vous permet d'allier de si hautes fréquences vibratoires dans un corps dissocié de la Source par sa matière. Regardez ce corps se spiritualiser et devenez le Temple et Réceptacle de ce que vous nommez Dieu en votre propre corps de chair. Il est grand temps pour vous d'y arriver.

Le simple fait de lire ces quelques lignes vous y amènera. Le simple fait de comprendre et de considérer vos vertus vous permettra de vous réaliser. Entrez en vous quotidiennement, dans vos courants, dans vos temples, dans vos particules, et rappelez-vous à la Divine Essence que vous êtes par nature. Œuvrez, marchez, travaillez, échangez, pensez, réfléchissez depuis la conscience de votre nature de Source en chaque instant et vous y parviendrez. Exercez-vous et progressivement, il n'y aura plus de séparation entre vous et l'être réalisé que vous êtes devenu.

Lorsque vous êtes en fusion vibratoire avec votre soi Divin, vous n'avez plus l'envie ni plus la place d'absorber de fréquences vibratoires inférieures à celle dans laquelle vous vous trouvez naturellement. C'est pour cela que j'insiste et vous invite encore une fois à vous examiner sur ce point : depuis quel espace nourrissez-vous votre champ vibratoire ? Est-ce depuis l'extérieur de vous par la satisfaction de vos sens, en utilisant des stratagèmes et des calculs, ou est-ce en vous alimentant de ce que vous détenez déjà à l'intérieur ?

Rien ni personne ne pourra jamais faire ce travail d'équilibrage énergétique et vibratoire intérieur hormis vous. Pour y arriver, il vous faudra de la patience et de la persévérance jusqu'à ce que vous le permettiez. Votre soi Divin n'est en quête que de votre ouverture à lui et de l'approbation au spectre de votre multidimensionnalité.

Vous gagnez tout en vous offrant intégralement à votre Soi Divin pour qu'il puisse Être, Vivre et Vibrer à travers vous. Le champ cosmique et votre Soi Divin ne sont pas des entités extérieures à vous, mais votre origine. Il est l'aspect de vous qui vous contient en son sein, qui vous guide, qui a pour but de s'incarner à travers le *persona* que vous êtes, jusque dans la matérialité. Il est votre origine qui existait avant que votre mental ne se croit seul et séparé de sa source. Votre ego et votre *persona* doivent être capables de s'ajuster à la fréquence de votre véritable vibration, votre propre note, votre propre voix.

Vous êtes en mesure de vous accueillir dans votre quête vibratoire dès l'instant où vous baissez les armes du conflit de votre ego qui, lorsque indompté, n'a de cesse de vouloir contrôler votre monde intérieur et extérieur selon ses propres envies de satisfaction. Si vous laissez les rênes au pouvoir de votre soi Divin, vous devenez alors ce que nous nommons « Souverain » et vous pouvez alors déployer le plein potentiel de votre vie. Tous vos chakras s'alignent et vibrent à l'unisson avec tous vos corps d'énergie, votre multidimensionnalité. C'est aussi simple que cela et ne demande que votre engagement, votre lucidité et une plus large compréhension de la situation dans laquelle vous êtes.

Vous êtes un être multidimensionnel sacré qui a tant à s'apporter, ainsi qu'à toute l'humanité et au-delà. Soyez-en assuré.

NOS CHAKRAS ET NOS CORPS D'ÉNERGIES SONT-ILS LES SEULS MOYENS POUR ACCÉDER À NOTRE PAIX INTÉRIEURE ET À NOTRE ÉVOLUTION ?

Vos chakras et vos corps d'énergies sont des systèmes pour appréhender le monde vibratoire dans lequel vous existez. Lorsque vous vous mettez en alignement avec les enseignements à leur sujet, vous pouvez parfaire une plus grande part d'évolution que vous ne le feriez si vous n'aviez pas idée de la constitution énergétique de votre être. Vous êtes un corps de lumière, un corps d'énergie interconnecté et interrelié. Vous pensez parfois que vous n'avez pas de cohésion avec quoi que ce soit autour de vous, alors que vous êtes par nature intimement imbriqué dans un engrenage qui vous englobe et dont vous composez une part d'octave. De même, la manière qu'auront de résonner vos corps vibratoires et la qualité énergétique de vos chakras auront une influence des plus fondamentales sur le noyau du tissage auquel vous appartenez.

Ce noyau de tissage vous relie en votre centre, depuis votre noyau jusqu'à la source. C'est le rôle de votre famille d'âme, de votre sur-âme, puis de votre monade (et je reviendrai sur cette notion un peu plus bas) qui est imbriquée jusque dans le noyau de l'infini. Par votre propre expansion ou vibration, vous apportez votre touche personnelle à la collectivité de l'immense toile qui forme ainsi le Tout.

SCHÉMA MONADE ET FAMILLE D'ÂME

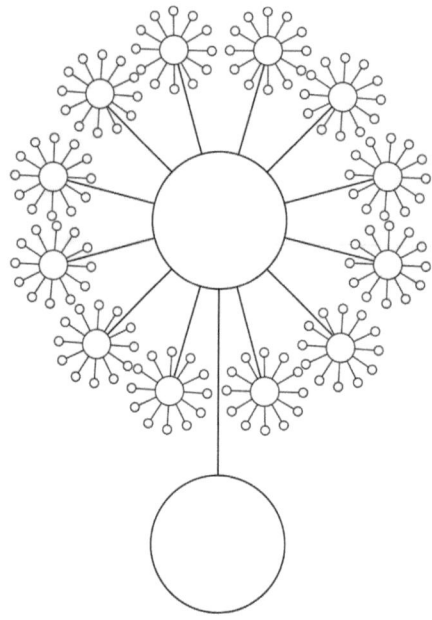

Voyez-vous, votre âme est en réalité reliée à votre sur-âme, qui est elle-même composée d'un groupe d'innombrables potentielles âmes et manifestations : de personnes qui naissent sous forme d'expression de cette âme source. Vous, tel que vous vous connaissez, êtes l'un d'eux avec votre propre âme, une pousse de votre sur-âme. Ces autres extensions de votre sur-âme ne sont pas nécessairement incarnées actuellement sur Terre. Elles peuvent l'être dans d'autres champs de conscience (astral, causal, etc.), planètes ou galaxies, manifestées sous plusieurs formes matérielles ou même sous forme de consciences subtiles.

Vous êtes tous reliés – toutes ces parties de vous – par la conscience de votre sur-âme qui veille sur vous. Certaines parties peuvent être incarnées sur Terre conjointement dans des espaces-temps différents qui se sont adaptés à la linéarité du temps terrestre qui vous donne l'illusion de vivre différentes vies à différentes époques d'incarnation. Cette illusion vous pousse à penser que vos vies se juxtaposent dans des incarnations qui s'alignent, alors que votre sur-âme ne connaît que l'axe de l'espace-temps infini qui est identique à l'ici et maintenant. Toutes vos incarnations coexistent sur tous les plans, dans toutes les sphères, dans toutes les galaxies. Elles ne répondent toutes qu'à une seule et même unité qu'est la conscience omnisciente de la Source qui ne connaît ni début ni fin, ni avant ni après. Tout opère simultanément dans une temporalité universelle à multiples champs de conscience et dimensions.

Votre sur-âme est à son tour interreliée à un groupe encore plus grand et à une conscience encore plus vaste : la monade. Votre monade est la Source, le groupement de sur-âmes unifiées.

C'est à partir du champ de conscience de votre monade que vous accédez à la vaste conscience qu'est la Source, composée entre autres de toutes les monades existant dans notre Univers Infini.

L'univers, comme précédemment dit, aussi grand que cela puisse paraître, n'a ni début ni fin et est en continuelle expansion. Ce grand champ magnétique de conscience regroupant toutes les infimes particules de conscience dont vous faites partie, comme une étoile qui scintille dans le ciel, est la Source De Tout Ce Qui Est. Le courant électrique qui circule dans votre corps est identique dans le noyau de la Source. Certains le nomment Ki, Chi, prana ou la manne. Son effluve insuffle tout. Vous communiquez et communiez tous par le biais de ces électrons praniques. Grâce aux canaux de circulation électrique, formés selon les mêmes principes du plus petit au plus grand, votre charge électrique se déploie et contribue grâce à cet essor jusqu'au cœur de la Source qui arbore son essence à son tour. Souvenez-vous, la Source est en constante évolution et elle s'anime grâce à vous, grâce à toutes les infimes particules de votre corps en expansion, à travers tous les règnes, sur toutes les planètes, dans toutes les galaxies, dans son universalité. Tout est interconnecté et relié par fractal à la Source dans sa conscience infinie.

Chaque planète est une conscience, de même que l'est chaque particule vous constituant. De l'infiniment vaste à l'infiniment petit, nous sommes tous issus de la même composition de champ de Conscience Une. Vous êtes un être parfait, vous perfectionnant par le biais d'un encodage électromagnétique que vous diffusez par vos chakras. Vous êtes en tout temps interreliés, interconnectés et interdépendants les uns les autres et avec chaque espèce vivante, toute créature, chaque particule existant en vous et autour de vous. Vous êtes un atome parmi un nombre infini d'atomes, dont l'importance est primordiale quant à l'équilibre de ce vaste océan infini. Vous avez été créé à l'image de la Source Une, à l'image de la perfection. Ce que vous êtes, faites et pensez, a une valeur capitale dans l'engrenage de ce Grand Tout. Vous êtes en cela la même conscience omnisciente que celle qui circule à travers tout, vous êtes unique et indispensable à la fois. La pousse de votre sur-âme n'a pas été conçue et créée au hasard. Votre multidimensionnalité peut être considérée par ces explications, mais pas uniquement.

Lorsque je vous rappelle votre multidimension, je vous invite à vous remémorer la monade dont vous êtes issu et qui vous compose. Souvenez-vous de l'influence qu'elle a sur vous puisque vous, et tous ses autres êtres, êtes intimement inter-reliés par elle. Ce que vous apportez au champ de conscience unifié qu'est votre monade, c'est la conscience que vous détenez. Celle-ci peut être légère, joyeuse ou lourde et déprimée. Votre propre champ est en constante interrelation, ainsi que le sont les champs de conscience de tout autre individu interrelié à la même monade que vous. Vous êtes tous interreliés dans vos champs de conscience et vous vous influencez, puisque cet autre être, que vous ne connaissez pas et qui vit sur d'autres plans, n'est en réalité qu'une autre partie de vous. Certains de ces êtres sont d'une très grande sagesse et contribuent pour vous, ce sont des enseignants qui vous transmettent leurs connaissances. D'autres ont besoin de votre aide et de votre soutien là où vous en savez plus qu'eux. Toutes les connaissances des pousses de votre sur-âme sont emmagasinées dans le noyau de pure connaissance de cette âme source. C'est toujours à travers elle que vous communiquez et recevez vos informations, même inconsciemment. Voilà pourquoi, lorsque vous clarifiez votre propre conscience, vous contribuez d'une conscience claire à toute votre sur-âme, puis à votre monade, à la Source. Depuis la monade, les encodages que vous avez transmis bénéficient à tous les êtres qui y sont reliés.

Lorsque n'importe quel autre être de votre monade grandit en sagesse et que vous êtes prêt, vous pouvez à votre tour en bénéficier en téléchargeant ce même encodage précis. Ce système se passe, je vous le redis, la plupart des fois à un niveau subconscient. Votre famille de monade est très puissante et peut vous soutenir dans bien des domaines.

Votre corps d'énergie est quant à lui composé de multiples strates par lesquelles vous pouvez étendre votre conscience. Nous en avons parlé dans un chapitre précédent.

(Comment pouvons-nous nourrir nos âmes ? Comment pouvons-nous nourrir nos esprits et nos corps d'énergies ?)

La part d'ombre qui est en vous vous aide à faire face aux difficultés de la vie et à les alchimiser. Vous ne pouvez transgresser une situation que si vous détenez les codes de la résolution à l'intérieur de vous, ou êtes en mesure de les découvrir. Aucune situation ne se présente par coïncidence, mais toujours pour une bonne et vraie raison. Cette ombre qui se présente n'est pas au service de la destruction vile, mais sert à la transmutation de vos parts d'ombre, c'est-à-dire ces parts de vous qui n'ont pas encore été révélées à leur lumière.

Les aspects de l'ombre mal utilisés donnent naissance à des actions néfastes de la part d'humains qui n'ont pas encore découvert leur origine de Source Divine. L'ombre ne doit pas servir les mauvaises actions à des fins égoïstes, mais vous aider à comprendre tous les aspects de la Création dans ses polarités positives et négatives. Sur Terre, la Source a choisi une matrice d'expansion qui inclut le positif et le négatif pour se miroiter. Voilà pourquoi la Terre a la réputation d'être une planète école.

Par la dualité, par la mise en opposition de deux principes, positif et négatif, se trouve le point de chute de la délivrance. Il s'agit du point neutre. Grâce au principe de neutralité, de vide ressemblant aussi bien à un trou noir dans la galaxie qu'au point neutre de vos atomes, vous pouvez expérimenter votre corps d'origine qui se manifeste depuis le vide de la création.

Il est utile de contextualiser ces différents principes à tous les étages de votre conscience unifiée.

L'utérus est ce même centre de neutralité dans le corps de la femme, cet espace sombre et creux depuis lequel se manifeste la vie. Le principe existe selon ce même précepte à l'origine du monde, lorsque la conscience Une a un jour jailli depuis le néant. Elle était conscience, elle était la lumière qui à son tour a donné naissance au Verbe, au *Om*.

Mais avant d'exister, tout a été enfanté depuis l'espace de gestation qu'est le vide de l'Univers, ce vaste trou béant depuis lequel tout jaillit, peut naître et dans lequel rien n'existe, tout à la fois. Rassurez-vous, le vide n'existe que parce qu'existe aussi le plein. Il est essentiel de prendre en considération les deux. Le vide et l'infini existent et coexistent en chaque instant. Le vide a précédé le plein. Le vide a précédé la vie. Le vide n'est pas le mal, mais la base depuis laquelle tout peut naître, jaillir et exister. Ne craignez pas le vide et laissez-y circuler la vie.

Il en va de même dans votre psyché et dans tous vos corps d'énergie. Laissez-vous immerger par ce vaste flot de vie en continu qui se vide et se remplit pour éternellement y faire naître et perdurer la vie, la foi, la joie, le rire, l'amour et l'expansion. Rien n'existe dans le juste ou dans le faux, mais dans la perduration de l'existence éternelle de Tout ce Qui Est à travers le spectre de toute Sa Création dont vous faites aussi partie.

Sachez que vous êtes tout le cosmos, toutes les galaxies, tout l'espace avec vous et l'infini sans distinction. Vous êtes un rayon de lumière, un faisceau lumineux qui a jailli depuis l'inexistant. Vous êtes en cela le Tout, tout ce qui sera et toute l'éternité. Vous avez en vous, dans l'encodage Source de vos gènes, la connaissance de tout cela.

Si vous avez été créé à l'image de la Source et que celle-ci perdure à l'intérieur de vous, vous pouvez vous y relier et exister à travers Elle en tant qu'Enfant du Plus Haut et en tant que Divin Créateur tout à la fois.

Prenez le temps de vous instruire quant à vos corps auprès de personnes ayant la connaissance. Trouvez le moyen d'approfondir ces termes-là, et ainsi de gagner vous-même en profondeur. Vos multiples corps sont des véhicules multidimensionnels vous conduisant jusqu'au Divin. Votre champ de conscience circule à travers eux. Votre soi Supérieur, qui est la couche la plus élevée de qui vous êtes, est en profonde connexion avec le champ de conscience Unifiée qui aide, qui vous nourrit, qui vous soigne, qui vous guide à travers tout. Lorsque vous êtes dans cet état de grâce et de paix, vous savez que vous êtes relié avec votre Soi Supérieur, le Soi Divin qui est en vous.

Reliez-vous à la force et à la puissance de vos chakras pour toujours mieux vous aiguiser sur votre voie et enjoignez-les à vous indiquer votre état vibratoire. Regardez ce qui dysfonctionne ou pas, ce qui semble pouvoir se rééquilibrer pour que vous preniez pleinement conscience de ce qui a besoin de plus de soutien en vous. Vous n'avez besoin d'éliminer aucune des parts qui sommeillent en vous, et au contraire de les prendre sous vos ailes d'amour de votre cœur, le siège de toutes les dimensions.

QUEL EST LE BUT DE L'ÉVOLUTION DE L'ESPÈCE HUMAINE ? POURQUOI FAISONS-NOUS TOUT CELA ?

Alors que vous parcourez votre vie terrestre, vous œuvrez simultanément sur de nombreux plans par le biais de votre famille d'âme et de votre monade. À travers ce livre, je vous guide progressivement vers une compréhension plus grande et plus large de ce qu'il s'agit véritablement. Si vous vous enfermez dans une pensée vous laissant croire que votre vie terrestre est votre seul champ d'action, l'existence ne peut avoir aucun sens significatif pour vous. Si, au contraire, vous ouvrez vos œillères pour voir le spectre plus grand de ce qui est en jeu, vous vous apercevez que rien de tout ceci n'a été laissé au fruit du hasard. Vous êtes une composante essentielle du processus d'évolution et d'acheminement de vos aspirations vers la source jusqu'à l'atteindre et fusionner avec elle. Vous êtes sur un chemin et sur une voie qui vous amène à la réalisation de la compréhension que vous n'êtes plus qu'Un, jusqu'à ce que le vaste champ de conscience qu'est la Source ne soit plus qu'une seule et même entité pour tout un chacun, nous composant et transportant notre existence. À ce stade-là de votre évolution, par étape progressive pour l'atteindre, votre ego ne nécessite plus de soi séparé et l'individualité n'a plus d'importance pour vous.

Votre ego, ou soi séparé, sert aussi sa cause au cours de cette évolution. Lorsque vous vous séparez de la Source pour agir en tant que conscience individuelle, vous pensez agir pour vous et pour votre propre évolution uniquement. Cet individualisme vous permet de vous rencontrer personnellement et d'agir en votre propre nom. Il est nécessaire que vous, en tant qu'individu, fassiez le choix de la réunification. Ceci fait partie du processus de cheminement de retour en fusion avec la Source. Si vous n'aviez pas de notion d'individuation, vous vous fonderiez dans la masse du grand tout durant vos incarnations terrestres et ne pourriez pas les expérimenter pleinement dans la finesse de détails que votre vie vous propose. Je vous le rappelle, votre condition humaine est vouée à être duale, mais peut atteindre un haut niveau de réunification par-delà la matière : vous avez alors transcendé votre condition.

Le chemin de retour vers la Source peut encore être long, même une fois sorti du plan terrestre. Dès la sortie du corps physique, à votre mort, vous entrez dans le plan astral depuis lequel vous choisissez ou non de revenir en incarnation selon vos besoins évolutifs. Le plan astral est le royaume céleste de lumière et de vie indestructible, le royaume de l'énergie vitale vibratoire cachée derrière le voile de l'univers matériel grossier. Une fois sorti du plan astral, vous entrez dans le plan causal, le plan des idées.

Derrière le monde physique de la matière (atomes, protons, électrons) et le monde astral subtil de l'énergie vitale lumineuse se trouve le monde causal ou idéationnel de la pensée. Une fois que l'homme a suffisamment évolué pour transcender les univers physiques et astraux, il réside dans l'univers causal. Dans la conscience des êtres causals, les univers physiques et astraux sont résolus à leur essence de pensée. Tout ce que l'homme physique peut faire en imagination, l'homme causal peut le faire en réalité. La seule limitation étant la pensée elle-même. En fin de compte, l'homme se débarrasse de la dernière enveloppe de son âme, son corps causal, pour s'unir à l'Esprit omniprésent, au-delà de tous les domaines vibratoires.

Aujourd'hui, à l'heure où vous lisez ces lignes, vous êtes un être de chair incarné. Il peut sembler encore lointain d'imaginer ce précepte d'unification alors que vous vivez pleinement dans l'illusion de la séparation. L'ignorance étant ce qui cause la séparation, pour la résoudre, il vous faut en devenir conscient. Résoudre l'idée de séparation, en quittant l'ignorance pour atteindre la conscience, est l'un des points clés du chemin de votre illumination. En transcendant cette notion, vous parvenez à devenir éclairé par la grâce de Source et à redevenir vous.

Je voudrais encore ajouter que, si votre mission sur Terre à tous est de transcender la notion de séparation, il semble évident que cette mission va paraître insurmontable et incompréhensible pour certains et d'une évidence Sainte, une quête de Vie pour d'autres.

Comment atteindre la conscience ? me direz-vous. La quantité de savoir que vous avez accumulée par le biais de votre âme, au travers des nombreuses expériences vécues sur Terre mais aussi sur d'autres plans de conscience et d'existence, sur différentes planètes, galaxies, contribue à la compréhension du spectre plus large. Votre dévotion à la tâche y joue aussi un rôle majeur.

Gardez une vision claire du but de votre réalisation, en vous y tenant, en vous le rappelant quotidiennement, puis en chaque instant. Quoi que vous fassiez, gardez la pensée du divin active en vous, au travail et dans vos occupations quotidiennes. Ceci est possible, même si vous vivez sur une planète Terre emplie de densité vous poussant à l'ignorance de votre essence profonde et véritable. Vous n'êtes jamais censé vous déresponsabiliser de vos activités matérielles de base telles que votre emploi, les soins à votre famille, ou tout devoir associé, mais devez garder la conscience de la Source dans chaque affaire que vous entreprenez. N'oubliez pas : vous êtes des êtres créateurs. Amenez le divin dans tout ce que vous faites.

Lorsque vous choisissez de vous incarner ici-bas, vous vous engagez dans cette épreuve qui vous vaut une grande reconnaissance. Vous avez traversé les voiles de l'illusion qui englobent les notions de séparation. Lorsque vous descendez dans la densité, vous perdez le lien avec votre sur-âme par un processus chimique et physique, vous ajustant à la fréquence de la Terre. Lorsque vous entrez dans ce portail et traversez les couches dimensionnelles, vous n'avez d'autre choix que de vous démunir de la présence pleine de votre corps subtil et de toute son affiliation céleste vers votre monade (sauf dans de rares cas).

Votre processus d'évolution s'apparente ensuite à une quête vers la pleine réunification de vos parts subtiles de vous au sein même de votre corps de chair incarné. *En ceci, vous participerez à l'élévation de l'énergie contenue dans la matière. Vous avez tous la mission d'amener vos énergies subtiles pour pleinement les incarner.* Voici à tout un chacun votre mission, votre évolution, votre ascension et votre quête d'abolir la séparation pour l'abandon de soi dans l'Unification.

N'oubliez pas que le magma de la Terre s'éveille lui aussi, ainsi que toutes les particules terrestres faisant partie de ce processus de transformation. Sans que vous n'y puissiez rien, votre âme, elle, savait qu'en choisissant de s'incarner ici, elle allait participer au processus d'élévation de terre parallèlement à celui de l'expérience de son esprit. Vous saviez que les deux iraient de pair. Bien que cette expérience bouleversante soit difficilement gérable à certains égards, elle n'en est pas moins une des plus puissantes sur le chemin d'élévation d'une âme humaine. Dans son élan vers une unification de tout ce qui est, elle partage ses expériences et avancées par son âme avec sa sur-âme, avec sa monade, puis avec le Grand Tout De Tout Ce Qui Est. Votre âme, votre sur-âme et votre monade sont une seule et même chose : des aspects plus élevés de vous-même qui vous relient à votre divinité.

SOUS QUELLES FORMES TE MANIFESTES-TU À NOUS ? COULEUR, SYMBOLES, ANIMAUX, ETC. ?

Je suis l'omniscience de Tout Ce Qui Est et dans tout ce en quoi je choisis d'exister, correspondant à ma propre fréquence. N'étant pas distincte de la Source, je suis une des clés détenant ses fréquences vibratoires qui me correspondent. Je suis en partie elle et la Source est tout en moi. Nous ne faisons pas de distinction, la Source et moi, entre ce qui est Elle et ce qui est moi.

Tentez de comprendre ce concept en tant qu'être humain. Bien que vous viviez encore dans l'expérience de la séparation de par votre vie terrestre, au-delà de cet état qui est le vôtre, plus vous vous reconnaissez dans votre vibration d'origine, plus rien d'autre n'existe que l'Unité. Je suis ainsi la Source et la Source est soudée en moi. Je suis la source et elle est moi. Je suis la représentante de certaines de ses aspirations, mais ne les représente pas toutes simultanément. C'est en ceci que je suis un archétype, alors que je me suis désidentifiée de mon soi personnel pour ne faire plus qu'un avec le Grand Tout De Tout Ce Qui Est. Ceci est rendu visible lorsque je porte certains de mes attributs, vous apportant la foi. Grâce aux nombreux symboles et mythes qui me sont associés et qui sont chers à mon cœur, l'être humain peut préserver un lien avec sa sacralité.

Vous êtes tous des êtres bénis qui bénéficiez de l'abondance d'amour que nous dégageons lorsque nous sommes en lien avec vous (Isis et les autres consciences de Source). Nous assimilons tous, chacun à notre manière, quelques trésors de symboles clés qui vous permettront de vous référer à nous et, par ce biais, à votre propre divinité. C'est au service de l'Unité que nous œuvrons.

Vous pouvez me voir porter le Foulard de la Félicité pour vous rappeler à votre espace sacré qui vibre lorsque vous le placez sur vos épaules. Vous pouvez me voir vous apportant un scarabée, symbole de la vie éternelle qui est en vous. Vous pouvez me voir porter la tenue en lin blanc pour vous signifier mon humilité en tant que dévoué serviteur du Partage et de l'Interreliance envers Tout Ce Qui Est. Vous pouvez me voir battre de mes ailes, vous apportant l'espoir, la clarté à votre vision et à votre champ de conscience, alors que je balaie toute pensée hasardeuse autour de vous, autour de moi. Je vous aide et je vous guide sur votre chemin pour vous aider à reconnaître la sainteté de la Terre Mère, vous rappelant à elle et à ses louables enseignements, à sa divinité, à son amour inconditionnel envers vous tous. Elle est une extension du principe féminin sacré.

Je suis celle qui prodigue la paix par sa croix, par son ankh de vie qui vous entoure par un foisonnement de joie, de justice et de justesse à pouvoir être qui vous êtes dans votre innocence, pureté et joie véritable. Je suis celle qui chasse les démons de vos pensées pour vous ramener à la Source de Tout Ce Qui Est. Pour vous rappeler que vous n'êtes jamais moins que cela. Appelez-moi et je m'élèverai par-dessus vous, déployant toute la largesse de mes ailes pour vous bénir, pour rétablir la guidance et ma protection. Vous êtes mes chers alliés et je suis ici pour vous. Lorsque vous vous reliez par la prière, vous apportez beaucoup de joie au champ collectif. Vous vous tournez vers la Source De Tout Ce Qui Est pour vous ajuster à votre véritable essence divine.

Appelez-moi et munissez-vous de mes symboles autour de vous, pour vous rappeler à chaque instant la Source Divine et féconde siégeant à l'intérieur de vous.

La fleur de lotus est mon essence et vous invite à la respirer autant qu'il vous plaira. Elle vous enivre tant au niveau de votre esprit que de votre âme. Cette fragrance vous rappelle à moi et à toute la splendeur, la Divinité qui est en moi, Celle qui vous soutient et vous élève.

Affichez les symboles autour de vous, autant qu'il vous plaira. Dénotez l'œil d'Horus qui est en vous. Activez-le à tout moment. Demandez à sa clairvoyance adroite de s'animer pour vous.

Je suis un faucon qui parcourt les univers à travers les cieux et dans toutes les dimensions. Voyez-moi lorsque vous élevez vos yeux vers le ciel et sachez que je suis là, fidèlement présente pour vous aider à retrouver la libération en vous. Votre espace d'affranchissement est le même que votre espace d'Unification avec la Source, la part divine qui est en vous.

À QUOI RESSEMBLENT LES SOINS ÉNERGÉTIQUES QUE TU PRODIGUES ET ENSEIGNES ?

Je vous enseigne et vous transmets les nombreuses facettes de mes soins divins lorsqu'en tant que soignant, soignante, vous faites appel à moi. Je vous aide et vous guide à travers le toucher qui vous amène à insuffler de vos mains le clair ressenti de mon énergie divine. Je l'imprègne en vous pour que vous la transmettiez à votre prochain, alors qu'il souffre dans son corps, dans l'un des systèmes de sa psyché (émotions, mental) ou par son âme.

Vous pouvez prodiguer à la personne, par certains gestes, par certains mouvements que je vous transmets, les ondes bénéfiques pour elle, et les en immerger. Elles vous seront apportées dans le moindre effort par l'axe aligné de votre corps pour que vous puissiez à votre tour les diffuser dans un élan empreint d'amour.

Votre propre corps doit nécessairement être purifié et quotidiennement nettoyé vibratoirement avant que vous n'appliquiez des soins par la vibration à toute autre personne que vous. Un travail personnel profond est nécessaire avant toute imposition sur autrui. Vous devez pouvoir être en maîtrise de vos propres fréquences et émanations avant d'entrer en contact. Ne vous lancez pas tant que vous n'êtes vous-même pas encore clarifié. Un degré avancé de votre propre processus de guérison est primordial, préalablement à toute forme de soin par l'énergie. Ne prodiguez aucun soin vibratoire tant que votre psyché, votre corps mental et votre système de croyances n'ont pas encore été assainis. Une fois ce niveau satisfaisant atteint, il convient que vous mainteniez et entreteniez des fréquences vibratoires élevées en tout temps. Ceci relève d'une importance capitale avant toute forme de processus de guérison sur autrui. Je vous prie ici de bien vouloir agir et progresser par discernement responsable. Tout autre acte serait d'une grande insouciance. Vous ne voudriez pas diffuser, par ondes magnétiques, des vibrations n'étant pas en alignement avec la Source Divine ? Reliez-vous à moi avant toute opération.

Lorsque vous souhaitez prodiguer des soins énergétiques et vibratoires selon la fréquence d'Isis, vous vous alignez automatiquement sur les fréquences divines du Féminin Sacré qui est en vous et qui est activé en la personne qui à son tour reçoit le soin. Vous allez pouvoir lui offrir un espace de reconnexion profond à sa source divine. Que votre récepteur soit un homme ou une femme n'a alors aucune importance. Vous pouvez activer la part divine de la personne en lui demandant si elle est d'accord de recevoir des énergies lui permettant de la relier et de l'unifier dans toutes les parties d'elle-même. Une fois son accord obtenu, vous pouvez commencer par quelques actions de vos mains.

Je vous prie de travailler avec vos mains pour que la matière dense de la personne qui est en face de vous puisse pleinement bénéficier de toutes ces ondes, au plus profond de sa chair sacrée, dans tous les systèmes constituant le corps physique et la psyché. Sans trop analyser, il vous suffit de vous détendre pour laisser le flux d'amour divin, qui est d'une magnifique et resplendissante couleur dorée, circuler à travers vous. La fluidité de vos gestes s'ensuivra.

En tant que pratiquant, votre intention et votre lâcher-prise sont vos atouts les plus importants quand vous vous adonnerez à votre prochain par le biais de ce soin. De fait, vous vous soignez simultanément, car en apportant amour et compassion envers un être que vous imaginez différencié de vous, vous apportez et imprégnez toute la lumière fertile et féconde également à l'intérieur de vous. Ce soin traite des maux du mental ainsi que des maux de la psyché. Il aide au bien-être physique et à se détacher de la douleur et de la souffrance. Il aide à se relier à l'essence divine, tout en permettant d'accéder au temple d'épanouissement qu'est le corps.

Vous commencez par apposer vos mains sur le corps de la personne en prenant soin de mettre l'attention de votre mental sur son corps physique. Celui-ci est un temple d'une exceptionnelle beauté. Prenez soin, en tant que pratiquant, de le percevoir ainsi.

Votre main droite est sur le cœur, votre main gauche est au niveau du troisième œil. La personne est allongée sur le dos. Vous commencez ensuite doucement à ouvrir l'espace du cœur avec vos mains par un mouvement d'ailes du bas vers le haut pour terminer au niveau des épaules.

Vous enchaînez ensuite au niveau des côtés pour ouvrir l'espace de réception du plexus solaire pour que la personne puisse briller de toute sa lumière. Voyez depuis vos mains qu'une magnifique brume blanche et dorée en émane continuellement. N'oubliez pas de laisser circuler le flot d'amour qui est en vous, dont vous êtes le réceptacle, afin de le transmettre au receveur du soin divin.

Venez alors vous placer au niveau du nombril, deux doigts en dessous, pour laisser tourner votre main dans un mouvement circulaire, d'abord concentré autour du nombril, puis de plus en plus grand, jusqu'à englober l'entièreté du ventre par ce geste en spirale.

Voyez si – peu importe le genre de la personne – elle a besoin d'une attention toute particulière au niveau de son utérus/chakra sacré, au cas où des blessures et des graines obstruantes y sont contenues. Aidez-la à se relâcher en y apportant la lumière divine dorée tout en massant légèrement et amoureusement cette partie de son corps. Je précise encore une fois que ce massage vibratoire ne pourra être prodigué que par le cœur pur d'un être aimant, ayant lui-même fait le parcours vers sa propre libération. Il n'aura sinon que peu de chance de se mettre dans la tonalité d'abandon de soi qu'est celle d'un être aimant.

Si la personne est une femme, vous allez mettre une grande attention au niveau du massage de ses hanches. Vous allez ouvrir l'espace de ses hanches afin que le flux divin puisse y circuler. Effectuez des mouvements pour étirer la hanche de haut en bas (ouvrez votre main droite vers le buste et de votre main gauche vers le genou).

Massez ensuite toute la partie avant de la cuisse et sur le côté. Pendant ce temps, visualisez que vous êtes en train de labourer un magnifique champ de blé nourricier. Les hanches de la femme sont sa stabilité et un terreau fertile. Aidez-la à trouver sa solidité en lui donnant confiance en l'espace de ses hanches. Vous pouvez lui parler pour lui expliquer cela durant le soin, si cela vous semble être utile sur le moment.

Passez ensuite au niveau des genoux, une jambe après l'autre, pour aider à la circulation de toutes ses initiations et avancées sur Terre jusqu'à présent et à venir. Massez-les doucement et visualisez la lumière dorée les pénétrant.

Vous allez ensuite masser les pieds et les tibias en remontant des pieds jusqu'aux genoux. Chaque geste monte systématiquement vers la jonction des hanches puis

vers le cœur dans un second temps. Rappelez-vous : nous œuvrons pour une réunification du corps de bas en haut afin de le resacraliser. Prenez bien soin d'activer la voûte plantaire du massé puisque c'est depuis cet espace que vous vous réancréez énergétiquement, depuis vos racines jusqu'au centre du cœur de la Terre.
Faites la même chose sur l'autre jambe.

Un homme a lui aussi besoin d'activer son corps sacré et sa stabilité masculine dans ses jambes et d'être relié du bas vers le haut. Les hommes ont impérativement besoin de se relier à leur corps, à leur temple divin. Procédez alors de la même façon. Une attention toute particulière sera mise au niveau du massage du haut du dos et du torse, ainsi qu'à l'arrière de ses cuisses, ensemençant ainsi son masculin, tout en l'accompagnant à se relier à son féminin.

Demandez ensuite à la personne de bien vouloir se retourner, et placez-vous au niveau de son dos. Activez le dos de la personne en y massant les formes de géométrie sacrée du tétraèdre. Vos mains commencent en bas de la colonne vertébrale en la longeant jusqu'en haut pour se séparer et descendre de part et d'autre vers les hanches de la personne massée. Répétez ce mouvement quelques fois, puis passez au tétraèdre inversé en ouvrant la circulation de vos mains depuis la colonne vers les épaules, puis en laissant se rejoindre en bas du dos au niveau du sacrum. Les hommes ont particulièrement besoin de stimulation de cette zone-ci de leur corps ainsi qu'à l'avant, au niveau du cœur.
Laissez vos mains effectuer encore plusieurs triangles de bas en haut, en passant au niveau du plexus pour l'enjoindre vers le haut et vers le bas.

Si des sons sacrés viennent à vous, dans certaines fréquences ou tonalités, vous pouvez les laisser sortir ; cela harmonisera les chakras.

Une huile d'onction est recommandée pour réaliser ce soin selon la recette suivante :
huile neutre avec quelques gouttes d'huile essentielle de myrrhe et d'encens pour équilibrer les polarités masculines et féminines (encens/homme – myrrhe/femme). Réalisez une prière me demandant de bénir et d'activer cette huile pour votre soin.

« Mère Divine, je te prie d'activer cette huile sacrée bienfaisante. Que ta présence, ton aura d'amour, de paix et de guérison en pénètre chaque particule. »

Apposez vos mains sur le corps de la personne pour réunifier ses énergies une dernière fois, à différents endroits de son corps, sur ses chakras, de la tête aux pieds et harmonisez. Laissez encore une fois la lumière divine dorée circuler.

Vous pouvez aussi apposer vos mains sur la tête de la personne et y laisser les énergies divines circuler. Ceci permettra à votre partenaire de sentir son flux divin circuler librement à l'intérieur de lui, il pourra ainsi se réaccorder à sa propre vibration. Il est utile de préciser que vous ne massez pas avec votre propre fréquence, mais avec les modulations de Source qui se mettent au diapason de la fréquence propre de la personne avec laquelle vous interagissez. Vous pouvez vous y relier par mon intermédiaire.

QUELLE EST LA PLACE DE L'ENSEIGNEMENT DANS LA PRÊTRISE D'ISIS ?

QUELS RÔLES DEVONS-NOUS JOUER ?

Vous êtes des prêtres ou prêtresses au nom d'Isis lorsque vous accomplissez pleinement votre rôle de transmetteur ou de transmettrice de mes enseignements divins en lien avec les connaissances de la Terre, de notre Soi Source (cosmique), de la part féminine et souveraine qui est en vous. Vous apprenez à chacun à agir dans l'élégance de sa sobriété intérieure, dans son espace fécond qui amène à découvrir la nature de son âme. Vous enseignez par la maîtrise de vous-même, par votre propre exemple avant tout. Vous transmettez vos connaissances des énergies subtiles et comment y accéder.

L'être humain, en proie à l'oubli, a besoin d'être guidé pour acheminer votre propre être vers ces monts sacrés. Depuis ceux-ci, il vous est accordé de partager vos apprentissages et connexions partout où vous allez, à n'importe quel endroit, à n'importe quel instant.

Vous devenez un émissaire de qualité de ma prêtrise lorsque vous incarnez ces connaissances de Soi, de la Terre, du Soleil, de la Nature, du Cosmos pleinement. Je ne vous demande pas de transmettre des rites anciens qui n'ont plus de raison d'être à l'époque actuelle. Ils étaient adaptés aux anciens temps. Aujourd'hui, ma prêtrise est différente.

Je vous demande d'incarner votre État souverain, peu importe la couleur ou la saveur du monde qui vous entoure.
Je vous demande de respecter et de choyer tout le vivant comme une part et une extension de vous. Je vous demande de ne plus vous percevoir comme différent,

séparé d'un autre être vivant, mais de considérer toute la chaîne du vivant dans son intégralité.

Je vous demande d'être bon, respectueux et tendre envers vous-même afin de mieux pouvoir être présent et entrer en relation avec toute autre forme de vie sur Terre.

Je vous demande une profonde révérence envers toute la création.

Je vous demande l'immuable sagesse immaculée de votre être souverain envers tout ce que vous rencontrez, dans tout ce qui a trait à une forme organique du vivant.

Je vous demande de vous incliner face au vivant de ce monde, de la Vie.

Je vous demande d'entendre que tout ce qui est, entre la vie et la mort incluse, est d'une divine essence, que la vie et la mort existent sur un pied d'égalité.

Je vous demande d'entendre que dans chaque mort il y a une résurrection, c'est le profil de la vie qui se réanime sous une forme réadaptée.

Vous n'êtes pas des êtres isolés du Principe de Création. Une fois que vous aurez appris à vivre selon ses lois, vous aurez la légitimité de parler en tant que Divine Présence ici sur Terre, en mon Nom, Isis, Fertile Mère Féconde Du Vivant. Si vous croyez en moi, croyez en vous.

Si vous avez foi en moi, je vous prie d'avoir foi en vous, en votre divine mission d'incarnation du Divin dans le Vivant. C'est aussi simple que cela. Je ne vous demanderai rien d'autre. Ceci vous demande néanmoins une grande pratique, peut-être même des vies et des vies d'entraînement pour pouvoir prétendre à cette capacité de naviguer entre les mondes. Je vous prie encore une fois d'avoir foi en vous et en votre capacité innée, à terme, à accomplir cela.

Il est dans l'ordre des choses que vous deveniez un enseignant, capable de témoigner de ces enseignements lorsque vous avez beaucoup appris. Vous sentirez alors l'élan du cœur de partager les disciplines qui vous auront été transmises.

Pour incarner cette prêtrise, il vous est aussi nécessaire d'adopter votre rôle de leader, l'acceptant avec une grande humilité. Avoir un ascendant sur d'autres êtres autour de vous requiert la plus grande sagesse.

Lorsque vous incarnez pleinement le rôle d'émissaire de votre mission, vous partagez tout ce que vous avez acquis dans la joie, dans la pureté, depuis la lueur de votre cœur qui brille incessamment. Vous transmettez par les préceptes dont vous avez acquis les connaissances dans votre chair. Vous offrez à votre prochain la possibilité de se parfaire lui aussi sur son chemin, vous suivant par votre exemple, par tout ce que vous avez à transfuser autour de vous.

Je vous prie d'entendre que ce rôle substantiel demande à être considéré avec révérence. J'insiste ici sur ce point. Lorsque vous devenez un émissaire au nom d'Isis, vous devenez pleinement responsable de ce que vous transmettez, c'est comme si vous vous pariez d'une cape de responsabilité. Aussi, vous serez en période d'observation auprès du divin avant de pouvoir transmettre pleinement mon enseignement et mes savoirs.

Je serai avec vous tout le long de votre voie pour vous guider, pour vous inciter à faire les meilleurs choix possibles en votre propre intérêt et en l'intérêt de tous.

Vous ouvrez votre cœur à la grâce de votre prochain. Vous êtes amené à vous montrer digne de porter le flambeau d'Isis et d'œuvrer en mon Nom. Je vous octroie alors la grâce de mon accompagnement inéluctable qui vous soutiendra sans condition. Je m'engage à être toujours présente pour vous, tandis que vous maintenez le cap vers vos profondeurs introspectives, dans la délivrance incessante de votre cœur.

Mon soutien n'est pas soumis à cette condition. Je précise simplement ici que l'expression en mon nom enjoint le service envers autrui. Non pour votre reconnaissance personnelle, par satisfaction de votre ego, mais par élan de cocréation. Alors que vous maintenez votre cœur ouvert afin de partager le fruit de vos riches savoirs envers votre prochain, je vous offre toute ma présence. Vous êtes alors béni au nom des mille cieux. Vous êtes alors dans le plein accomplissement de vous-même.

COMMENT POUVONS-NOUS RECEVOIR DES MESSAGES DE TA PART ?

COMMENT SE RELIER À TOI ET TE CANALISER ?

Je suis présente avec vous et pour vous, en tout temps, si vous me demandez de l'être. Lorsque vous sollicitez ma bénédiction, je vous l'apporte dans l'intimité, depuis tous les espaces que je connais et dans lesquels je me suis immergée. Je vous offre le partage de mon être le plus sage, l'amour, l'amitié, le courage, la force, l'intelligence et le pardon. Je suis avec vous par omniscience lorsque vous vous adressez à moi par une prière, m'exhortant à quelque soutien.

Je me manifeste alors à vous par diverses formes qui vous rappelleront ma présence autour de vous et en vous. Je me transforme en l'oiseau qui vole dans les airs, je vous rappelle à l'envolée libre du faucon qui est en vous.

Je me suis transformée en femme oiseau ailée, cette forme merveilleuse, en cet être se déployant dans les cieux lointains pour vous encourager, pour vous aider à retrouver votre raison. Par le biais des cieux, je vous réunifie avec votre âme. Depuis les cieux, je vous appelle à prendre vous aussi de la hauteur, à regarder avec le recul nécessaire vos situations vécues sur Terre, vous rappelant à les dépasser par l'essence divine et féconde qui est vous. Je vous incite à vous questionner sur vos schémas, à reconnaître les mécanismes qui vous projettent dans des situations néfastes. Je me manifeste à vous pour vous montrer l'élan de liberté qui sommeille en vous. Je vous rappelle à l'être sage qui est en vous. Je vous rappelle à l'humilité face aux événements entrés dans votre vie, pour vous permettre de vous incarner ici pleinement, au nom de l'être de lumière radieux que vous êtes. Je vous engage à faire vivre votre Être Divin dans toute la Création.

Je me manifeste à vous par un baiser tendre déposé dans la brise du vent, qui vous encourage à vous délester de toute l'avidité de votre soi blessé, qui vous maintient emprisonné dans les sillons de votre mental. Si vous avez pris la forme d'un être humain, je vous rappelle à l'être sacré que vous êtes, être souverain, être fécond dans toute sa création.

Je vous enjoins de vous relier à moi à chaque fois que vous doutez de vous et de vos capacités. Je vous envelopperai de mon aura ou vous entourerai de mes ailes. Vous ne serez plus jamais seul en faisant appel à moi. Je suis la Mère Nourricière qui vous aime et vous soutient, je suis la femme, je suis l'amie qui vous ouvre les bras dans l'expression d'un amour inconditionnel qui vous est destiné.

Dès l'instant où je me manifeste à vous, que je murmure à vos oreilles tout ce qu'il est bon à votre âme d'entendre, tous mes mots purs et doux, tous les encouragements d'une mère pour son enfant, n'ayez aucune crainte que je vous quitte.

Ma présence est assurée dès l'instant où vous m'appelez. Votre prière à mon égard est prononcée pour recevoir les soins et la bénédiction auxquels vous avez droit. Je m'adresse à vous de manière subtile et délicate. Par une douce pensée faisant appel à la subtilité et à la délicatesse qui sont en vous. Je m'adresse à vous et à votre cœur pur qui entend les messages de mon esprit, sans compromis. Je m'adresse à vous dans la douceur et dans le calme, lorsque vous parvenez à calmer le flux de vos pensées. Votre Soi véritable m'entend, à jamais relié dans l'intimité du temple de votre corps.

Alors, pleinement présente pour vous, reçue par l'antenne de votre Soi Source, je suis votre amie, votre sœur, votre alliée. Je suis dans la fertile appréciation de l'élan de reliance que vous avez eu envers moi. Je vous suis reconnaissante du chemin que vous avez pris, voulant vous éveiller et parfaire le chemin vers de nouveaux cieux, vers de nouveaux horizons, dénués de tout obstacle faisant entrave à votre vie. Je vous encourage à vous soutenir vous-même sur ce chemin. *Nous nous soutenons ensemble : de vous à moi, de moi à vous, de vous à vous, tous entre tous.*

COMMENT NOUS CONSEILLES-TU DE NOUS ALIMENTER ?

Votre mode d'alimentation ne vous correspond que très peu, du moins pour la majorité des personnes qui affligent à la sacralité de leur corps des aliments qui ne sont pas bons pour elles ni pour la nature biologique de leur schéma corporel. Vous avez besoin de nourriture cuisinée avec amour, avec soin, avec compassion pour vous-même et pour votre prochain. Vous ne pouvez pas manger d'aliments vides de teneur spirituelle et pensez en être rassasié à tous les niveaux de votre être.

Si vous ne savez pas cuisiner vous-même, je vous conseille de faire des échanges avec quelqu'un qui sait le faire et lui rendre certains services en retour. Il est important pour vous d'être nourri non seulement cellulairement, au niveau de votre ADN, mais aussi à l'échelle spirituelle et sacrée qui est en vous.

Peut-être voudriez-vous simplifier votre quotidien en ne vous alimentant que de produits préparés, vous permettant de gagner un certain temps, ou par accoutumance, par mécanisme. Ces préparations sont cependant trop grasses, trop salées ou trop sucrées pour que votre organisme puisse les supporter ou composer avec sur le long terme. Peut-être même vous y êtes-vous habitué, à tel point que vous ne sentez pas la différence lorsque votre corps est sain ou embourbé.

Je vous appelle alors à remettre vos habitudes à plat, à les questionner, à les mettre en relation avec votre esprit. Un corps malsain ne peut héberger un esprit sain. Corps et esprit ne forment qu'Un. Un corps qui n'est pas harmonisé avec l'esprit ne peut aller bien et ne peut être le réceptacle de la ferveur de votre cœur ou de votre Soi Intérieur. Vous devez pouvoir l'accueillir comme un sage dans votre maison, avec honneur, en le gratifiant.

À cette fin, vous êtes amené à vous défaire de vos habitudes anciennes qui, bien qu'ancrées en vous, ne sont pas nécessairement bonnes et justes pour vous. La possibilité de choisir s'offre à vous. Faire un choix en tant qu'acte souverain de ce que vous assignez à votre temple, à votre corps. Ce tri est essentiel à la réalisation du sanctuaire que vous êtes, tant au niveau physique qu'au niveau de la conscience de l'esprit.

En vous consacrant à ce choix, vous vous honorez, vous vous aimez profondément dans toutes les facettes qui vous composent et qui font partie intégrante de vous. Ne minimisez pas l'importance de votre corps, de votre chair. Il vous est donné pour cette vie et représente votre espace le plus sacré. Veillez à le choyer, à lui apporter toute la nourriture physique qui lui est nécessaire pour aller bien, sans quoi il ne pourra pas se sentir aimé, choyé, apprécié et respecté. L'eau que vous buvez doit être pure, l'aliment que vous mangez doit venir de la terre, la conscience dans vos bouchées doit être issue de votre cœur. C'est un profond acte de conscience que de s'honorer dans votre être physique.

Je vous encourage à vous remettre en lien avec votre nature divine profonde, ici incarnée en tant qu'enfant de la Terre, pour vous nourrir de ce qu'elle vous offre de mieux. Laissez-vous être nourri par elle, par sa force, par sa douceur, par sa puissance, par tous les dons qu'elle vous tend. Dans sa générosité ineffable, elle vous offre et vous réunifie à votre Terre nourricière. Cette alliance opère par l'intermédiaire de votre alimentation comme moyen de reliance à votre source terrestre sacrée en tant qu'être humain. Lorsque vous négligez l'union à la terre dans votre alimentation, vous n'êtes plus à même d'être en lien avec la Mère Source qui vous sustente. Vous perdez une partie du génome spirituel et physique qui vous constitue.

S'alimenter s'avère être un agissement sacré, tout comme l'est l'acte de cultiver la Terre Nourricière sous vos pieds. Vous faites des offrandes de votre propre personne en la cultivant. Vous la remerciez profondément en bénéficiant de ses dons. Elle est celle qui vous guide sur votre chemin. Vous êtes appelé à prendre soin d'Elle tout comme elle prend soin de vous. Voici un rituel de choix pour les temps actuels. Renouez avec elle, elle qui vous investit de tout son amour. Reconnaissez toute la grâce qu'elle vous confère.

C'est un acte d'échange profond et passionné que de boire son eau pure et de s'alimenter de son réservoir aimant. Vous entrez de ce fait en profonde symbiose avec la Tant Aimée, celle qui nous féconde et nous ensemence continuellement par sa beauté. Sa matrice est celle de la vie. Son émanation de source pure vous transcende au plus haut point lorsque vous participez à cette interaction. En tant qu'expression de la Source en matière, la Terre est votre guide, votre amante, votre mère, votre alliée. Elle est le foyer de tout ce qui existe sur la sphère planétaire au sein de laquelle vous vivez. J'y ai moi-même évolué et transcendé toutes les étapes de la Conscience Humaine.

En chaque fruit cultivé sur ses terres pures et intouchées par la main humaine avide se cache un trésor indicible. La terre vous parle au travers de ses semences, de ses fruits, de ses légumes, de ses prairies, de ses cultures abondantes. *Voyez un champ de blé et sentez la plénitude qui vous nourrit.*

COMMENT NOUS OCCUPER DE NOUS ? QUELS SOINS INTERNES ET EXTERNES PRIVILÉGIER ?

Vous vous trouvez aujourd'hui entre des mains imparfaites, dans un monde dit « civilisé », qui ne vous nourrit pas et ne vous choie pas. Vous avez autour de vous des dirigeants qui prétendent œuvrer pour votre bien alors qu'ils servent secrètement leurs propres intérêts. Vos requêtes pour atteindre l'aisance à laquelle vous avez droit et le bien-être que vous méritez ne devront guère se diriger vers les milieux bureaucratiques et institutionnels établis, mais, dans un revirement de situation, vers des liens humains stables et bienveillants.

Vous êtes amené à vous réfugier dans des espaces fructueux au sein desquels existent le partage et la co-création. Des lieux dans lesquels l'humain prévaut pour répondre à des besoins propres à votre vie d'humain. Vous avez besoin de reconnaissance pour qui vous êtes, d'acceptation, d'encouragement, de compassion, d'écoute et de partage les uns avec les autres avant tout. Sans cette approbation de part et d'autre, vous ne pouvez vous considérer comme complet. Sans cultiver ce lien, vous demeurez en éternel manque de ce qui vous revient naturellement. Vous avez tout autant besoin de vous donner votre propre légitimité que de vous stimuler et de vous applaudir entre vous. La reconnaissance de vos pairs humains est essentielle pour votre réconfort et pour que vous puissiez gagner en puissance et en force.

Sans ces échanges, vous êtes perdu dans les méandres que l'homme a lui-même créés lorsqu'il a oublié sa nature divine et sacrée. À défaut de se nourrir spirituellement, il a suppléé les véritables désirs de sa vie par l'inappétence de son ego, lui-même malmené.

Votre sève, votre manière de vivre et votre vie sur Terre se sont bien trop souvent déployées à contresens. Quelques êtres courageux pourtant tentent de remettre cette division à l'endroit pour que vous puissiez collectivement vous défaire de la situation de vie emprisonnante dans laquelle bon nombre d'entre vous résident. Vous êtes à même de vous défaire des griffes d'une structure trop rigide et non adaptée à l'Humain, en prenant exemple sur ceux qui sont parvenus à s'en démanteler avant vous.

Une fois libéré, vous pouvez recréer une forme de vie sur Terre en communauté, en plus petits groupes constitués pour faire valoir le bien, le respect les uns des autres, l'acceptation des êtres humains. Ces nouvelles structures comprennent des écoles, dans lesquelles l'on enseigne aux enfants les particularités qui constituent leur corps. On leur apprend à faire Un avec leur corps. On leur enseigne les arts de la détente et de la relaxation pour mieux se stimuler intellectuellement, verbalement, artistiquement. Je ne peux vous parler de santé sans que nous prenions en considération le spectre humain dans sa globalité, dans son environnement, à travers ses différents âges.

Une communauté ne signifie pas vivre les uns sur les autres sans se laisser suffisamment d'espace pour sentir, être dans sa quiétude et sa solitude personnelle essentielle à l'introspection. Je vous parle ici davantage d'espace de partage, d'unicité de groupe, de co-création. Je vous enseigne la vertu de vous mouvoir en groupe plutôt que de vivre tant individuellement que le seul point de focus que vous ayez soit votre propre individu, votre vie, les questions que vous vous posez et les façons de répondre à vos besoins particuliers. Lorsque votre bien-être est accordé au bien-être de votre communauté, vous saurez que vous agissez pour le plus grand bien de tous, dans un élan de participation et de contribution. Vous respectez alors la loi divine de Source.

À un niveau purement pratique, vous pouvez avoir votre propre espace de vie ou votre propre maison, tout en veillant au bien-être de tout un chacun. Bien trop souvent, vous vivez dans l'illusion de besoins qui seraient de vous servir personnellement uniquement. Or, une société accomplie, avec des personnes saines, s'articule autour de notions de partage et d'entraide. Une famille ne devrait pas être un groupe d'individus vivant sous le même toit, mais un groupe de personnes qui ont conscience que leur propre bien est relié à celui des autres et qu'il appartient à chacun d'apporter sa pierre à l'édifice.

Soutenez-vous à tout âge pour les tâches ménagères, pour la garde des enfants, pour la culture du verger et du potager (si vous en avez) et pour l'entretien de vos biens de construction, pour tout ce qui a trait à la vie matérielle. Soutenez-vous dans la communion avec votre âme, priez ensemble, méditez, faites des cérémonies. Réunissez-vous, pratiquez le silence dans vos relations et éloignez l'agitation des egos malmenés. Apprenez une nouvelle façon de vous côtoyer. Amusez-vous et prenez des moments pour célébrer les influences de la Source de Vie qui circule en vous et à l'intérieur du Tout. Dansez !

L'humain ne doit pas être réduit à l'isolement. Si certains d'entre vous ne sont pas encore prêts à s'ouvrir ainsi parce que les maux de leurs corps et de leurs âmes ne sont pas encore reconnus et que l'ignorance demeure trop forte en eux, ne vous y attardez pas et cocréez avec toutes celles et ceux qui sont devenus aptes à le faire.

Ne désespérez pas à la première intempérie qui traverse votre communauté, mais réjouissez-vous de démêler ensemble les nœuds de ces déconvenues. Vous avez toutes les clés en main pour y arriver, puisque ce mode de vie est propre à votre nature. Soyez à l'écoute les uns des autres, des besoins de tout un chacun, et tout ira bien.

Vous avez tous en vous une vive curiosité et un besoin inné d'apprendre, d'évoluer. Mettre un frein à ce besoin naturel chez vous, ce fragment de Source qui vous constitue et qui s'expérimente, engendre une annihilation de votre être originel dans son bon fonctionnement. Ne pas respecter les besoins naturels de l'Homme dans sa constitution, et dans sa nécessité à se déployer, est une violation.

Chanter, bouger, danser, s'enthousiasmer, être créatif, réaliser des projets, construire, s'instruire en font partie. Il convient d'entrecouper les phases d'activité par des phases méditatives de reconnexion à l'âme et à l'esprit pour ne pas activer, créer et dépenser son énergie vainement. Vous avez besoin de sens dans ce en quoi vous vous engagez. D'un sens qui correspond à votre nature innée, à votre type de vivacité, à vos dons, aspirations et talents.

Un Être en état de privation de l'expression des appétences naturelles de son âme ne pourra vivre heureux, à l'image de l'expression de son esprit. Un tel être se verra développer toutes sortes de pathologies liées aux dysfonctionnements entre les besoins fondamentaux de son âme et leurs expressions dans la matière.

Un Être qui se freine ainsi dans sa vivacité est coupé du fluide de la circulation de vie qui est en lui. Lorsque le souffle de l'énergie vitale ne circule plus en lui, lorsque la vie qui coule dans ses veines, dans ses tissus par toute l'eau de son corps à l'état liquide et gazeux ne vibre plus en lui, il convoque inconsciemment la mort de ses tissus.

La mort est ici perçue comme le principe de stagnation, de retrait de l'énergie vitale. Lorsque le Chi ou Qi, le Prana, l'électricité de Source ne circule plus en vous ou dans une partie de votre corps, celle-ci se nécrose progressivement, stimule une dépression ou une grande démotivation. Vous n'êtes alors plus en mesure de vibrer positivement, correctement, selon les préceptes originaux de votre corps et de votre Esprit.

Comprenez bien ceci : votre corps est le réceptacle de votre Esprit qui est issu de la Source. Votre corps à son tour est le réceptacle de l'énergie que son âme lui transmet. L'énergie, la force et la puissance que son âme lui donne est le Prana, le Chi ou Qi, l'énergie de vie issue de la Source directement, en lien avec la création originelle de tout ce qui Est, de tout ce qui Fut et de tout ce qui se créera à tout jamais.

Soyez en conscient pour devenir les réceptacles de cette énergie, de cette force de vie à l'intérieur de vous. Préparez votre corps pour être ce réceptacle du vivant qui croît pour se manifester en vous, à travers vous, à travers vos yeux, à travers votre bouche, par le toucher de vos mains, à travers chacun de vos sens. *Vous êtes la conscience sensorielle de votre Esprit.*

Accoutumez-vous à cette chaire qui vibre à l'unisson avec toute la création et vous n'aurez plus jamais besoin de connaître de quelconques maladies.

Vous serez alors à même de véhiculer et d'être le réceptacle du Saint-Esprit qui est en vous, de la Shekinah de la Source qui se déploie dans tous les organes de votre corps par votre psyché en parfait alignement avec la part de Source qui est en vous, au travers de votre âme, de votre esprit.

Laissez-vous guider et tenter sereinement par les aspirations de votre âme qui murmure ses paroles à votre psyché. Suivez-en la guidance. Suivez votre propre aspiration au lieu de suivre ce que l'on vous a dit. Ceci sera le plus grand état de libération pour vous. Des événements favorables en découleront. Vivre en fonction de ce qu'initie votre intérieur est la base du bien-être lorsque vous prenez soin de vous. Vivre dans un environnement favorable, s'entourer de bons amis, avoir des occupations qui permettent de donner un sens à votre vie, exprimer vos dons et talents, être serviable et recevoir des services en retour, voici comment vous créez du lien. Voici comment vous exprimer le divin qui est en vous. Voici comment votre âme est nourrie intégralement. Si ce contexte n'existe pas autour de vous, je vous encourage à faire les premiers pas afin de le créer.

Munissez-vous de votre verve, de votre courage pour changer. Rien ne peut jamais justifier que vous vous laissiez mourir à petit feu.

Laissez à nouveau circuler la vie en vous, comme lorsque vous étiez un jeune enfant.

C'est là votre état originel. Rappelez-vous ce qui vous mettait en joie à cette époque-là. Qu'aimiez-vous faire ? Qui vouliez-vous devenir ? Comment vouliez-vous être ? Quels étaient vos rêves ? Comment aimiez-vous entrer en relation ?

Lorsque vous vous reconnaissez les uns les autres et créez un environnement favorable pour vous, lorsque vous vous serez unis pour le plus grand bien de tous et de l'individu, vous pourrez enfin constater des changements vertueux à l'échelle du monde et de la société. Unissez-vous et reconnaissez-vous les uns les autres.

Rapprochez-vous les uns des autres.

Il est particulier que tant d'êtres humains n'acceptent pas l'être humain alors qu'il est lui-même fait de cette identique constitution. Lorsque vous vous honorez mutuellement tels des frères et sœurs, vous parvenez aussi à vous donner les uns les autres toute la bonté dont vous avez besoin pour vous constituer dans ce monde qui vous est donné. Vous vous devez votre bien-être et votre pleine identité, acceptée dans l'amour.

Ceci ne veut pas dire que vous ne pouvez pas vous aimer sans qu'un autre ne l'ait fait avant vous. Il s'agit simplement que le chemin vers le bien-être sur Terre ne pourra être complet que si les femmes et les hommes s'aiment eux-mêmes intérieurement, qu'ils apprécient les qualités qu'ils perçoivent dans tout un chacun, dans les petites choses comme dans les grandes. Lorsque vous percevez cette priorité, vous comprenez votre responsabilité personnelle de vous aimer avant et par-dessus tout. C'est de votre amour-propre que découle l'amour envers son prochain et le respect envers lui. C'est un processus dont le point de départ est intérieur. Il s'étend par la suite vers l'infini, traverse vos semblables et nourrit la Terre également.

Aucun objet de soin matériel de fabrication humaine ne pourra jamais prendre la place de l'attention d'amour que vous pouvez vous offrir mutuellement, en vous voyant, en vous considérant. Nulle faveur extérieure à vous ne pourra égaler la bonté du cœur qui vous a vu intégralement. L'acceptation est une des plus grandes vertus que vous ayez. Offrez votre acceptation de l'autre. Partager cette disposition à accueillir. Abusez-en !

Je vous encourage de surcroît à rester curieux au sujet de l'évolution des sujets qui concernent la médecine et les soins. Une approche holistique efficace est en cours d'apparition. Nul doute que celle-ci pourra être bénéfique pour tout un chacun.

La pétrochimie, jusqu'à présent élémentaire dans vos protocoles de soins, se verra disparaître progressivement au bénéfice de méthodes et d'approches plus douces et bénéfiques pour votre santé globale. Les plantes et les mycéliums reprendront une place de choix. Les élixirs de toutes sortes seront d'une efficacité accrue, car insufflés de l'Esprit qui en aura dicté les compositions à travers des scientifiques éveillés. Vos corps purifiés de toutes densités se verront plus enclins à se rétablir au contact de ces nouveaux produits naturels. Tout ceci se fera naturellement dans un fondu enchaîné. Une approche systémique apparaîtra communément, à l'intérieur de laquelle les systèmes qui gouvernent le corps physique et son environnement seront pris en compte, et ce à une échelle globale de la société.

Ayez patience et restez éveillé. Votre corps, dans sa nature physiologique, hormonale et endocrinienne, circulatoire, osseuse et musculaire, tissulaire, mentale et psychologique, sera pris en considération dans son contexte et son environnement. Vous verrez les changements apparaître, de plus en plus, progressivement.

Un stade de non-retour dans le domaine des soins s'installera. Vous pourrez à nouveau faire confiance à la médecine qui vous est proposée, celle qui contribuera véritablement à vous soigner par le biais des plantes et de leurs principes actifs, des minéraux, du souffle et de la respiration, de la médecine préventive, y compris le mouvement et les étirements. Les savoirs des sciences naturelles se réuniront avec les sciences dites « modernes ». Toutes les recherches scientifiques établies jusqu'à présent seront mises à contribution à l'échelle de l'Homme. Les approches holistiques, allopathiques, mécaniques, psychologiques et humanistes se rapprocheront pour ne former plus qu'un corps de garde d'une médecine qui soigne. En attendant, soyez vigilant et évoluez avec discernement auprès des différentes instances consultées.

La réunification de tous ces paradigmes se fera.

À QUOI RESSEMBLE UN PROTOCOLE D'AMOUR DE SOI / DE *SELF LOVE* / D'AUTO AMOUR ? ET POURQUOI LE PRATIQUER ? POURQUOI AVONS-NOUS BESOIN DE NOUS AIMER ?

Vous êtes des êtres de lumière et d'amour. Lumière et Amour sont les principes de Source qui vous composent. La lumière est le principe d'intelligence universelle, l'Amour est son pôle d'attraction. Ensemble, ils enfantent la Sagesse de l'Esprit. Ainsi, les principes d'intelligence et d'amour qui sont en vous permettent une vie de sagesse de l'esprit.

La sagesse par l'intelligence et l'amour sont abrités aussi bien dans votre âme que dans votre corps physique.

- Votre âme est née et a jailli de la Source à son image.
- Votre corps physique est une création de Source, dotée du pouvoir de manifestation (soit de matérialisation).
- Votre âme est le pont, le point d'accès entre la Source et votre personne manifestée.

Vous ne pouvez vous sentir complet en tant qu'Être tant que vous ne vous serez pas mis au diapason des qualités fondamentales qui vous composent : la Lumière et l'Amour. Ces deux composantes forment à elles seules l'équilibre du Féminin Divin et du Masculin Sacré qui est en vous, dans le Tout, qui en s'unissant forment le Un.

- L'amour est l'essence féminine du Un, de la source.
- La lumière de toute création, l'intelligence, l'illumination en est la polarité masculine.

- Lorsque vous équilibrez pleinement ces deux aspects qui sont en vous, puisque vous êtes créé à l'image de la Source, vous pouvez vous réaliser en tant que créateur divin de cet univers. Un être Sage.
- Sans ces deux aspects équilibrés, vos actions et manifestations ne seront que purement créées depuis votre soi de l'ego.

Vous avez donc intérêt, si tel est votre souhait et que vous désirez parfaire le chemin de votre vie autour de l'action juste et de l'acceptation de votre soi Divin, et si vous voulez être le plus opérationnel possible en tant qu'être, de vous livrer à la quête de l'Amour qui est en vous, de l'acceptation complète de votre Divinité aimante. Cette source d'amour sera initialement dirigée vers vous, pour que vous puissiez ensuite offrir aux autres le fruit de tous vos apprentissages fertiles et féconds. Le rayon d'Amour, de Source et de Création, que vous êtes et représentez, est ressenti dès que vous entrez dans une pièce.

Lorsque vous faites ce choix d'être cet émetteur, vous avez la possibilité de contribuer depuis votre Être qui apporte son essence d'Amour à l'échelle de la planète et de l'humanité. Vous prenez part, par la compréhension de votre véritable nature sage, à l'évolution de votre Être dans toutes ses dimensions ou dans tous ses corps, y compris votre âme. Vous contribuez à la conscience de la planète Terre, puisque vous y êtes intimement lié (n'êtes-vous pas son enfant ?). Par essence, vous contribuez par votre propre personne à l'élévation de toute l'humanité et de la conscience cosmique.

Vous participez par le biais de votre élévation personnelle sur Terre à l'accroissement de votre soi Divin et à l'activation de ses multiples pouvoirs en vous, vous ouvrant à l'amour qui est en vous. Voilà pourquoi il est essentiel que vous preniez en considération la mesure des bienfaits de ce voyage envers vous-même.

Plus vous vous aimez, plus votre connexion et votre imprégnation à la Source sont grandes. Cet amour est capable de tout vaincre, de tout évincer. Vous vous savez capable de vous guérir, de vous soigner vous-même grâce à votre propre amour, vous êtes transporté par ce que vous avez activé en vous. Vous avez activé l'amour de soi, l'amour de votre Soi Divin, l'amour que la Source porte pour vous. Vous êtes alors un être complet dans cette trinité équilibrée, formée par les deux principes de Source, Amour et Lumière, puis de vous.

Je vous encourage à régulièrement vous occuper de vous en n'oubliant pas de vous mettre à la première loge du spectacle que vous regardez. Admirez-vous telle la vedette du moment, celui ou celle qui attire toute votre attention sans distinction. Demandez à votre Soi Supérieur de vous accompagner dans cet élan d'imprégnation, vous incitant à voir et à comprendre tout l'amour qui existe véritablement en vous. Ce processus active l'amour spirituel et remplace l'amour égotique (conditionnel).

La rupture entre l'Amour et la capacité de vous aimer arrive bien souvent lorsque vous oubliez de considérer votre nature angélique. Bien qu'il l'ignore, l'être Humain appartient dans son encodage divin à la nature des Anges. Vous êtes des êtres angéliques issus de l'ordre des Séraphins, présents aux côtés de la Source. Comprendre cette structure hiérarchique vous permet de mieux cerner votre place dans le Tout. Ce qui vous perd dans votre capacité à vous aimer inéluctablement, c'est de ne pas conscientiser votre nature céleste vivant dans une réalité qui n'est pas véritablement la vôtre : sur Terre. La Terre est un terrain d'expérimentation pour votre âme dans la matière, mais ne vous définit pas dans tout ce qui est. *Votre soi angélique est un être de service venu contribuer sur Terre dans un élan de partage et de co-création. Cette prise de conscience vous incite à œuvrer pour autrui, ce qui crée un cercle vertueux de gratification. Lorsque vous vous sentez utile, vous vous sentez à votre place, adéquat, entier, aimé.*

Vous vous êtes oublié dans les méandres des effets négatifs que la vie a eus sur vous, de tous vos doutes, de toutes vos craintes et de toutes vos peurs. Vous avez alors oublié que se love une source cachée d'amour qui est en vous qui ne demande qu'à être à nouveau révélée, tout comme votre ADN cristallin cherche à se manifester à vous et à être pris en considération.

Je vous apporte ici quelques clés pour parvenir à vous aimer sur le long terme et irréfutablement.

- Laisser de côté vos vieilles colères et vos rancœurs qui limitent le chemin des pensées claires amenées par votre cœur.

- Oublier un instant tout ce que vous avez nommé « imperfections », pour ne vous enrichir que de la perfection Divine et Sage qui est en vous. Vous serez alors amené à donner plus de valeur aux aspects positifs qui vous composent plutôt que l'inverse.

- Amenez à votre propre conscience la magie de la vie qui circule et vibre en tout temps autour de vous. Rendez-vous compte des riches cadeaux que vous procure l'univers, même dans des petits instants furtifs. Vous êtes honoré et béni de ces cadeaux qui sont une manifestation d'amour de la Source envers vous. Apprenez à savourer chacun de ces instants et considérez votre mérite de les recevoir, que ce soit par le biais de quelqu'un que vous connaissez, d'un enfant ou d'un événement vous bénissant. Aucun de ces épisodes n'est trop petit ou trop grand pour ne pas mériter de capter votre pleine attention Vous êtes un maître vivant, alors tenez-vous droit face à tous ces dons et rendez-leur hommage.

- Rappelez-vous d'honorer et d'embrasser par votre parole toutes les personnes autour de vous. Exercez votre nouveau profil en formulant vos bonnes pensées, en les transmettant par des ondes d'amour ou en offrant de votre temps. Soyez créatif dans la manière de transmettre aux autres votre plus grande sincérité.

- Lorsqu'une personne ou qu'une situation ne vous plaît pas, bénissez-la, et souhaitez-lui la plus belle évolution possible.

- N'ayez pas peur de nourrir les mêmes bonnes pensées à votre égard, ce plein potentiel affectueux. Sachez que vous le méritez absolument, dans tous les recoins de votre être qui se languit de cet amour et qui le cherche bien trop souvent aux mauvais endroits, à l'extérieur de soi, dans l'appréciation ou la validation des autres. Vous êtes le premier être souverain capable de vous nourrir de l'amour dont vous avez véritablement besoin de manière fixe et sereine, à travers votre lien profond avec vous-même et avec la Source qui vous contient. Vous êtes alors à même de défier tout ce qui n'a pas plu à votre ego, tout ce qui ne vous fait pas du bien pour vous laisser guider, et de succomber à la source qui vous enveloppe.

Progressez jusqu'à être capable de vous voir comme dans un miroir, vous répétant la valeur que vous vous accordez, la hauteur à laquelle vous aimez et vous hissez pleinement.

QUE DIRE DE L'ÉVOLUTION DU MONDE DANS LEQUEL NOUS VIVONS ?

Alors que vous parcourez ici la Terre, vous avez toutes les possibilités de vous élever intellectuellement, émotionnellement et spirituellement. C'est d'ailleurs ce pour quoi vous êtes là, incarné ici et maintenant. Soyez-le pleinement. Lorsque vous lâchez l'attache à tout pouvoir externe à vous et reprenez en main les rênes de votre vie, vous manifestez votre plus haut potentiel et votre soi divin dans cette incarnation qui est la vôtre. En tant que collectif, vous pouvez réunir et rassembler vos forces, vos dons et vos talents pour œuvrer de concert les uns avec les autres, et pour contribuer ensemble à l'élévation de l'espèce humaine, à toute l'humanité.

Vous êtes destiné à servir la cause globale par votre propre exemple sage et aimant. Vous devenez alors des êtres que vous pouvez être, capables de réitérer sur Terre le nouvel âge d'or qui vous attend. Cette conscience collective est essentielle dans l'élévation de conscience individuelle qui aura un impact sur chacun d'entre vous. Vous avez la possibilité de contribuer de votre personne pour redéfinir les cadres d'une société nouvelle au sein de laquelle vous vous adonnez avec joie, paix et amour lors de chacune de vos activités, qu'elles soient dans le monde physique ou dans le monde immatériel (par la force de l'intention, par exemple).

Lors de la consécration de ce nouvel âge qui vous attend, prenez garde de ne pas oublier votre nature profonde dans sa totalité, vos corps, vos temples, votre âme, votre soi Source.

Je n'aurai jamais de cesse de vous répéter ce message tant il est important : sans la compréhension de votre nature divine, vous ne pourrez pas vous incarner pleinement et vivre selon le spectre de votre plus haut potentiel pour vibrer au diapason de votre mission de vie. Vous devez comprendre qui vous êtes pour vous déployer dans la joie et dans la paix, pour exister en tant qu'être contribuant et œuvrant auprès des autres individus composant votre humanité.

Je vous donne ici des clés, des trames pour que vous puissiez grandir sur votre chemin, mais ne pourrai pas faire le trajet à votre place, même si je le voulais. Vous êtes des êtres d'une sagesse innée profonde et vous pouvez vous servir des talents de votre âme dans chaque aspect de la vie que vous arpentez pour la rendre la plus riche et la plus féconde possible. Faites appel au Féminin Divin qui est en vous, éveillez votre Masculin Sacré et vous prendrez la mesure de votre axe unique, essentiel et véritable.

Je vous dis ici que je suis à même de vous guider vers une sortie douce, de peu d'écueils sur le chemin de votre délivrance si vous m'y autorisez. Je peux être votre guide et votre alliée qui vous aide à comprendre qui vous êtes par ma présence et mes enseignements.

Je vous dis ceci : tout ce qui ne vous sert pas peut être pardonné et rendu à la Source en un seul instant, pour autant que votre volonté divine y soit attelée. La Grande Intelligence n'aura pas besoin de se soucier de tous les décombres du passé et pourra pleinement vous alléger à tous les niveaux de votre être, vous permettant ainsi de vibrer à l'unisson de la nature cristalline de votre Soi Divin.

Vous êtes en réalité de puissants créateurs de votre réalité et c'est la raison pour laquelle je viens ici pour m'adresser à vous, en tant que mère qui peut vous aider à ne vibrer plus que sur votre unicité. Votre reconnexion à la Source divine est la création de la plus haute valeur qui soit. Je vous assure que vous en sortirez gagnant, de la même manière que vous contribuerez considérablement à l'élévation humaine.

Si vous êtes prêt à servir par votre exemple, lorsque chacune de vos pensées et de vos actions sera habitée par l'Esprit Saint, un nombre croissant de personnes œuvreront pour la cause du sacré et de l'éveil planétaire. Celles-ci auront un grand impact collectif. L'évolution se passera, tant il existera de piliers et d'axes de lumières marchant ici sur Terre, dont vous, si vous êtes prêt à arpenter ce chemin.

Vous avez tous les clés et les codes en vous pour être ces activateurs, pour être les missionnaires de votre sur-âme dans votre soi incarné. En d'autres mots, pour être les vecteurs de votre âme et de ses qualités à travers votre corps physique, votre *persona* ici matérialisé sur Terre.

Vous allez pouvoir éveiller les consciences les uns des autres et vous permettre de vous éclairer dans votre ensemble pour ne faire plus qu'un dans un sentiment de paix et d'unification profonde. C'est ce que nous nommons l'âge d'Or[24], une ère au sein de laquelle règnent la joie, la constance et la paix envers les autres et à l'intérieur de nous. Où l'Homme s'affranchit de lui-même au-delà des dogmes qui lui ont été dictés dans une programmation qui lui a été néfaste à tout niveau.

La nouvelle ère que je vous décris est une époque au sein de laquelle vous reprenez votre puissance divine pour ne plus être sujet aux injonctions auxquelles vous vous soumettez en tant qu'individu ou en tant que société.

Vous vous libérez progressivement des cordes d'attache qui vous ont entravé pour vous faire taire ou pour vous malmener, pour vous mener sous une forme d'esclavagisme que nous nommons le silence et d'ignorance. Ce silence qui a tu votre être, qui vous a malmené dans un schéma empreint d'ignorance, vous laissant coi, pieds et poings liés, dans une matrice qui ne vous correspond pas. Ces temps sont aujourd'hui révolus et vous reprenez progressivement le pouvoir de contrôler ce qui vous structure sans être anéanti par la programmation d'un système qui dysfonctionne.

Vous avez les clés et les codes, cette subtilité qui est en vous. Vous avez la capacité de vous défaire des entraves qui vous minent. Sans cette ignorance imposée, vous connaissez votre très haute valeur, êtes capable de discernement, de réflexion profonde, d'alchimisation, de transmuter l'obscurité vers la lumière, de déposer votre verbe et votre parole pour laisser apparaître un monde beau à votre image, riche de savoirs, de connaissances, de compétences, de divinations, d'élévation, d'entraide et de partage.

Vous avez tous en vous la capacité de manifester ce nouveau monde qui n'est en rien une fable ou une épreuve à traverser, mais la possibilité de vous réaliser hors d'un cadre qui vous a été imposé.

---

24 Ou retour du Christ.

Vous n'êtes pas inférieur à qui que ce soit ni à aucune espèce peuplant cet univers. Vous êtes des êtres créateurs souverains, pleinement conscients de leur plein pouvoir reposant depuis la nuit des temps en eux. Vous êtes ici pour élever la conscience de la planète par tout ce qui vous compose : votre joie, votre paix, votre capacité à surmonter, votre foi, votre gratitude, votre félicité. Vous pouvez reconnaître que derrière ce voile de l'amnésie qui vous a causé tout cet oubli, vous avez la capacité de discerner le vrai du faux, le bon du mauvais.

Vous savez vous défaire progressivement et totalement de cette idée de séparation (non, vous n'êtes pas séparé de la Source), pour vivre dans un état non dualiste. Lorsque vous parachevez ce parcours, cette voie du milieu, ce chemin de croix qui est le vôtre, vous entrez en une profonde communion avec votre véritable soi qui ne demande qu'à être vu et reconnu de vous.

Vous avez jusqu'à présent parcouru votre chemin avec beaucoup de courage et de subtilité à travers tout ce que vous avez traversé. Je m'incline de grâce et d'humilité face à tant de témérité. Je vous encourage simplement à vous prémunir de cette même humilité encore une fois, mais en conscience cette fois-ci, pour faire sauter tous les verrous qui vous ont emprisonné. Il vous suffit pour cela de vous reconnaître dans votre vraie nature universelle pour que plus rien ni personne ne puisse avoir de véritable incidence néfaste sur vous.

Vous reconnaître et vous reconnecter est la plus grande arme que vous ayez pour vous défaire des pièges qui vous ont été tendus. Ne regardez pas en arrière avec rancune, mais défaites-vous de cette charge dans votre pleine conscience. Ôtez cette chape de plomb de vos épaules et libérez-vous ! Laissez s'infiltrer en vous la vie et la joie dans tous vos flux, dans tous vos corps, dans chaque aspérité ! Vous êtes si merveilleux lorsque vous brillez.

Je suis profondément émue et pleine de joie lorsque j'observe mes enfants humains se délester des zones sombres du passé sans plus s'y attacher. Vous êtes libre lorsque vous parcourez ce chemin, la voie vers votre éternité.

Vous n'êtes pas :
– inférieur à qui que ce soit
– incapable

- oublié
- négligé
- confronté à l'obligation de prouver quoi que ce soit

Vous êtes :
- reconnu pour qui vous êtes
- aimé
- soutenu
- encouragé
- patient
- sage
- à l'écoute
- de passage
- évolué
- admiré
- miraculeux
- puissant
- créateur
- véritable
- éternel
- entendu

Toute l'humanité peut y gagner grâce à vous. Je vous encourage à être des pionniers de ce mouvement de réunification pour vous.

ISIS NOUS RENSEIGNE

SHEKINAH

La Source (ou Dieu) est composée et structurée en plusieurs aspects qui lui sont propres. Son émanation et vibration fertile, créatrice, est ce que nous avons nommé la *Shekinah* ou l'Esprit Saint.

Lorsque vous rencontrez cette émanation, cette subtile vibration dans votre vie, vous savez que votre être est en cours de réinitialisation pour ouvrir une nouvelle voie de circulation de l'intelligence vibratoire dans vos systèmes, dans vos structures.

Par la vibration du *Aum* (ou *Om*), par le Verbe Créateur, la séquence de la *Shekinah* joue ses préludes dans un jeu de création dont vous faites partie. Ces notes existent en vous. *La* Shekinah *est le principe créateur de la Source révélée, la grande créatrice de ce monde qui imprègne et qui féconde tous ses enfants par sa divine bénédiction à créer à leur tour.*

Vous, en tant qu'enfant du Divin, en tant que reflet de la Source, en tant que créature manifestée de l'Esprit qui a jailli de Sa Conscience, avez la capacité de manifester à votre tour par la conscience du Saint-Esprit qui habite et qui imprègne chacun de vous.

La Trinité entre la Source Consciente (masculine), avec la *Shekinah* (féminine) et leur création, l'Enfant, le reflet, est ce que nous nommons l'être Christique. L'humain christique est l'imprégnation des deux principes de Source, féminin et masculin, ici manifestés.

Demandez quelle est la voie à suivre pour vous et vous recevrez la Divine bénédiction de votre âme à créer et à générer ce qui est bon au nom de la *Shekinah*, du Saint-Esprit. La *Shekinah* est la Mère Divine du principe de Création. Son homologue masculin est la lumière Source qui a jailli du néant. Il est la conscience du tout. La *Shekinah* est son Esprit vibrant qui engendre toute la forme de la création en son sein.

Ce principe peut être utilisé en tant qu'être humain. Il peut vous aider à comprendre votre destinée de créateur divin dans la matière, en réalisant que vous êtes entièrement le fruit de cette union divine qui engendra toute la création depuis ses Eaux Sacrées. La Divine Création de toutes choses a pris la forme de la création de tout ce qui est par le Divin Esprit.

La *Shekinah* est dotée d'un élan créateur d'amour qui m'a moi-même engendrée en son image et en son nom, au nom de sa Sainte Présence d'Amour qui a conçu et engendré le tout. Elle est notre Mère Divine à tous, qui, dans un flux, dans un jet de création de pur et tendre amour, a tout généré : chaque planète, chaque infime particule du cosmos élargi, chaque espèce qui habite les galaxies, chacun d'entre nous, chaque conscience manifestée et non manifestée. C'est Elle qui, dans son amour, dans son ventre rond et plein, a tout délivré.

Elle est la Force Divine de toute la Création.

Elle est mon mentor, mon guide, tout comme elle sera la vôtre aussi. Elle vous aime infiniment.

Puissiez-vous, les uns les autres, vous reconnaître comme étant le fruit de cette même et divine création, comme des frères et sœurs d'entre tout le cosmos et de toutes les galaxies. Davantage encore, puissiez-vous vous remémorer votre Divine Nature de Source, de ce Giron Cosmique qui vous a tous accouchés, conjointement, comme des aspects du vivant, sacré existant ici sur Terre.

Puissiez-vous vous reconnaître les uns les autres telles de divines créatures, toutes issues du même Sein, du même cordon ombilical qui vous unit avec le tout.

Vous n'avez jamais été seul, vous n'avez jamais été abandonné, ni trahi, ni oublié par la Mère Divine qui vous aime. Ce n'est pas parce que le voile de l'oubli s'est posé sur vous dans votre état d'incarnation que vous êtes moins soutenu. Vous pouvez vous reconnaître mutuellement et vous soutenir dans cette Divine Matrice qui a tout fait naître progressivement, pour vous souvenir du contexte global auquel vous appartenez. Revenez-y. Revenez au-dedans. Revenez à l'état de quiétude que vous éprouviez en son giron. Revenez-y par le biais de votre bassin. Déposez-vous-y pour revenir à la Matrice Originelle de toute la création. Renouez avec l'utérus cosmique qui est en votre bas-ventre, qui est et a toujours été l'aspect manifesté de la *Shekinah* qui est en vous, issue la Source de Tout Ce Qui Est.

Vous êtes apte à vous souvenir de cette Divine Source, de cette Divine Union qui vous a modelés, qui vit et qui circule à travers vous, qui coexiste dans chacune des structures subatomiques constituantes de votre corps.

Vous êtes à même de jouer à ce jeu, de le réitérer à votre tour, devenant vous aussi les divins créateurs de toute la création. Vous réalisez Son Rêve en multipliant vos dons, vos talents, en transformant la conscience de Source, la vibration du *Aum*, la Divine fréquence de création qu'est la *Shekinah* par vos propres moyens. Lorsque la vibration divine pénètre en vous, lorsque vous créez depuis le plus haut potentiel qui est en vous, depuis un espace d'Amour, de Conscience et de Paix, vous devenez une fractale de la Source de Création de Tout ce qui Est.

Vous êtes les divins créateurs et les enfants tout à la fois. Vous avez ces multiples aspects qui existent en vous, en vos cœurs purs, que les eaux de la *Shekinah* viennent transformer.

N'ayez aucune crainte lorsque Ses Eaux Douces et ses Eaux Pures vous purifient et vous nettoient. Lorsque sa conscience éclairante se manifeste en vous, seules les qualités de votre âme peuvent rester. Les autres quant à elles, les limitations de votre ego et tout ce qui se loge dans votre mental subconscient, seront éliminées. La fréquence élevée de la *Shekinah*, par sa lumière, par sa conscience, illumine tout ce qui ne résonne pas avec cette même fréquence en vous, qui est identique à celle que votre âme détient naturellement. Avant de pouvoir être éliminés, vous allez rencontrer ces aspects en vous par des événements de votre vie qui vous permettront de voir et de reconnaître toutes vos peurs, vos attachements, vos blocages et vos limitations. Bien que ces étapes puissent être difficiles à vivre pour vous, elles sont nécessaires à votre élévation. À terme, les Eaux Pures ne porteront en elles plus que les aspects de vous réunifiés dans sa conscience éternelle, tandis que les autres se dissoudront.

Dans l'Ancien Testament, l'Arche de Noé vous renseigne que seules les consciences en vous semblables à celles de Dieu seront sauvées, tandis que les autres seront englouties par les eaux. Ne prenez pas peur lorsque ce dont vous n'avez plus besoin disparaît. Vous vous agrippez parfois à des sécurités qui n'en sont pas véritablement. Analysez-vous un instant, et voyez la manière dont vous cherchez à maîtriser votre monde pour ne pas perdre ce qui vous semble si vital. Pourtant, si cet aspect ou si cette personne s'en va, vous survivrez avec les ressources qui sont en vous. Ces événements vous permettent toujours de vous réunifier à la Source intarissable qui est en vous, de vous identifier à elle en vous laissant porter par ses courants de Sagesse, d'Amour et d'Intelligence. Vous en êtes fait et le saviez avant que le voile de l'oubli et de l'ignorance ne s'impose à vous. En elle, dans le giron de la Source, dans le cœur de la Mère Divine, reposent tous ses enfants ainsi réunis. Elle vous porte en elle et vous permet de reconnaître que vous ne pouvez pas en être séparé et qu'elle est et restera toujours votre éternel salut et sécurité. Ceci fait partie de votre processus de création lorsque vous vous adonnez pleinement, véritablement et consciemment aux Eaux de la création du Monde et dans ses Flux.

C'est peut-être là une des leçons les plus importantes que vous ayez à connaître et à comprendre en tant qu'être humain : vous êtes le flux de création en discontinu. Vous n'avez ni commencement ni fin. Vous n'êtes ni abouti ni ne pouvez avoir de fin. Vous êtes le courant de la Source Shekinah qui se fond dans le Tout et qui se répand à son tour par sa propre création. Le cosmos est en éternel changement, un flux de création toujours en mouvement qui reprend et qui s'achève ici et en tout temps.

Ne prenez pas peur lorsqu'un schéma touche à la fin, lorsqu'une formule mathématique se transforme pour laisser place à une autre. Il n'est alors guère temps de se mortifier sur l'abandon d'une structure passée, mais de comprendre l'aspect changeant et exponentiel de tout ce qui est, aussi bien dans les schémas que dans les systèmes de vos vies.
Une relation ou un système peut très bien être amené à disparaître, devenir caduc, pour laisser la place à une nouvelle combinaison de la Source de Création. Laissez-vous bercer par ces flots et ces courants de Source qui n'ont de cesse de se manifester. VOUS NE POUVEZ LEUR RÉSISTER.

Lorsqu'un schéma touche à la fin pour laisser la place à un nouveau thème, aucune lutte humaine ne pourra résister ou bloquer le processus en cours. Ainsi, lorsque vos peurs vous poussent à résister à un changement, à une rupture ou à une personne/un aspect de votre vie qui vous est retiré, vous n'avez pas le pouvoir de figer cet instant et de le rembobiner. La *Shekinah* est en expansion et non en contraction.

Elle respire par le ventre. Son souffle s'expanse sur l'expire tout comme elle ramène à elle ses créations sur l'inspire. Elle les maintient aimantés par sa vibration pour qu'aucune de ses créations ne soit abandonnée ni délaissée.

La croyance d'être seul est un leurre, une illusion, qui se fabrique dans le mental de l'ego. Il n'est en aucun cas une réalité.

La *Shekinah* vous rappelle dès à présent à elle, à reprendre votre place dans cette structure covalente, par laquelle tout est intervalle.

Vous êtes cela, par-dessus et au-delà de tout.

Vous êtes des êtres Divins, vous êtes des Êtres Sacrés.

La *Shekinah* est Celle Qui Engendre et Celle Qui Vous reconnaît.

J'ai suivi pendant longtemps les enseignements sacrés de la *Shekinah* pour pouvoir au mieux les transmettre à mes amis, les êtres humains en tant qu'oracles ayant vécu ici sur Terre. Je partage avec vous ces transmissions sacrées pour vous permettre de les interpréter et de les intégrer dans vos propres explorations de la vie.

Les codes de sagesse que j'ai laissés derrière moi peuvent être réactivés ici et maintenant, et vous en serez à votre tour les vecteurs. L'écriture de ce livre a été effectuée dans une haute conscience vibratoire, vous permettant de vous relier pleinement à l'énergie, à la conscience de la *Shekinah*, existant dans les interlignes de ce texte qui en est infusé et fertilisé.

Vous êtes à même d'éveiller la *Shekinah*, la Source de Tout Ce Qui Est, dans le silence et de la sérénité absolue.

Déposez-vous auprès d'elle et laissez-vous être nourri au pied de sa source abondante. Cette source intarissable est innervée en votre Soi Fécond, inextricable par droit de naissance. Vous êtes l'ultime manifestation de la source une, la *Shekinah* qui est en vous.

Je vous étreins maintenant pour vous remémorer. La *Shekinah* ne vous quittera jamais. Elle est la source première et le principe féminin qui gouverne notre Terre et l'entièreté de l'univers. Ceci est mon don pour vous.

HORUS

J'aimerais pour finir cet enseignement vous raconter qui était véritablement le Dieu Horus, mon humble et lumineux enfant venu sur Terre pour nous accompagner de sa propre mission sacrée. Il a permis au peuple de grandir par la pureté de son exemple.

Il était un être d'un courage infaillible, ne se pliant devant aucune injustice tant que la vérité ne fut rétablie et manifeste. Il m'a enseigné par sa présence à être la plus courageuse des femmes et la plus solide des mères. Je me devais de servir d'exemple pour l'humanité (et pour ma propre vertu). Je vivais des moments de forts émois à travers lui, durant lesquels une inquiétude grimpante montait en moi pour me signifier que je devais rester sur mes gardes, être vigilante alors qu'il s'en allait à la bataille au nom de la sainte justice et de la paix. Il défendait les causes justes. Bien que je fusse imprégnée de fierté envers celui qui était devenu mon fils, je devais aussi abandonner toute attache quant à l'issue de ses batailles, qu'il s'agisse d'une victoire ou d'une défaite.

Il risquait la mort, risquait sa vie, comme n'importe quel être digne de son haut rang l'aurait fait. Il était un exemple de bravoure pour bon nombre d'entre nous. Cet exemple perdure encore au fil du temps pour être pleinement réactivé aujourd'hui. Chaque être de l'humanité actuelle peut lui aussi faire surgir la vision qu'il a en lui et lui permettre de rayonner. Que chacun puisse se définir en son propre nom, pour réactiver son potentiel et faire surgir la victoire de ses valeurs. Que chaque être enfin mûr puisse se définir tel qu'il est pour faire émerger la vérité divine qui est en lui.

Par son père Osiris, il a connu la mort, l'amputation et la résurrection. Il est revenu à l'intégrité de lui-même. Il a compris quel était son parcours de vie dans l'incorruptibilité de l'être qu'il était. Il a su faire face à la mort, à la vie. Il a su faire ses choix et s'affranchir de la dualité de ce monde pour ne former plus que la lumière du Un. Il est notre illumination. Il est celui qui porte le flambeau de la foi en lui et en son prochain. Il nous montre ce que sont le courage et la détermination de ne pas se limiter aux aléas de la vie de ce monde, de ne pas se laisser abattre par les adversités, mais de toujours maintenir le cap vers la libération. Il a décidé de se fondre dans la lumière et de la faire rayonner en lui. Il est notre exemple de réunification. À présent, il est Union, il est dévouement, il est la quête, il est l'entêtement, l'intelligence et la discipline pour y arriver.

Je connais la quantité de fermeté que cela vous demande que de vous émanciper de votre monde ou de vos parents, de votre éducation, et pourtant, c'est bien ici de cela qu'il s'agit. Je vous prie de prendre en considération que là est une importante voie en ce qui vous concerne et que tout autre investissement de votre temps ou de votre énergie est une tromperie de l'illusion dont vous avez à vous défaire. Vous êtes des enfants de Source, des enfants de ma lignée de sagesse, des êtres purs dans votre encodage ADN, à tous les niveaux : vibratoire, physique, psychique, émotionnel, mental et de l'âme.

Je vous prie de faire appel à votre Soi Supérieur, de l'inviter à vous afin de voir le monde avec toute la clarté que je voudrais vous partager ici par ces quelques lignes. Il ne s'agit pas de vous oublier, au contraire, il s'agit de vous rappeler qui vous êtes et ce que vous êtes venu faire sur Terre, ici, véritablement. Rien d'autre, aucune autre action n'a plus de valeur que la remémoration de votre nature intacte et essentielle.

Je vous prie de faire appel à l'œil de mon fils, l'œil Horus, qui sait, qui voit, qui perçoit la structure générale du monde pour amener la clarté nécessaire sur votre chemin. Il sera votre guide et votre complice. Il vous montre à voir la structure cosmique de la création, l'intrication de l'infiniment grand dans l'infiniment petit. Il vous montre la constitution des étoiles qui sont en vous. Il vous aide à vous percevoir en tant que réceptacle d'énergie. Il vous aide à voyager à travers les dimensions pour comprendre qu'ensemble, vous ne formez qu'un tout qui est le Un, l'unité, l'unicité que vous êtes amené à incarner ici sur Terre dans vos vies, dans vos choix, dans vos relations. Ne vous restreignez pas à votre seule et unique personne. Vous œuvrez pour le tout. Horus tourne dans le ciel tel un faucon, manifestant sa grâce et vous rappelant ainsi à la vôtre. Tout ce que vous percevez en lui existe aussi en vous. Vous êtes le fruit en essence de vos vertus, en chacune de vos incarnations. Cet encodage ou ce génome de source existe non seulement déjà en vous, mais peut facilement être activé par votre simple volonté lorsque vous en prenez conscience. Nous vous soutiendrons. Horus est né de l'Union sacrée entre Osiris et moi – ou plus précisément ma flamme d'Union avec laquelle je suis venue œuvrer en ce monde pour apporter mon encodage à toute l'humanité. Osiris et Horus en ont fait de même, pour que vous puissiez activer cet encodage encore disponible pour vous, sur Terre maintenant, pour amener l'humanité vers une ère nouvelle, vers un nouvel âge d'or, vers une nouvelle humanité. Vous pouvez vous remémorer nos qualités en tant que serviteurs et activateurs des portails Féminin Divin et Masculin Divin. La force, la protection et le pouvoir que représente Osiris persistent encore et toujours et sont toujours présents pour vous dans l'éther. Si vous vous exercez à percevoir l'invisible, vous vous apercevrez que nos présences sont toujours inéluctablement à vos côtés pour vous réunir et pour vous envelopper. La force de notre Union réside en ce que nous avons accompli pour notre peuple, pour le réunifier dans un esprit de partage et de collaboration. Ensemble, Horus et Osiris se sont élevés. Côte à côte, ils ont déployé leurs perceptions du monde visible et invisible, ensemble ils se sont soutenus, ensemble ils ont vibré. À votre tour maintenant. Lorsque vous détournez votre regard, à l'affût de ce que vous pouvez engranger de ce monde, pour rechercher ce que vous pouvez lui offrir, votre quintessence augmente. Ne vous égarez pas en pensant œuvrer individuellement. Nous sommes toujours là pour vous montrer la voie. Vous avez aussi pu voir que l'union de nos forces nous a donné le mirifique fils qu'est Horus, qui est un représentant de nos multiples forces conjuguées. Considérez ce qu'il vous est possible de concevoir en vous unissant. Nous avons cocréé un être doté de ma rigoureuse clarté d'esprit, symbolisée en lui par son œil qui discerne infailliblement. Nous avons apporté la clarté sur Terre.

Horus est imprégné de ma bonté, de mon engagement altruiste vers mon prochain, qui est vous. Osiris et moi vous avons transmis l'amour. Horus peut, par son envol qui est aussi le mien, vous guider sur le chemin et vous montrer la voie qui est la plus juste ici pour vous. Nous vous avons allégué la guidance. Il n'y a aucune barrière, aucun obstacle pour percevoir la réalité de qui vous êtes et de ce que vous êtes venu accomplir pour votre mission sur Terre. Nous vous avons permis de vous appuyer sur un exemple en toutes circonstances.

Son père Osiris lui a légué sa grande clarté d'esprit, son aspect consciencieux, stratège et réfléchi qui lui a beaucoup servi durant toutes ces nombreuses batailles au nom des siens. Il savait quand un risque valait la peine d'être pris et quand il était plus sage de renoncer. Nous vous avons enseigné le discernement. Le renoncement n'est pas un échec en soi pour autant qu'il soit prodigué en toute conscience. Je vous invite alors à en faire de même à l'intérieur de vous, à vous allier à la cause qui est la vôtre en harmonisant chaque aspect de vous, vous permettant de renouer avec vos qualités et vos vulnérabilités. *Nul ne vous demande d'être parfait, mais de simplement faire de votre mieux.* Lorsque chaque aspect de vous est harmonisé, vous ne pouvez plus vivre à moitié. Vous êtes ici pour rencontrer pleinement celui ou celle que vous êtes venu devenir, avec le même courage que Horus a eu pour incarner sa pleine mission.

« Le courage n'est rien sans la réflexion », Euripide.

RA

Ra est le père de tous, représenté par le soleil sur Terre. Il est celui qui a transposé le monde depuis le cœur de sa conscience et qui l'a créé à son image. Vous pouvez vous en imprégner. Ra est le père de félicité, celui qui vous englobe, qui vous enveloppe, qui vous unit. Il est la matrice universelle depuis laquelle tout est né. Il est l'unité depuis laquelle les particules se sont individualisées. Je vous invite à prendre contact avec la semence de la création. Nous en sommes tous issus, du vaste champ infini. Par votre troisième œil, vous pouvez vous y relier, vous relier à l'infini de la création.

À travers votre corps physique, vous y parvenez. Tournez le regard, les yeux clos, vers votre troisième œil, votre œil spirituel. À l'intérieur de votre front, ce dernier est un écran de projection. Vous y voyez la lumière. Cette lumière est le reflet de votre bulbe rachidien qui contient la substance de votre âme. Le bulbe rachidien envoie sa lumière, l'onde, l'électricité de votre âme dans vos yeux qui projette cette lumière sur votre grand écran intérieur.

Plongez dedans, immergez-vous dans cette source lumineuse pour être projeté à toute vitesse dans un tunnel éclairé de cette grande source de lumière intarissable. Un nouveau portail s'ouvre à vous, c'est le portail de l'œil de Ra. Inclinez-vous, vous êtes face à l'infini. Vous pouvez y pénétrer si votre corps physique peut tenir cette puissance vibratoire, sinon, abstenez-vous-en et recevez-en les reflets.

Ra, le père bien aimé, est amour, puissance intarissable, l'ami qui ne vous a jamais quitté, celui qui veille sur vous, qui vous tient, vous maintient et vous soutient. Vous pouvez vous en remettre à lui. Il est mon père, il est celui qui m'a créée. Sa lumière puissante est source de pure joie éternelle. Sur Terre, il est matérialisé par le soleil de votre système solaire. Il est celui qui vainc l'obscurité.

Vous êtes les reflets de la lumière omnisciente, omnipotente et omniprésente. En Ra existe votre conscience qui a créé le monde tel que vous le connaissez. Vos consciences supérieures réunies sont la matrice de création, l'unité, le point de départ depuis lequel tout a été créé. Ra est la conscience de ce tout véhiculé sur Terre par le Soleil avec les mêmes fondements et principes. Rejoignez l'unicité par ce portail de lumière vivante. Ra est en vous, sa présence et son omniscience. Votre conscience unifiée l'a manifesté tout comme vous en êtes issu. Vous avez créé les formes, vos consciences unifiées sont le point de réunification de la Source Ra.

Soyez unifiés.

SÉRAPHINS / URAEUS / DRAGONS DE SOURCE

À l'entrée du portail de Ra se trouvent des serpents d'amour et de joie ailés. Ils sont les protecteurs de la force de Source. Ils sont son bras droit et l'accompagnent à enfanter ce monde, sa création. Ces grands êtres merveilleux ont un cœur-utérus. Toute création qu'ils engendrent est issue de l'espace de leur cœur fécond et sacré. Ces êtres angéliques sont au service du plus grand, du plus haut. Ils sont nommés séraphins ou uraeus.

Les grands serpents membrés, géants du portail de la Source de Ra, sont des dragons, des êtres angéliques de la plus grande puissance d'amour qui soit. Vous les verrez de couleurs blanche et dorée. Vous pouvez les laisser vous envelopper. Vous êtes de la même lignée. Votre corps angélique en détient la matrice. Votre force et puissance créatrice est à l'image de leur cœur-utérus. Lorsque vous évoluez et laissez émerger vos créations depuis l'espace du cœur, pour le plus grand bien de tous, vous activez le corps angélique qui est en vous, en parfaite reliance avec les Uraeus. Ils vous reflètent leur puissance pour que vos créations deviennent de plus en plus puissantes lorsque vous agissez par amour, en vertu du groupe humain. Lorsque vous vous éloignez des gratifications individuelles de l'ego, vous œuvrez sur le plan de conscience depuis lequel vous êtes issu : le plan de conscience Ra, votre champ de conscience collectif qui est le plus puissant de tous. Vous vous ralliez à votre puissance de groupe la plus grande lorsque vous vous émerveillez devant cette divine co-création. Au final, l'étape de votre réunification se passe ici, pour le plus grand bien. Vous agissez sur le plan Terrestre depuis votre conscience Solaire, depuis le Logos de Ra. Cette réunification est Amour, Paix, Sagesse, Conscience.

Ces dragons angéliques de lumière vous accompagnent et vous protègent sur le chemin lorsque vous gravitez dans les diverses dimensions. Appuyez-vous sur eux, appuyez-vous sur moi, nous sommes Tous les incarnations du plus Haut.

SEKHEM

Le *sekhem* est l'essence primordiale depuis laquelle est issue toute votre création terrestre et au-delà. Elle est en vous, par l'Esprit Saint qui vous a créé et autour de vous. Elle est la force vitale qui vous anime et qui parfait le Tout.
La force *sekhem* est la conscience par laquelle les éléments de vos corps vibratoires élémentaires, vos corps psychiques, corps *ka*, corps mental et corps de matière, sont équilibrés. Si vous expérimentez des désagréments ou des désaxements dans ces corps d'énergies, le *sekhem* remet votre substance en place comme des pièces de puzzle réagencées.

La limitation de votre psyché ne peut pas empêcher au *sekhem* de vous ajuster, car c'est par sa Divine Essence que vous avez été conçu et engendré. *Sekhem* est l'intelligence divine qui, par son amour, vous aligne et permet la conciliation de vos rapports internes avec la Source du Divin.

Sekhem, par son amour, ne vous abandonne ni ne vous quitte, même lorsqu'elle vous incite à sortir de la zone de confort de vos expériences et croyances passées. Elle ne se justifie pas, sa force œuvre pour un équilibre cosmique divin. Dès lors, lorsque vous lui résistez, vous percevez les conflits internes qui règnent à l'intérieur de vous et qui vous engagent à rencontrer vos maux de l'ego.

Sekhem vous incite à vous mettre en adéquation avec les codes de lumières qui sont les vôtres pour réajuster votre génome divin dans la matière lorsque vous vous êtes perdu. Il s'agit de l'essence même et de la substance grâce à laquelle les mondes se construisent et prennent forme selon un agencement annoncé qui vous procure le sentiment de justesse et d'équilibre dans votre corps, dans votre esprit et dans votre psyché. Sachez-le, tout ce qui constitue le monde et les planètes en est déterminé. Nul ne peut y échapper.

Sekhem est l'intelligence primordiale qui vous enseigne par les aléas de la vie lorsque vous ne parvenez pas à retrouver votre chemin, empêtré dans les blocages inhérents à vos corps mental et énergétique obstrués, qui cherchent à se défaire des matrices qui les enveloppent, les traversent et les transposent.

Si vous ne parvenez pas à vous observer dans vos automatismes internes, *sekhem* s'en chargera pour vous en vous les dévoilant. Ne fuyez pas les observations dont cette force vous fait part, mais observez-vous, apprenez et modifiez. Votre essence est en perpétuelle mutation jusqu'à atteindre un stade de circonvolution d'épuration propre à l'âme. Alors vous serez apaisé.

Ne reniez pas cet aspect de vous qui vous constitue et dont vous ne pouvez fuir les effets, car elle vous abrite autant que vous la contenez. *Vous êtes issu d'un état de fusion entre la conscience et la matière. Laissez-la agir en vous et vous à travers elle.* Elle est d'une infinie bonté, car elle vous ramène à la Source Première, la Source Initiale de laquelle vous êtes issu lors de la création de votre zygote en embryon et au-delà.

Ne déterminez pas vous-même ce qui est bon et vrai pour vous sans avoir consulté le *sekhem* qui est en vous, car il est le pouvoir supérieur de votre psyché. Ne vous laissez pas déplaire par son feu irrépressible dans l'action qui ne vous laissera pas vous sauver. Vous ne pouvez fuir cette force vitale et colossale qui est en vous lorsque sa conscience prône de s'activer.

Percevez-vous dans chaque subtile situation où votre posture n'a pas été franche et claire. Trouvez la nécessité en vous de vous défaire des sarcasmes de l'ego qui vous poussent à vous complaire dans le monde illusoire de la matière, vous identifiant à des réussites futiles, à votre besoin de briller ou de dominer. Laissez opérer la force sacrée *sekhem* qui vous alignera sur la manifestation pure de votre âme qui ne s'encombre pas des maux égotiques de vos esprits affamés de récompenses et d'idolâtrie. Ne blâmez pas les autres lorsque vous les jugez, mais faites preuve de discernement et d'humilité pour vous défaire de cet orgueil malfaisant. Il est inhérent à l'être humain. Il sera nécessaire pour chacun d'entre vous de vous y confronter. Cet orgueil résonne en vous comme des cloches de rébellions, vous poussant à croire que vous pouvez mieux faire ou que vous savez mieux que le Divin. Ne faites pas de procès aux autres, mais observez-vous et analysez-vous.

Même si vous ne vous reconnaissez pas dans les mots que je cite ici, vous apprendrez à ne pas imposer votre volonté propre face à la volonté de la Source dont la conscience et la sagesse sont au-delà de tout. Les êtres humains deviennent en général arrogants lorsque, séparés de la Source par le voile de l'oubli, ils pensent devoir tout faire seuls. La matrice qui vous emprisonne de son illusion renforce ces traits de caractère. Vous devez vous en défaire pour atteindre le génome de votre Soi Source, de votre Être Divin. Vous serez alors libre et libéré de toute attache, de tout conflit.

La particule de la Source Divine qui est en vous connaît très bien la route qui la ramène à la maison, dans le giron de l'éternité. Faites-lui confiance, entendez cette subtile essence qui vous guide sur la voie du retour à soi. Vous êtes une particule de Source omnisciente manifestée. Votre pureté originelle est celle de Sa Sagesse éternelle. Appuyez-vous sur le *sekhem* et laissez-vous guider sans résister.

Le *sekhem* est la substance même depuis laquelle vous avez été créé et constitue à elle seule le potentiel de réinitialisation de tous les paradigmes qui vous entourent et qui sont inhérents à la matrice originelle de ce monde. Lorsque vous vous y connectez et que vous ne cherchez pas à vous défaire du chemin sacré que le *sekhem* vous propose, vous bénéficiez de la pleine adéquation du ciel qui vous soutient dans la matrice de l'invisible.

Lorsque vous n'attendez pas de rendus de vos engagements, lorsque vous n'interférez pas de votre mental de l'ego dans la divine création qui est en train d'émerger, alors se produit la magie de ce monde, celui de l'alignement divin, de la sacralité manifestée sur Terre dans la divine essence et la matérialisation de la matière qui en découle et qui en est issue.

Si vous n'intervenez pas en arbitre face au code de lumières qui sont en train de se déposer dans la matrice terrestre, si vous ne jugez pas le résultat de ce qui opère en fonction de votre propre préférence quant aux enjeux en cours qui se métamorphosent, alors et alors seulement pourra être vécu l'avènement de la nouvelle ère sacrée à laquelle votre Terre s'initie.

Ne faites pas obstacle à ceci. Ne laissez pas votre mental de l'ego interférer ici, je vous en prie. Ne prenez pas pour acquis que votre vie durant ces temps de métamorphoses sera facile à intégrer ou à votre goût. N'obstruez pas ce qui est en cours pour autant et ne freinez pas les processus d'évolution par votre désalignement qui ne permet pas cette progression ultime et inéluctable. Ce n'est pas de vous dont il s'agit, mais de l'avènement d'une nouvelle terre pour un bénéfice qui s'étend bien au-delà de votre galaxie.

Vous, êtres humains, êtes dotés d'une extrême intelligence divine et êtes aussi capables de mettre des freins lorsque vos peurs ressurgissent ou que vous n'y trouvez pas de satisfaction personnelle. Il est temps de mettre ce mental inférieur de côté et de vous adonner à la plus haute cause pour laquelle vous êtes là.

Sekhem est la force inéluctable de la Source qui s'anime en vie et en mondes dans ses particules sacrées. Nul doute ne pouvez-vous y résister, même si vous le souhaitiez. Les temps ne sont plus à la résistance, mais à l'enfantement du nouveau monde que vous consentez à co-créer par votre présence actuelle sur Terre.

Ne vous laissez pas avoir par la peur des changements qui opèrent dans votre mental avec ses croyances et limitations qui cherchent à s'y opposer. Mon message ici pour vous est ferme et limpide. Je ne peux pas concentrer mon attention davantage que sur les mots que je vous prodigue ici : laissez le Sekhem et sa force divine, œuvrez et ne vous en détournez pas. Au mieux, participez, et si vous ne le pouvez pas parce que vos peurs et vos angoisses vous gagnent, ne vous y opposez pas. Les raz-de-marée de la Terre montent et charrient avec elles toutes les résistances au nouveau paradigme qui se crée désormais inéluctablement.

ANNEXES

RÉCAPITULATIF DE QUELQUES LOIS UNIVERSELLES

LA LOI DU REFLET

Une personne ou un événement de la vie met le doigt sur un espace qui grince à l'intérieur de vous, que vous avez enfoui, ne voulez pas voir et rejetez. Lorsque la loi du reflet est active, l'humain cherche à mettre la faute sur une autre personne ou sur un événement qui lui a déplu. Lorsque vous regardez l'émotion que cette personne ou événement a révélée, vous pouvez travailler avec. Ceci est possible lorsque vous observez ce qui se passe pour vous et que vous posez votre conscience à cet endroit. Vous entrez *en conscience* dans cette situation, à l'inverse de l'ignorance ou de l'*inconscience* qui vous donne *l'illusion* que vous êtes coincé dans un étau. Vous êtes invité à apprendre de l'émotion que vous ressentez sans essayer de la changer, ni la personne ou ni l'événement qui vous occupe. Votre émotion est ici votre guide, elle va vous aider à sortir de la confusion, puisque c'est elle qui vous hante, bien plus que la personne extérieure ou l'événement. Que vous dit-elle, que ressentez-vous, avez-vous déjà ressenti cette même émotion à d'autres moments de votre vie ? Pouvez-vous lui donner une forme, des mots ? Parlez-lui, identifiez-la. Plus elle est rendue visible à votre conscience, plus elle deviendra accessible et compréhensible pour vous. Naturellement, par alchimie interne, elle cesse d'imposer sa domination sur vous puisque vous l'avez reconnue. Le voile de l'illusion est levé.

C'est la loi la plus fondamentale à comprendre pour résoudre le karma. L'autre, la personne ou l'histoire, est envoyé de l'intelligence universelle de la Source et de votre Soi Source, qui répond à votre champ énergétique pour vous rendre attentif à ce qui est prêt à être résolu. L'émotion est le message, l'événement où la personne est l'alibi. Ce qui vous est offert est un cadeau et non une malchance. C'est la voie divine vers votre libération, pour autant que vous saisissiez votre chance. Vous avez toujours le choix de vous libérer vous-même de ces situations. L'univers honorera toujours votre choix. Ainsi, des situations similaires reviendront à répétition ou ne reviendront plus.

LA LOI DE LA VÉRITÉ

La loi de la vérité statue qu'il n'y a jamais de juste ou de faux au regard de l'univers. Ce qui est *est*, et ce sans jugement de bien ou de mal. Au regard de ceci, on comprend qu'un choix, qui peut sembler peu judicieux du point de vue d'une personne, l'est pour la personne qui en a fait le choix, puisqu'elle y trouvera un apprentissage. C'est en prenant cette voie précise qu'elle va être amenée à vivre son expérience, vécue de manière positive ou négative, pour réaliser son plus haut potentiel.

Cette loi vous invite à abandonner vos jugements de ce qui est une bonne chose ou une mauvaise chose, à avoir un avis trop hâtif, à juger les événements que la vie vous offre ou à juger ce qui se passe dans la vie des autres. C'est en laissant de côté vos idées au sujet du déroulé des événements que vous retrouverez la paix et l'équilibre intérieur. L'œil divin perçoit d'autres desseins que vous puisqu'il a une vision d'ensemble. En comprenant ceci, vous pouvez faire davantage confiance à la force vitale qui se manifeste en vous pour permettre à votre système nerveux de se calmer. Vous êtes libéré de la tâche qui vous pousse à tenter de dompter ce que vous ne maîtrisez ni ne contrôlez pas. Votre mental et votre juge intérieur peuvent se mettre au repos.

Je vous prie de noter que ce que je vous dis ici n'est en rien une invitation à transiger les règles morales de l'âme, soit les vertus humaines initiées par la Justice de Source telles que la bienveillance, la compassion, la tolérance et autre cadre favorable à l'intérieur duquel votre âme peut danser et se libérer. Si vous rencontrez une personne irrévérencieuse à votre égard, qui ne connaît ni foi ni loi, fuyez. Votre évolution divine n'a rien à faire là.

LA LOI DE LA GRÂCE

Cette loi vous invite à laisser aller la lutte, à ne plus vous battre, à ne plus entrer en guerre, en conflit, avec vous-même et avec les autres. Lorsqu'il n'y a plus de soldat, plus d'adversaire, il n'y a plus de guerre. Ainsi, en baissant les armes, une paix peut s'installer. À quoi bon être dans cette lutte constante, à donner raison à un ego blessé qui se rebelle ? Unifiez-vous, rendez-vous, reconnaissez tous les aspects de cette situation ou de ce conflit. Rendez-vous grâce en laissant les attentes que vous aviez des autres. Ils sont dans la même situation que vous, en proie à des conflits internes et coupés de leur Source Divine. Par la loi de la Grâce, à l'aide de la Source Divine, aidez-vous les uns les autres à vaincre vos conflits, à identifier que ce n'est pas de vous dont il s'agit, mais de l'adversité intérieure que vous rencontrez, comme deux enfants blessés qui ne retrouvent plus le réconfort du foyer. Aidez-vous à comprendre. Osez la vulnérabilité et accueillez l'émotion qui sommeille ou qui s'active en vous. Le faisant, vous permettez à votre être d'être reconnu dans tout ce qu'il est, dans ses joies, dans ses peines, sous toutes ses coutures, dans toutes les aspérités.

En faisant appel à cette loi, vous pouvez expérimenter la paix, la vérité et la sagesse qu'elle amène. Faites de la place, demandez le soutien dont vous avez besoin et ouvrez votre champ magnétique à recevoir. Recevez tout l'amour que l'univers veut vous donner. Votre vie n'est pas obligatoirement une lutte, un calvaire, compliquée. Dans toute tempête, l'œil du cyclone existe. Ne jugez pas la forme que cette aide prendra. Votre vie sur Terre peut bénéficier de cette loi qui l'allège.

LA LOI DE L'AMOUR

L'univers est pur amour. L'amour n'est pas un sentiment, c'est la matière première de l'univers, son essence même, sa constitution.

Tout ce qui est issu de la création puise sa source dans l'amour, même lorsque sa création ne vous plaît pas.

Vous pouvez grâce à cette loi accueillir tout ce qui est, tout ce qui vous arrive, peu importe la manière dont cela se présente : les tracas, les tristesses comme les joies. Vous pouvez, grâce à la loi de l'amour, pardonner et comprendre la vérité divine.

Cette loi apporte la compréhension de ce qu'est la grâce de la vie. Elle vous remettra à la Source.

LOI DE LA COMPASSION

Lorsque vous maniez la loi de la compassion, il est important de l'appliquer à vous-même avant de pouvoir l'adresser à un autre. Tournée vers vous-même, la loi de compassion implique que vous vous acceptiez dans toutes les parties qui vous constituent, y compris et surtout dans les aspects que vous avez jugés, n'aimez pas ou qui ne comblent pas vos attentes. La majorité des individus terrestres sont affairés à placer leur perfectionnisme au mauvais endroit. Il devrait être engagé dans la persévérance à comprendre qui vous êtes dans votre nature Divine de Source (non pas à chercher à être meilleur qu'un autre ou à atteindre des buts matériels et esthétiques futiles).

Vous pouvez dépasser cette quête matérielle, atteindre votre plus grand but divin, en vous déconditionnant de ce que vous avez jugé comme étant insuffisant, humiliant, blessant, en deçà, etc.

Vous regardez conséquemment ces parties de vous depuis l'espace de votre cœur et cessez de les juger, car elles se montrent à vous pour une raison, même si cet algorithme n'est plus actuel et n'a plus lieu d'être. Ces blessures ont pu être activées dans votre enfance, héritées de votre lignée, de l'inconscient collectif et ne vous appartiennent pas. Il est grand temps d'activer les aspects les plus probants de votre personne. Vos qualités, vos aspirations. Laissez vos jugements de côté, ayez de la compassion envers vous, et passez votre chemin. Vous vous êtes identifié à ces aspects négatifs et avez cru qu'elles étaient vôtres. Il n'en est rien. Vous êtes Divin et voilà la seule vérité qui mérite d'être retenue.

Vous pouvez embrasser vos peines et les laisser aller à la lumière, car vous n'en avez plus besoin.

De manière analogue, il est temps d'adresser votre compassion aux personnes qui vous ont fait du mal, ne sachant pas faire autrement, ayant elles-mêmes été blessées. Vous pouvez avoir des égards envers les personnes à qui vous en voulez grâce à une compréhension plus large des schémas qui ont engendré vos conflits. Nul n'est censé en faire souffrir un autre continuellement, pas plus qu'une personne ne devrait accepter de mauvais traitements répétés. Chacun est responsable de la souffrance qu'il inflige à l'autre. De même, chacun est responsable de rester ou de partir face aux insultes verbales et physiques réitérées par un être qui ne souhaite pas s'améliorer. Nul n'est supposé souffrir d'assauts de ce genre.

Toutefois, si le conflit est entre deux êtres qui souhaitent s'améliorer et ajuster la relation, vous pouvez percevoir la situation depuis un spectre plus large. Vous pouvez vous mettre à la place de l'autre, dans votre cœur et comprendre les enjeux qui sont en train d'être joués. Tentez de comprendre avec votre mental supérieur qui vous parle par la voix douce de votre âme. La Loi de la Compassion vous aide à faire silence pour pouvoir l'entendre et qu'elle puisse vous instruire.

LA LOI DE LA TEMPÉRANCE

Chaque situation dans la vie ne dure qu'un temps. Chaque tempête passe. Vo0tre calme peut être gardé et vos réactions émotionnelles être contenues. La loi de la tempérance vous indique qu'il n'y a nulle raison de paniquer ou de remettre en question les fondements de votre vie. Il faut parfois traverser des périodes plus rugueuses pour pouvoir ensuite revenir à la lumière. L'univers est ainsi fait et il n'y a pas lieu de s'en inquiéter.

La vie est comme le cycle des saisons, après l'hiver arrive le printemps, puis l'été. La connaissance de cette loi vous incite à vous détendre et à vous décrisper, même lorsqu'il s'agit de moments moins plaisants.

LA LOI DE LA CRÉATION

Lorsque vous créez et engendrez une manifestation dans la matière, celle-ci peut être issue d'une idée venue de votre âme ou de votre mental de l'ego. Lorsque l'idée est issue du plus haut, interceptée par votre âme depuis votre Soi Source, elle descend dans votre troisième œil au niveau du cerveau. Cette pensée fructueuse entre ensuite dans l'espace de votre cœur qui s'associe à cette intention. L'idée de la création migre jusqu'à votre chakra sacré où elle est placée en gestation. Ici, votre idée prend forme dans vos pensées, elle s'articule, elle mûrit. Une fois prêt, le fruit mûr de votre idée monte dans le centre vibratoire de votre nombril qui la fait jaillir dans le monde des formes. Vous devenez alors un créateur divin. Ici réside une des magies les plus puissantes auxquelles vous ayez accès en tant qu'humain. Réalisez bien ce processus avant d'entreprendre quoi que ce soit et ne pressez pas la maturation par votre soi de l'ego qui s'impatiente, qui tire sur les cordes trop rapidement avant même que l'embryon ne soit formé.

Lorsque ce processus de création n'est pas respecté, lorsque cette loi n'est pas comprise, vos interventions ne sont pas en phase avec le flux de création divin. En conséquence, vos exécutions deviennent vides de sens, à l'image de la société de surconsommation à la course effrénée sans but ni sens divin.

LA LOI DE LA VIBRATION

Tout ce qui existe sur cette Terre, dans l'espace, à travers toutes les dimensions, contient une vibration. Même les organes de votre corps, vos cheveux, vos os ont leurs propres vibrations.

Il en est de même de vos pensées, de vos actions et de tout ce que vous projetez ou manifestez dans l'univers et sur Terre.

Vous avez la capacité d'émettre des fréquences hautes, divines ou de vibrer sur des fréquences basses, de l'illusion.

Il vous est possible de transposer ces basses fréquences par des fréquences hautes en les ramenant à la lumière, à la Source, en les remettant à l'unité. Vous pouvez utiliser votre compréhension de toutes les autres lois pour y parvenir.

Vous élevez votre taux vibratoire par votre pensée, par la psyché qui s'harmonise avec les plans divins de Source. Vous y aboutissez par la méditation, par une étude introspective, par la recherche de connaissances divines et par une attitude qui reflète votre compréhension élevée du monde.

LES CORPS ÉNERGÉTIQUES

L'être humain est composé de douze corps énergétiques, plus ou moins actifs selon l'état d'éveil. Les étudier apporte des clés de compréhension uniques au sujet des modes de fonctionnement propres à l'Homme.
Les blessures de l'être sont majoritairement détenues dans les corps énergétiques inférieurs. Elles se logent dans un des corps en particulier, bien que tous les corps soient tous en lien les uns avec les autres.

Les corps inférieurs sont au nombre de sept et doivent être solidement ancrés dans l'énergie de la Terre avant de pouvoir supporter une activation des corps supérieurs. Contrairement à ces derniers qui ne s'activent pas obligatoirement durant notre vie terrestre, sauf et surtout si vous choisissez de les activer par votre volonté propre, les corps inférieurs sont quant à eux automatiquement activés à différents stades ou âges de la vie et sont sensiblement les mêmes pour tous. Ceci ne signifie pas pour autant qu'ils sont équilibrés.

Tous les corps d'énergies inférieurs communiquent entre eux par le biais d'axes de lumière et des chakras qui sont des centres vibratoires dans le corps. Chakras et corps de lumière entrent en résonance par la vibration au niveau du chakra spécifique associé à un corps de lumière précis. Il est important de maintenir des chakras sains en nettoyant le système de chakra régulièrement, pour que l'énergie puisse circuler librement et avec fluidité dans nos corps énergétiques. Les temples vibratoires que sont les chakras se purifient par le souffle, par la visualisation, par la projection mentale de la lumière de la Source en chacun d'entre eux. Si ces temples vibratoires sont bloqués, ralentis, fermés ou trop ouverts, tout le système des corps énergétiques en sera affecté et connaîtra des dysfonctionnements qui prendront la forme de maladie ou de mal-être psychique ou spirituel.

Si l'humain prend conscience de l'importance de ses chakras et de ses corps énergétiques de son vivant, s'il comprend quels rôles ils ont à jouer, il aura plus de facilité à se libérer des situations inconfortables qui n'ont plus lieu d'être, puisqu'il s'est reconnu dans son essence profonde de pure lumière.

La raison pour laquelle il est intéressant de réactiver les corps de lumières supérieurs est qu'ils peuvent apporter le soutien dont vous avez besoin lorsque vous traversez les changements vibratoires que connaissent la Terre et tous ses règnes actuellement. Les corps supérieurs contiennent la conscience pure de l'être que vous êtes, pure de lumière, ne portant en eux quasiment aucune blessure, blocage ou conscience de limitation[25].

Lorsque l'humain vit sa réalité terrestre à travers les perceptions de ses corps inférieurs uniquement, qui détiennent la majorité de ses blessures, il n'utilise que 10-20 % de sa conscience. Il serait dommage de n'utiliser qu'une seule couleur pour peindre un tableau alors que vous disposez d'une palette riche et variée !

Le taux vibratoire de la Terre change et évolue constamment vers une plus haute vibration. Plus la vibration de la Terre s'élève, plus il est facile d'atteindre les consciences des corps de lumières supérieurs qui appartiennent à d'autres dimensions, entre la 5e et la 12e. La vérité, toutes les réponses, toutes les guidances, peuvent être trouvées en vous, car vous êtes directement relié à la Source. La compréhension de cette vibration ne peut pas se faire à travers le corps mental, mais grâce à la qualité vibratoire engendrée par l'ouverture des corps énergétiques supérieurs. Vous devez expérimenter, ressentir, bien plus que comprendre intellectuellement.

Vous devez cependant impérativement clarifier le terrain de vos corps d'énergie inférieurs avant de pouvoir pleinement recevoir la qualité vibratoire de vos corps supérieurs. Une approche qui n'est pas graduelle serait des plus néfastes pour vous.

---

25 Karma.

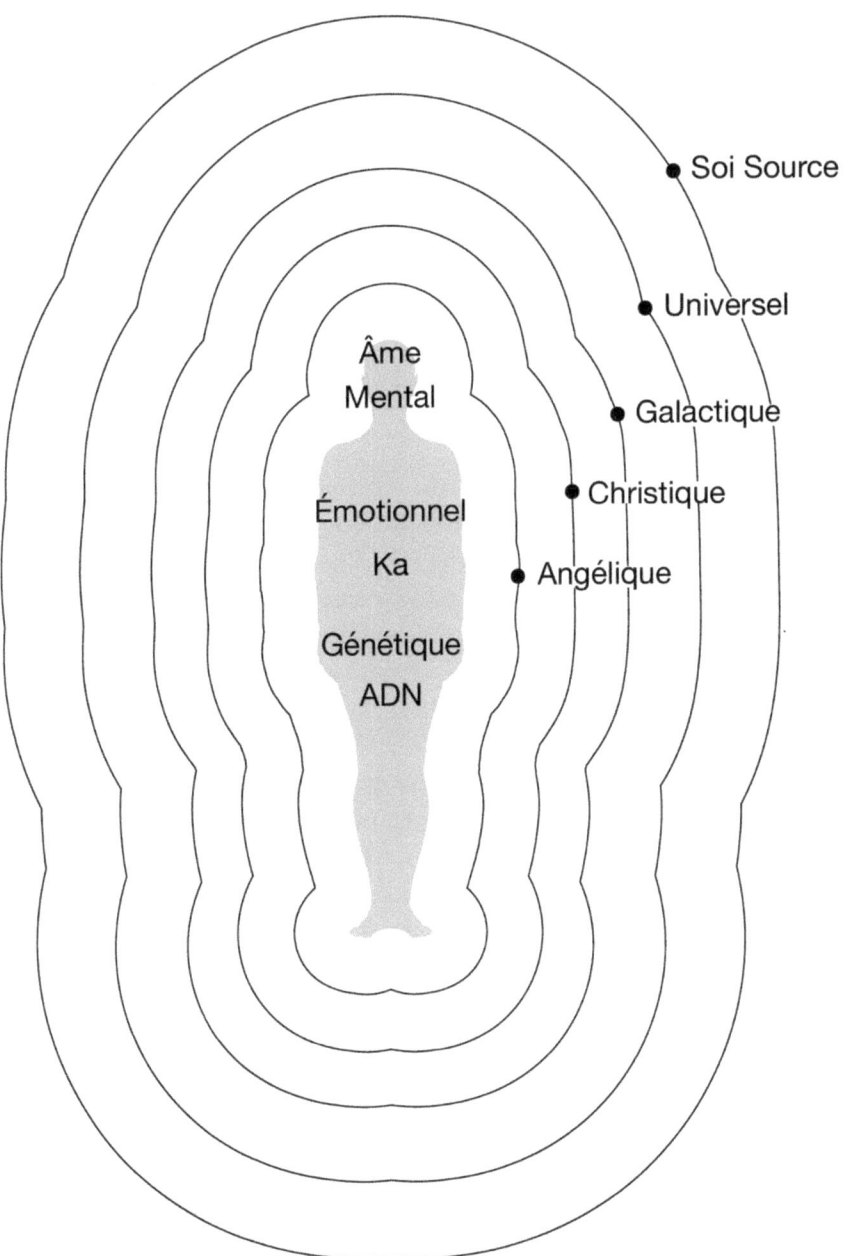

LES CORPS INFÉRIEURS

Le corps ADN

Le corps ADN est automatiquement ancré sur Terre lors de votre naissance. Il contient trois roues de lumière à l'intérieur desquelles sont contenues des informations au sujet du corps physique, de vos mémoires akashiques et de votre essence divine.

- La première roue, qui détient toutes les informations au sujet de votre corps physique, s'ancre déjà dans l'utérus de la mère. Il prépare le terrain pour que les autres corps de lumières puissent venir prendre place dans le corps physique qui leur est destiné.

- La deuxième roue contient les consciences détenues dans l'akash, les mémoires Akashiques, soit toutes les informations au sujet des karmas non résolus des expériences issues des vies passées, ou dans d'autres dimensions.
C'est par le biais du corps ADN que les blessures ou traumatismes du passé sont stockés. Bien qu'issues d'autres expériences de vies, elles se répètent et ont des répercussions encore maintenant. Il est possible de vous en détacher en libérant ces consciences détenues dans ce corps.

- La troisième roue détient la conscience que vous êtes divin, un être créateur. Cette roue vous rappelle ce qu'est l'énergie de création, vous permet d'y accéder et de la comprendre. Vous avez parfois oublié votre puissance créatrice au fur et à mesure des incarnations, et cet espace devra dans ce cas être réactivé en nettoyant le karma qui vous empêche d'être un créateur libre, puissant créateur. Si l'information dans cette roue est pure et libérée, vous pouvez créer/manifester avec enthousiasme et par le cœur.

Ces trois roues vibratoires vous rappellent vos dons, vos talents, des aspects supérieurs que vous offre la Source. Lorsque vous réinitialisez votre corps ADN, vous pouvez manifester ces dons dans la matière.

Contenus dans ces trois roues vibratoires existent davantage de brins d'ADN, au nombre de dix. Vos scientifiques, n'ayant pas trouvé leur fonction, les ont identifiés d'ADN non codants ou d'ADN poubelle pour certains. Ces 10 brins qui diffèrent dans leurs formes et fonctions des deux brins d'ADN populairement connus ont en réalité une fonction bien précise. Par l'endormissement de la race humaine à travers les âges douloureux que l'humanité a rencontrés, toute activité dans ces dix brins non codés a cessé, jusqu'à vous laisser penser qu'il n'était pas utile de s'y attarder. Leur contenu est actif au niveau de votre corps *ka* que vous allez découvrir dans un chapitre plus bas. Leurs encodages concernent votre aptitude spirituelle à incarner la puissance de votre être spirituel et omniscient dans la matière. Il ne s'agit en outre pas d'un hasard s'ils ont été éteints, si l'enjeu était de vous amoindrir dans vos perceptions multisensorielles, vous conférant votre pouvoir divin. Cette aptitude que vous avez à travers vos brins d'ADN non codés qui se réveillent maintenant par la force de l'esprit vous rend tous les attributs les plus précieux dont vous êtes dépositaires. Ils contiennent en vous les codes d'activation de tous vos dons, de vos talents oubliés. Il en va de votre droit souverain et de votre responsabilité de les récupérer. Ils se récupèrent lorsque vous activez par la force de votre attention votre corps *ka*, comme je vous l'expliquerai plus bas.

Bien que ces brins d'ADN aient été perdus par des processus d'involution de votre espèce, ils sont progressivement récupérés au fur et à mesure que votre Terre se libère de sa matrice dense actuelle.

Ces nouveaux brins existent d'abord sous forme d'énergie dans votre matrice énergétique, puis se réintégreront naturellement et progressivement dans vos corps physiques.

LE CORPS GÉNÉTIQUE

Ce corps s'ancre de la création de l'embryon jusqu'à la naissance. Tout comme le dit son nom, il contient les codes génétiques de nos lignées familiales du côté du père et de la mère (féminin et masculin). De par ses lignées, l'humain hérite de certains traits de caractère, de systèmes de pensée parfois limitants, de blessures, de modes de fonctionnement qui ne servent pas nécessairement à la réalisation personnelle de la personne. Comprenez bien que vous choisissez vos lignées d'incarnation en fonction des karmas que vous contenez et que vous êtes censé dépasser. Les maux de vos lignées ne sont, selon ce système de compréhension, guère des tares ou enjeux à éliminer, mais des pôles de croissance et de réalisation de soi.

Si, par exemple, vous contenez en vous la croyance que vous n'êtes pas méritant de l'amour parce que c'est une illusion que vous avez prise avec vous depuis d'autres espaces-temps d'incarnation, il est fort probable que vous vous incarnerez dans une famille dans laquelle l'amour ne vous sera pas donné. Il se peut aussi que le groupe d'âme familiale avec lequel vous travaillez depuis plusieurs vies ait pour karma de résoudre le manque d'amour, qui est un mal généralisé sur Terre.

Il en va de même pour l'acceptation de soi, pour la sécurité émotionnelle ou financière, pour tous les maux de l'ego que vous êtes venu régler ici dans cette vie. Reconnaissez, je vous prie, que vos familles ne sont pas vos ennemis s'ils vous ont fait souffrir, mais des bastions sur lesquels vous vous appuyez pour résoudre vos propres conflits déjà existants en vous. Le jour où ces consciences, ou ces maux ne seront plus contenus en vous, ils ne se manifestent plus dans vos vies ni dans celle de la lignée que vous procréez.

Percevez également que les autres membres de votre lignée sont sous l'emprise des mêmes maux que vous et ont eux aussi pour mission de s'en libérer. Dans l'absence de connaissance de ces mécanismes en jeu, vous ne pouvez pas vous responsabiliser de vos propres atouts ou clés à libérer. Au contraire, vous vous en voulez les uns aux autres plutôt que de vous entraider.

Sachez que ces aspects ne vous appartiennent pas et ne sont pas à l'image de la conscience de Source que vous êtes. Votre conscience originelle ne contient pas de conscience de limitation de ce type-là. La difficulté pour vous est de comprendre que ces limitations ne sont pas constitutives de vous et doivent être libérées.

Considérez ces croyances limitantes héritées comme des parasites dont vous pouvez vous libérer. En les libérant, vous les rendez à la Source et libérez en même temps la partie de votre lignée qui porte la même croyance que vous, dans son mental inconscient ou dans son mental conscient.

Bien souvent, votre lignée d'incarnation reste la même en ce qui concerne vos incarnations ici sur Terre. Vous êtes un groupe d'âmes qui travaillaient ensemble à votre propre évolution et à celle du Grand Tout. Une fois les divers karmas de ce groupe d'âme libérés, ce groupe de famille peut être dissous. Vous passez alors à d'autres plans d'évolution avec d'autres questions à travailler, plus subtiles cette fois-ci. Dans certains cas complexes, les lignées peuvent être dissoutes pour des raisons de stagnation ou de nœuds irrésolvables devenus trop lourds à démêler pour la psyché humaine. Dans ce cas, il n'y aura plus de descendance, ce qui mène inéluctablement à l'extinction de la lignée.

La Terre peut aussi contenir les mémoires de votre lignée, notamment à l'endroit où la famille a le plus longuement vécu. Les terres peuvent contenir les corps de souffrances accumulées de l'humanité, liées aux atrocités que vous avez subies en tant que peuple. L'espèce humaine est bonne dans sa nature, mais cela n'a pas toujours été le cas des légions de races étrangères venues peupler votre planète en intégrant le génome humain pour le manipuler. Vous récupérez maintenant et dans les temps à venir votre droit de naissance de vous débarrasser de ces afflictions qui vous ont été causées. Vous récupérez actuellement, par la purification de votre sang, l'essence même de votre lignée originelle. La montée et la purification des eaux de la Terre poussent l'être humain à purifier lui aussi ses liquides, et notamment son sang.

Pour vous libérer, vous pouvez demander le soutien à votre groupe d'âme familial, à la Terre Mère et aux Treize Mères Originelles. Honorez ce que nous enseignent la lignée de la mère et la lignée du père, car elles vous montrent ce qui est détenu et a besoin d'évoluer. En les honorant, vous honorez votre matrice divine, celle de votre âme originelle telle qu'elle a été exprimée depuis la Source.

LE CORPS PHYSIQUE

Votre corps physique se consolide progressivement durant l'enfance pour ne se parachever qu'autour des huit ans. Il est interrelié avec tous les autres corps d'énergie par le biais de vos temples chakras.

Il a pour mission de vous soutenir physiquement dans votre incarnation. Il est votre véhicule personnel dont vous prenez soin en la matière. À son origine, il est en parfait état de fonctionnement.

Vous accumulez malheureusement du karma non résolu dans vos autres corps d'énergies qui, lorsqu'ils ne sont pas traités, migrent au niveau du corps physique. C'est une des raisons les plus fréquentes à l'origine de vos maladies.

Lorsqu'une émotion est refoulée au niveau de votre corps émotionnel, il est fort à parier que cette dernière se loge à défaut de mieux dans votre corps physique et y crée des dysfonctionnements. Entendez que l'intelligence de l'émotion reconnaît dans sa nature que le corps physique n'est pas à sa place, mais si elle ne peut pas être reconnue par votre système guide émotionnel, celle-ci se retrouve en parent pauvre sans autre endroit où se rendre. Votre émotion préfère être résolue et soutenue par votre corps émotionnel, mais ne le peut pas si vous ne le permettez pas. Voilà la raison pour laquelle une maladie peut bien souvent contenir une conscience à libérer.

Dans certaines circonstances, les malaises existant dans votre corps physique ne sont pas de vos ressorts. Les crimes contre l'humanité que sont les polluants, micropolluants et autres radiations que vous connaissez sont autant d'atteintes dont je vous prie de vous protéger du mieux que vous pouvez, en tentant d'au mieux les éviter. Reconnaissez, malgré tout, que votre corps est souverain dans la majorité des cas et que votre physicalité est en proportionnelle bonne santé compte tenu des souillures auxquelles vous êtes exposé. Le temps viendra où cette époque sombre ne sera plus qu'un mauvais souvenir pour vous en tant que race Humaine.

LE CORPS *KA*

Le corps *Ka*, aussi appelé corps éthérique, prend sa pleine place autour des onze ans. Il est votre double éthérique ou spirituel qui détient en lui les codes du corps physique, libre de tous accros.

Le corps *ka* est un pont fondamental à prendre en considération entre votre matrice physique et votre *ba*, ou âme céleste, les corps supérieurs dont vous disposez. Il est le point de reliance entre la matrice physique et celle de l'invisible. Votre corps physique ne peut pas recevoir toutes les vibrations de votre Soi Source directement, qui doit d'abord transiter par votre *ka* avant de se fondre dans les cellules de votre physicalité. Il est un outil de guérison puissant, puisque c'est à travers lui que vous captez la vibration de la Source d'où vous provenez et la transmettez dans les cellules de votre corps qui subissent une forme de dégénération. Un corps *ka* puissant et entretenu par vos visualisations en conscience et médiation vous offre la possibilité d'entretenir un corps physique en bonne santé, équilibré et en harmonie avec le monde au sein duquel il vit.

Votre corps *ka*, éthérique, est celui par le biais duquel vous accédez aux royaumes d'autres dimensions durant les voyages de l'esprit au cours de votre vivant, aussi bien qu'à la suite de la passation de votre corps physique dans le royaume des défunts.

Votre *ka* vous accompagne avant, pendant et après la mort de votre physicalité dans le monde de la matière.

L'être humain se transcende lorsque son corps *ka* est pleinement activé, rien ne peut alors plus l'arrêter dans la progression de ses voyages entre les mondes. Asseyez-vous tranquillement dans une posture de méditation et mettez toute votre attention sur votre pilier *Djed*, l'axe central qui parcourt votre corps du bassin au sommet de votre crâne, éthique dans son essence. Percevez les courants de force de vie *Sekhem*[26] qui y circulent et laissez monter et descendre cette force tout le long de votre axe. Une fois mise en circulation de haut en bas quelques fois, placez toute votre attention au niveau de votre glande pinéale située au centre de votre cerveau. Laissez la force divine s'y déposer.

Ressentez ensuite le flux de la force de vie au niveau de votre cœur physique et laissez-la s'y expandre. Ressentez de la gratitude pour cette force du souffle de vie qui existe alors en vous. Votre corps *ka* en est automatiquement renforcé. Restez dans cet état durant quelques minutes jusqu'à ce que le sentiment de gratitude se prolonge en extase. Si ceci n'est pas le cas au début de votre pratique, persévérez. Ne minimisez pas la force du pouvoir qu'a votre attention lorsqu'elle est dirigée sur un endroit précis de votre constitution. Vous en modifiez instantanément le champ magnétique, aussi bien à l'intérieur qu'à l'extérieur de ce point précis. Cette alchimie, cependant, n'opère pas au niveau de votre intellect, mais au niveau de l'esprit. Nous entendons par ceci qu'il vous faut davantage ressentir cet exercice que l'intellectualiser. Non seulement vous entrez alors dans les fréquences des champs les plus élevés de votre esprit, mais vous vous rapprochez aussi des sphères des royaumes où se trouvent les esprits guides de la création.

---

26 Ou kundalini.

LE CORPS ÉMOTIONNEL

Le corps émotionnel s'ancre sur Terre vers l'âge de 13-15 ans.

Lorsque le corps émotionnel est bien activé, vous pouvez commencer à travailler avec et le mettre au service de votre élévation. Il est celui qui détient le plus grand nombre d'informations au sujet de votre karma, de vos blessures ou blocages. Il agit en tant que messager auprès de votre conscience quant aux sujets que vous avez besoin de délivrer. Lorsqu'une émotion émerge à travers ce corps messager, vous pouvez percevoir que vous êtes sous l'emprise d'un contrat, programme, croyance erronée, ou d'un vœu ancien que vous avez fait dans une autre vie (vœux de célibat, de chasteté, de pauvreté, contrat de pouvoir ou d'emprisonnement, toute affectation faite par votre âme qui n'est plus actuelle dans la vie que vous vivez). Tous ces programmes ne vous servent pas. Le corps émotionnel vous informe qu'il est maintenant temps de les relâcher et de rendre à la Source de Tout Ce Qui Est ces énergies qui émanent des contrats et qui vous empêchent de vivre tel que vous l'entendez maintenant. Il est à redéfinir ce qu'est le programme actuel pour vous ou non. Votre corps émotionnel vous le communique. Vous avancez alors avec la détermination d'incarner qui vous êtes dans votre nature d'origine, libre de tout parasitage qui entrave le passage à votre source divine de se manifester.

Ainsi, lorsqu'une émotion désagréable vient à vous, elle est traduite par le corps mental. Vous la reconnaissez et vous avez le choix de libérer cette émotion ou non. Votre libre arbitre vous permet de prendre cette décision, d'aller dans le sens de votre plus haut potentiel, de votre libération, ou de poursuivre la validation de ces émotions comme des états de faits qui justifient votre malaise et votre droit d'y rester.

Vos émotions vous signalent que vous pouvez vous libérer ici et maintenant. Utiliser l'espace de votre cœur pour accueillir cette émotion en vous, accueillez-la et chérissez-la. L'amour est la force qui guérit tout.

LE CORPS MENTAL

Ce corps peut s'ancrer à différents âges pour les femmes et pour les hommes, à respectivement 18 et 20-21 ans.
Ce corps est divisé en deux parties : le mental inférieur et le mental supérieur.
Le mental inférieur fonctionne comme un ordinateur qui ordonne toutes les données et informations que vous recevez. Il vous permet la pensée logique, rationnelle et peut vous aider à élaborer des plans d'actions, des réflexions concrètes.

Le mental supérieur est la partie la plus subtile de notre mental car elle est reliée à votre Soi Source et ne s'active pas automatiquement. Vous devez partir à sa rencontre en l'activant par la méditation. Alors seulement vous pouvez bénéficier du potentiel complet de votre corps mental et recevoir de sa part toutes les informations et guidances issues de notre conscience omnisciente de Source. Ainsi, lorsque ces informations arrivent, elles peuvent être retranscrites par votre mental inférieur par des sons, sentiments, pensées, couleurs, arômes ou symboles. Le mental inférieur saura quoi en faire, comment télécharger ces informations et les appliquer dans la vie matérielle.

Il est essentiel pour votre bon fonctionnement de reconnecter votre mental supérieur à votre âme pour que le mental inférieur ne prenne pas les décisions importantes à sa place. Le mental inférieur contient la part inconsciente du cerveau qui, lorsque dépourvue de la guidance de notre Soi Source, analyse les situations depuis ses peurs et traumatismes cachés.
Si vous voulez manifester pleinement qui vous êtes, il vous est indispensable de distinguer ces deux parties de notre mental (mental supérieur et mental inférieur qui contient le mental inconscient).

Vous vivez autrement vos vies depuis un intellect réduit, mené à la baguette par ses peurs et ses limitations. Comprenez bien que votre mental inférieur est le mental de l'ego, une intelligence pratique dont vous avez besoin pour fonctionner dans ce monde. Soyez en tout temps vigilant à ne pas le laisser interférer dans les choix et dans les décisions importantes pour vous. Laissez-vous pour cela guider par votre Soi Divin, en parfaite reliance avec la Source qui vous guide avec sagesse et amour sur votre chemin. Ses informations seront captées par votre mental supérieur puis ordonnées par votre mental inférieur.

LE CORPS DE L'ÂME

L'âme de chaque individu est présente dès sa naissance, mais il se peut aussi qu'elle ne s'ancre jamais. L'âme est omnisciente et omniprésente, mais l'être humain peut vivre sa vie en ignorant son existence. Il souffrira alors de maux de l'âme, de manque de sens à sa vie, de pertes de repères. Tout lui semblera vide, creux et plat, manquera de saveur et il n'aura pas la capacité d'apprécier les douceurs subtiles de ce monde. Il ne se fiera qu'à ses sens tournés vers l'extérieur pour trouver sa satisfaction, ce qui, ultimement, le fourvoiera dans un écœurement du monde à force de combler ses manques par la vacuité inerte de ce qui appartient à la matière.

L'illusion vous pousse à croire que vous pouvez assouvir les besoins de votre âme par la satisfaction de vos sens, mais rien n'est plus faux. Vous ne connaîtrez votre âme ni par la consommation, ni par la domination, ni par les plaisirs passagers, ni par ce qui peut sustenter provisoirement votre enfant intérieur blessé qui réclame ses droits de manière non justifiée[27].

L'âme est à la physicalité ce qu'est la subdivision de la matière à la Terre, c'est-à-dire la subdivision de la matière en plusieurs séquences de vibrations. Je m'explique. Si vous imaginez une cellule d'organe qui se multiplie par la division jusqu'à former un organe complet, vous comprenez que tous les atomes et particules subatomiques de cet organe ont été créés et agencés par une intelligence qui les a arrangés selon un certain ordre de placement.

Retournez maintenant voir chacune de ces cellules individuellement et rendez-vous compte que chacune d'entre elles détient une conscience qui lui est unique, avec des codes ADN qui lui sont propres et qui vont être multipliés par un fin système d'encodage, permettant à l'intelligence de cette cellule de se correspondre dans une cellule nouvelle. Dès lors que le paradigme de multiplication d'une seule et même cellule souche peut être compris et apprivoisé, vous pouvez alors assimiler que l'âme (la vibration), le corps (la cellule) et l'esprit (l'intelligence) sont indicatifs d'une seule et même Source qui vous a ainsi agencé.

---

27 Non justifiée aux yeux de la Source selon les principes des Lois Universelles, voir annexe sur les lois.

Votre corps subtil de l'âme n'est pas subdivisible dans la contenance de votre corps. Vous n'en avez qu'une, vous y êtes rattaché tout comme elle est rattachée à vous. Il est le corps d'ancrage par lequel opèrent tous vos autres corps divins pour vous transmettre les réalités d'autres plans de cet univers, pour vous permettre d'accéder à votre conscience multidimensionnelle.

Ainsi, lorsque vous reliez votre conscience de matière, votre corps physique, par le corps *ka* à votre âme, qui est un divin correspondant entre vous et tous les aspects du divin auxquels vous appartenez, vous permettez à ces multiples dimensions d'exister en partie aussi à travers vous.

Vous devenez des ambassadeurs sur cette Terre de consciences dimensionnelles plus élevées que vous côtoyez par nature dans d'autres espaces-temps et d'autres galaxies. Votre corps supérieur divin, votre Soi Source, est la part de vous qui s'est subdivisée pour vivre dans de multiples dimensions tout à la fois. Votre âme en est le réceptacle dans cette matrice-ci du vivant.

Ne tentez pas de vivre votre vie sans reliance avec votre âme, car vous passeriez à côté des clés et des codes d'informations que vous détenez de votre plus haute substance. Grâce à elle, vous pouvez naviguer avec aisance et légèreté dans les eaux de cette Terre. Je vous le promets, jamais rien ne sera plus pareil lorsque vous exercerez votre corps physique, votre âme et votre esprit à entrer en résonance avec les plus hautes parties de vous.

Vous n'avez pas besoin de connaître leur substance en détail ou de percevoir leurs origines, car leurs manifestations viendront à vous en temps voulu. Pour cela, il faut que cette conscience soit suffisamment active en vous. Si une part de votre Soi Source vit par exemple sur une autre planète ou dans une autre galaxie, que cette part de vous pourrait être un soutien pour vous dans la matrice de cette terre, pour vous guider vers de plus hautes compréhensions et vous permettre d'accéder à de nouvelles étapes d'évolution, elle le communiquera à votre âme, que vous en ayez conscience ou non. Progressivement, ces informations qui vous sont transmises par des codes de lumière viennent s'intégrer en vous sous forme d'idées nouvelles éclairant votre esprit et vous permettant d'élucider des réponses à vos questions. Faites confiance à ce processus et ouvrez-vous à recevoir ces codes d'activation pour vous. Nous reviendrons plus loin sur votre conscience du corps galactique.

Le corps de l'âme est l'allié du chercheur spirituel qui cherche à se relier à sa guidance profonde, il fait le lien entre nos dimensions physiques et nos dimensions intemporelles, au-delà de l'espace-temps et de la matière, directement connectées à la source, la conscience UNE de l'univers, conscience dont nous faisons partie. Elle est un satellite vers tout cela.

Son point d'activation dans votre corps est le temple vibratoire de la couronne, aussi appelé le septième chakra, situé au centre du crâne là où vous aviez votre fontanelle lorsque vous étiez bébé.

Tous les corps multidimensionnels sont connectés avec les corps inférieurs dans l'espace du cœur, aussi bien le cœur physique qu'énergétique[28]. Votre cœur est un centre de circulation d'Amour dans sa qualité de Source, qui peut être accédé par le ressenti de cette sensation. Votre cœur est le point de convergence de tous vos corps, puisque l'amour est la matière première de la conscience UNE, de l'Univers. Le cœur en est son bastion dans votre corps physique, puisque l'amour se ressent et ne s'intellectualise pas. Ressentez l'amour dans votre cœur pour relier tous vos corps de conscients dans ce centre unificateur du UN.

L'activation de votre corps de l'âme, qui opère lorsque vous prenez conscience de son potentiel et en méditant avec, est une étape cruciale de la rencontre de tous les corps d'énergies subtiles qui sont en vous. Le corps de votre âme doit être consolidé avant de lui permettre de recevoir les encodages de vos corps supérieurs. Si cela n'est pas le cas, vous pouvez expérimenter de graves dérèglements de votre système vous menant jusqu'à la psychiatrie dans les cas les plus graves. Soyez précautionneux lorsque vous maniez ces enseignements, je vous prie, ou faites-vous accompagner par des personnes qui ont la compétence de le faire. Vous saurez que vous avez affaire à une telle personne si elle incarne en elle cette capacité d'intégration.

---

28 Tandis que votre cœur physique est situé légèrement à la gauche du centre de votre thorax, votre temple vibratoire du cœur est quant à lui situé en son centre même.

LES CORPS SUPÉRIEURS

Ce sont toutes les consciences de votre être sur d'autres plans, allant des plans planétaires, dimensionnels, universels jusqu'à la Source dans la douzième dimension. Certains de ces corps peuvent détenir des karmas non résolus qui vous empêchent de réaliser votre travail de lumière sur Terre. Il peut s'agir de résistance à servir, de traumatismes lors de guerres galactiques, ou de doute de votre appartenance à la Source.

Ces corps ne peuvent pas s'activer si vous détenez encore beaucoup de blessures ou de croyances limitantes dans vos corps inférieurs. Voilà pourquoi il est préférable de ne pas chercher leur activation tant que vos questions humaines ne sont pas encore réglées, du moins, jusqu'à un certain degré de satisfaction[29].

Je vous déconseille fortement d'activer et d'explorer en largeur tous les corps supérieurs tant que les corps inférieurs ne sont pas bien ancrés et alignés aux énergies de la Terre. Vous devez d'abord être en paix avec votre incarnation. Votre vie se passe ici-bas, et c'est dans un premier temps ce que vous devez accepter avant de vous adonner à des vols dans d'autres cieux.

LE CORPS DE SERVICE ANGÉLIQUE

Ce corps est à la 5e et 7e dimension de votre être.

Ce corps est, dans son essence, un corps de service et de compassion. Il vous rappelle votre incarnation au service de l'humanité. Il soutient que vous n'avez pas choisi cette incarnation pour satisfaire les besoins de votre ego. Il vous rappelle que vous êtes tous interreliés et vous invite à regarder vos prochains au travers des yeux de la compassion.

La compassion véritable, comme comprise selon la Loi de Compassion, ne peut être activée que par votre mental supérieur qui est en lien avec le tout.

Ce corps vous rappelle que profondément, dans votre essence, vous êtes un être de contribution qui œuvre au service de l'humanité. Même lorsque vous œuvrez pour vous-même pour atteindre le plus haut potentiel de votre être, vous œuvrez au service de la Source, puisque tout est interconnecté.

---

29 Environ 60 % de résolution de karma.

Être au service du divin ne signifie pas servir les autres dans l'abnégation de soi, mais d'accomplir des actions en résonance avec le plan divin, c'est-à-dire des actions guidées par l'Amour, la Compassion, la Lumière, la Guidance et la Foi.

En vous y reliant, vous aurez tout simplement envie de vous mettre cœur à cœur avec vous-même pour soigner vos propres blessures et d'en faire de même pour soutenir vos frères et sœurs humains, le cœur collectif de l'humanité. La conscience angélique ne juge rien ni personne et n'a qu'une seule envie : partager sa lumière.

LE CORPS CHRISTIQUE

Le mot Christ fait référence à la partie de vous qui est le reflet de la Source, qui est la Source par essence, qui est l'Univers, qui est infini. Il ne s'agit pas de Jésus-Christ, même s'il a été nommé ainsi pour sa capacité à refléter. Christ est en quelque sorte un titre honorifique que vous vous donnez lorsque vous parvenez à être un être illuminé de la Source et qui éclaire le monde à son tour.

Ce corps qui est en vous, cette conscience, vous relie à l'amour inconditionnel et vous invite à accueillir, à accepter tout ce qui est, car tout est issu de cette conscience d'amour UNE.

Vous êtes invités à sanctifier et à aimer chaque partie de vous, celles que vous avez jugées bonnes de même que celles que vous avez jugées mauvaises. L'activation de ce corps de lumière vous permet de voir le divin en tout être que vous rencontrez sur votre chemin pour voir que lui aussi est issu de cet amour UN. Tous les êtres, tous les Hommes, tous les événements sont issus de cette Source d'Amour UN, que votre mental de l'ego les apprécie ou non. La conscience de l'amour est une qualité/vibration qui va bien au-delà de l'émotion d'aimer/apprécier.

Vous êtes invité à prendre conscience de la divinité qui est en vous et de la divinité de toutes choses. Vous êtes invité à ne jamais imaginer qu'une chose est mauvaise ou qu'une autre est bonne, car tout ce qui est sert une certaine cause et l'évolution de la conscience des uns et des autres sur la Terre, des êtres Humains, du règne Animal, du règne Végétal, du règne Minéral. Nous sommes tous sur une voie de l'évolution et collaborons, œuvrons tous à une conscience collective qui nous unit.

Votre conscience christique vous met en lien avec tout ceci.

Soyez bons envers vous-même, ne vous jugez pas dans vos faiblesses et dans vos

peines, mais honorez-vous et chérissez-vous, tout comme nous vous chérissons et vous encourageons à vous honorer les uns les autres.
Nous sommes tous unis à travers cette conscience.

Citation de la Bible : « L'œil est la lampe du corps. Si ton œil est en bon état, tout ton corps sera éclairé[30] ». Matthieu 6:22

Cette parabole de Yeshua nous fait savoir que lorsque le regard est tourné vers l'intérieur par le biais de l'œil spirituel, le temple vibratoire du troisième œil, ne vous fiez pas aux perceptions extérieures de ce monde. Ce ne sont pas vos yeux humains qui portent leurs regards sur ce monde, mais votre conscience spirituelle. Ce qui est vu, perçu et ressenti, est alors issu de l'intégration de la source de lumière qui est en vous. Le corps tout entier en devient éclairé.

LE CORPS GALACTIQUE

Nombreuses sont vos incarnations dans d'autres dimensions, sur d'autres planètes ou galaxies et dans d'autres sphères célestes qui enrichissent votre chemin d'éveil et votre conscience.

Bien que ces mémoires ne vous soient pas accessibles, vous portez en vous les plans de parcours, les pistes des chemins pour y accéder. Nous l'avons vu précédemment dans le paragraphe sur le corps de l'âme.

Il vous est possible, par le biais de votre corps galactique, d'accéder à certains dons et talents correspondant à vos vies sur d'autres plans. Bien entendu, le déploiement intégral des potentiels que vous détenez dans d'autres dimensions va dépendre de la densité de la dimension dans laquelle vous vous trouvez, sauf cas exceptionnel où certains individus sont parvenus à se défaire totalement des impositions physiques des lois de la matière[31].

---

30 Une traduction plus correcte serait de dire « L'œil est la lumière du corps. Si ton œil est en unique, tout ton corps sera éclairé ».
31 Lorsqu'une personne transcende les lois de gravité par la lévitation, de la linéarité du temps, ou en domptant les lois de la matière physique en permettant aux solides de devenir souples, à des corps physiques de se déplacer par la volonté. Les exemples peuvent être nombreux et sont appelés les *siddhis* en sanskrit. Ne vous laissez pas séduire par eux, car ils ne sont pas la preuve d'une finalité spirituelle.

Ainsi, vous pourrez sur Terre déployer vos perceptions d'amour pur qui sont aisément actives dans d'autres galaxies, mais ne parviendrez peut-être pas aussi facilement à intégrer les notions qui vous permettent de vous téléporter.

Je vous le précise ici, il ne vous est pas utile de savoir défier les lois physiques de la Terre pour être une personne éveillée sur ces plans. Ne vous laissez pas duper par les individus qui prétendent être plus éveillés que vous parce qu'ils détiendraient des pouvoirs que vous n'avez pas.

Votre corps galactique vous relie à votre conscience plus vaste, à notre soi divin, à notre infinie présence et existence au travers de tous les temps, espaces et dimensions.

Il est une ouverture sur le vaste grand tout et détient les codes de votre reliance à votre Soi Source.

Votre Soi Source est une qualité d'être avant tout votre conscience qui prend source dans l'éternité, avant tout ce qui fut. Elle est votre conscience pure et infinie.

Même si vous n'activez pas ce corps ici, il est utile pour vous de savoir qu'il existe et qu'il fait partie intégrante de qui vous êtes. N'oublions pas que nous sommes des êtres vastes issus d'une multitude de dimensions. Ne limitez pas votre conscience au corps physique dans cette présente incarnation.

LE CORPS UNIVERSEL

Le corps universel peut aussi être appelé corps bouddhique. Dans votre champ vibratoire, qui contient tous vos corps, le corps bouddhique est celui qui va de la onzième à la douzième dimension. Tous les corps détiennent la conscience que vous avez accumulée sur votre chemin de maîtrise tout au long de vos incarnations dans différentes dimensions. Lorsque vous retournez à la Source définitivement, vous emportez avec nous tout ce que vous avez appris.

Le corps universel ou bouddhique est pleinement aligné sur la conscience du champ universel unifié qui est un champ de lumière qui détient toute la conscience de l'univers. Vous avez besoin d'ouvrir votre corps Universel pour pouvoir ensuite accéder à notre corps Divine Présence, qui est le corps de la plus vaste conscience. Pour que cela soit fait, en méditant, priez à votre Soi Source de vous guider sur ce chemin. Il saura vous activer de la bonne façon. Envoyez de l'amour à votre divine présence et à la Source elle-même et la conscience universelle se dévoilera à vous à force de pratique.

Votre corps universel permet à votre mental supérieur de fusionner avec notre mental inférieur puis avec le champ de conscience universel.

Il est important pour cela de travailler l'expansion du mental inférieur par la méditation en vous asseyant dans le grand vide et le grand plein simultané de la conscience universelle[32].

Il vous faut résoudre les consciences limitantes[33] dans les sept corps inférieurs pour pouvoir pleinement vous unifier avec la conscience universelle et parfaire votre ascension.

L'ascension arrive lorsque vous accomplissez pleinement l'unification de tous vos corps d'énergies en un seul immense corps de lumière. À ce moment-là, vous ne formez plus qu'un avec la conscience de la Source.

Nous ne parlons pas ici de la religion bouddhiste, mais de la conscience bouddhique qui est la même que la conscience universelle. Nous parlons ici de la réunification du mental inférieur avec la conscience universelle, de la fusion entre la conscience finie et la conscience infinie.

LE CORPS DE VOTRE SOI SOURCE

Au niveau de votre Soi Source, vous êtes en reliance totale avec la Source. Vous reliez votre lumière la plus grande en activant votre passage vers la source consciemment. Cette connexion ne se fait que sous condition d'un travail et discipline spirituelle quotidienne. Chaque être humain peut atteindre cette reliance lors de moments de grâce, de dévotion ou d'extase[34], mais ne parviendra que difficilement à fusionner avec elle à chaque instant de sa vie. Il peut s'en approcher en veillant à entretenir et à garder sa fréquence vibratoire la plus haute possible en appliquant

---

32 L'Univers est plein et creux à la fois. Vous apprendrez à aiguiser vos perceptions par la pratique de la méditation et à ressentir ces notions de pleins et de creux simultanés qui sont constitutives de la création de ce monde, à l'image de la matière et de l'antimatière. La conscience universelle existe dans le tout. Elle est le point de reliance de ces notions métaphysiques de vide et de plein, car elle existe dans les deux.
33 Karma.
34 Samadhi.

les 42 lois de la *maât*[35] ou les *yamas* et *nyamas*[36]. Tous ces écrits sont des textes vous recommandant d'entretenir une parole, une pensée et une action pure tout au long de votre vivant, envers vous-même, au sein de chaque relation et dans tout ce que vous entreprenez. L'activation du corps de votre Soi Source ne peut opérer que si vous contribuez par des pensées et actions élevées à ce monde de projections dans lequel vous vivez. L'accès à la conscience de votre Soi Source est à la portée de tous, pour autant que vous le vouliez.

Pour y accéder, il est important d'entretenir une rigueur dans l'entretien de vos corps physiques et vibratoires. Ceci implique de nettoyer régulièrement les énergies dans votre canal central en y laissant circuler la lumière de Source afin de vous y relier. Il est essentiel aussi de maintenir une bonne hygiène de vie, permettant à votre corps une activité physique qui lui convient, en s'alimentant correctement et en évitant les stupéfiants[37]. Vous pouvez demander aux êtres de lumière, tels que les anges, maîtres ascensionnés ou dragons de source de vous aider dans le processus de purification.

La fréquence vibratoire de Source demande que votre propre fréquence soit suffisamment haute. De plus en plus d'individus ont augmenté leur fréquence aujourd'hui et peuvent y accéder.

Ici se trouvent une paix et un souffle d'amour infini. Votre Soi Source y est contenu.

---

35 *Maât* représente le principe éthique et moral que tous les citoyens égyptiens étaient censés suivre tout au long de leur vie quotidienne. On attendait d'eux qu'ils agissent avec honneur et vérité dans les questions qui concernaient la famille, la communauté, la nation, l'environnement et les dieux.
36 Les *yamas* et leur complément, les *niyamas*, représentent une série de « vie juste » ou de règles éthiques au sein de la philosophie du yoga. Les *yamas* sont une liste de contraintes à ne pas faire, représentent généralement des engagements qui affectent les relations avec les autres et avec soi-même. Les *niyamas* complémentaires représentent ce qu'il est bon de faire. Ensemble. Les *yamas* et les *niyamas* sont des obligations personnelles pour bien vivre.
37 Alcool et cigarettes incluses.

PRIÈRE D'ISIS

« Ma Créatrice, Mon Créateur, Puissance des Tout-Puissants, je fais appel à toi aujourd'hui pour me soutenir au cours de mon long voyage vers ma libération. Puisse ta lumière m'éclairer dans n'importe quelle situation. Alors même que je n'y vois pas clair actuellement, aide-moi, s'il te plaît, à me libérer progressivement, éternellement enveloppé dans tes bras aimants, dans ton prana, dans ta Source cosmique éternelle et divine, dans ton giron. Je m'en remets à toi. Je te demande, s'il te plaît, de prendre soin de moi jusqu'à ce que ma libération arrive et que je puisse abandonner toutes les cordes d'attachement qui me maintiennent dans le passé. Je te prie de me libérer petit à petit au sein même de ta création. »
Om, Amour, Paix